俞吾金

哲学随笔 02

哲学随感录

俞吾金 著

北京师范大学出版集团
BEIJING NORMAL UNIVERSITY PUBLISHING GROUP
北京师范大学出版社

前　言

从熟知到真知

无论是在现实生活中，还是在精神生活中，人们常常陷入这样的幻觉中，即自己熟悉的东西也就是自己真正了解的东西。比如，人们在不同的场合下都喜欢使用“了如指掌”这个成语。确实，还有谁比人们更了解他们自己的“指掌”呢？因为他们天天都在使用自己的“指掌”。然而，他们真的完全了解了自己的“指掌”了吗？也许人们对自己的“指掌”的外形、手指的长短，甚至手掌上的纹路会有一定的了解，但他们对“指掌”的内在生理结构、神经系统的分布以及自己身体的病理状况在它上面的反映也非常了解吗？恐怕这就不好说了。如果人们缺乏人体解剖方面的知识的话，他们对自己的“指掌”的内在情况将是非常陌生的，甚至是完全不了解的。这就启示我们，人们自以为非常熟悉的东西并不一定就是他们真正了解或知道的东西。

熟知非真知

凡是学习过中国哲学史的人都知道，知行关系是中国哲学家关注的热点问题之一。在这个问题上，孙中山先生发前人之所未发，提出了“行之非艰，知之惟艰”的“知难行易”学说。这一学说明显地蕴含着这样的思想，即人们非常熟悉的东西并不一定就是他们真正知道的东西。比如，人人都会使用电器，但又有多少人真正懂得电的知识呢？又如，人人爱吃豆腐，但又有多少人能写出豆腐的化学分子式来呢？孙中山先生这样写道：“中国之有化学制造事业，已数千年于兹，然行之而不知其道，并不知其名，比比皆是也。”① 在他看来，“行”是容易的，在“行”的过程中熟悉一个对象也是容易的，但要真正地“知”或了解一个对象却不是容易的。

其实，这个道理早在德国哲学家黑格尔的早期著作《精神现象学》(1807)的“序言”中就已经得到了经典性的说明。黑格尔指出：“一般说来，熟知的东西所以不是真正知道的东西，正因为它是熟知的。有一种最习以为常和自欺欺人的事情，就是在认识的时候先假定某种东西是已经熟知了的，因而就这样地不去管它了。这样的知识，既不知道它是怎么来的，因而无论怎样说来说去，都不能离开原地而前进一步。主体与客体、上帝与自然，以及知性与感性等都被不加考察地认为是熟悉的和有效率的东西，既构成固定的出发点又构成固定的归宿点。这些据点

---

① 中国科学院哲学研究所中国哲学史组编：《中国哲学史资料选辑》(近代之部下)，631页，北京，中华书局，1959。

停滞不动，而认识运动往来进行于其间，因而只是在它们的表面上运动而已。”① 从黑格尔的这段经典性的论述中，我们至少可以引申出以下三个结论。

第一，认为熟知的东西也就是真正知道的东西，乃是一种自欺欺人的观念；第二，不应该把任何熟悉的东西作为假定或前提引入到对哲学问题，特别是对基础性的哲学问题的探讨中来；第三，严肃的哲学研究看重的并不是熟悉的东西，而是经过思维的批判性的考察，被证明是合理的和有效的东西。

常识与自然主义思维态度

在现实生活中，人们最熟悉的是什么呢？人们赖以为自己全部思考和行为的出发点是什么呢？很显然，那就是常识。那么，什么是常识呢？常识也就是普通人信以为真并在自己的思考和行动中作为出发点的那些观念的总和。显而易见，普通人是通过接受教育的方式获得这些观念的。在某种意义上可以说，常识如同一家精神的百货店，里面存放着各种东西，如日常生活中的直接经验和间接经验、科学知识、宗教信仰、风俗习惯、迷信和信以为真的流言等。或许可以说，这些观念之间充满了矛盾，但在一般的情况下，普通人不会去关心并反思自己所信奉的常识中的内在矛盾。比如，一个普通人可能具有如下的科学意识，即一个不会游泳的人掉进深水里可能会被淹死；但这并不妨碍他同时相信以下的迷信观念，即把中药渣倒在马路上让行人踩一下，喝中药汤的病人就容易恢复健康，尽管这之间并不存在任何逻辑联系。有趣的是，常识中的各个部分虽然相互冲突，但它们却和谐地共处于普通人的大脑之中。

---

① 黑格尔：《精神现象学》，上卷，20页，北京，商务印书馆，1981。

只有当普通人依照常识进行思考或行动，遭遇到意想不到的结果时，他才可能倒过来怀疑并反思自己所信奉的常识。比如，佛教宣扬“善有善报，恶有恶报”的观念，但当某个普通人发现自己周围生活圈子里经常出现“善人得恶报，恶人得善终”的现象时，他就会对“善有善报，恶有恶报”的佛教观念产生怀疑。又如常识告诉我们：“大难不死，必有后福”，但当某个普通人发现，在他自己周围的生活圈子中已经演绎了好几起“大难不死，没有后福”的戏剧时，他也会对“大难不死，必有后福”这一常识发生怀疑。①

由此可见，普通人的常识可以划分为两个部分：一部分是健康的常识，指的是那些科学的、合理的和有效的观念；另一部分是病态的常识，指的是那些荒谬的、不合情理的和无效的观念。应该指出，在现实生活中，健康的常识，不但对于普通人来说，而且对于那些伟大人物来说，都是绝对必要的。歌德曾经说过：“我自己对哲学一向敬而远之，健康人的常识观点就是我的观点。”② 黑格尔在批判总是停留在主观想象中、停留在主观的东西与客观的东西的区别中的康德哲学时，曾经以嘲讽的口吻写道：“健康常识所走的方向却正与此相反：每一个普通的常识都超出了这种看法，每一个行为都要扬弃一个观念（主观的东西）而把它转变成为客观的东西。没有人会愚蠢到像康德哲学那样。当他饥饿时，他不会去想象食物，而是去使自己吃饱。一切行动都是一个还没有存在的观念，但是这个观念的主观性正在被扬弃中。”③

承认健康的常识对人们的日常生活是有益的，这并不等于说，人们

---

① 据说，当“9·11”恐怖袭击事件发生时，26岁的多米尼克共和国妇女梅厄正在世贸大厦第一层的餐厅里工作，与她一起工作的41个多米尼克人都遇难了，而她却逃了出来，堪谓“大难不死”。按照常识，大难不死，必有后福，但她有没有得到“后福”呢？不但没有，不幸的是，她死于纽约的另一次空难，即当年11月12日的空难。

② 爱克曼辑录：《歌德谈话录》，179页，北京，人民出版社，1982。

③ 黑格尔：《哲学史讲演录》，第4卷，284页，北京，商务印书馆，1981。

对那些自己十分熟悉的、常识性的观念已经获得了真正的知识；也并不等于说，他们依靠这些观念就能达到真正的哲学思维的高度上。恩格斯曾经说过："常识在它自己的日常活动的范围内虽然是极可尊敬的东西，但它一跨入广阔的研究领域，就会遇到最惊人的变故。"① 为什么常识一进入研究领域就会遭遇变故呢？因为与常识相适应的乃是一种未经哲学陶冶的、自然主义的思维态度。比如，在天气晴朗的时候，人们总是观察到，太阳早晨从东方升起，傍晚向西方落下。于是，人们很容易形成这样一个常识性的观念，即太阳是围绕地球旋转的。但人们如此熟悉的"地心说"是不是一种真知，即真理性的知识呢？哥白尼、伽利略和布鲁诺提出的"日心说"表明，真正的知识恰恰是对熟知的东西的一种颠倒。黑格尔在谈到逻辑学的时候，指出："因为它的内容不是别的，即是我们自己的思维，和思维的熟习的规定，而这些规定同时又是最简单、最初步的，而且也是人人最熟知的，例如，有与无，质与量，自在存在与自为存在，一与多，等等。但是，这种熟知反而加重了逻辑研究的困难。因为，一方面我们总以为不值得费力气去研究这样熟习的东西；另一方面对于这些观念，逻辑学去研究、去理解所采取的方式，却又与普通人所业已熟习的方式不相同，甚至正相反。"②

如前所述，在现实生活中，熟知的东西并不就是真知的东西，那么，在精神生活，特别是哲学、形而上学的研究中，熟知的东西是否就是真知的东西呢？我们的答案也是否定的。黑格尔认为，康德哲学在思维上的一个重大的贡献是颠倒了常识关于主观性和客观性的见解："通常意义总以为那与自己对立、感官可以觉察的（如这个动物、这个星宿等），是本身存在，独立不倚的，反过来又以为思想是依赖他物，没有独立性的。但真正讲来，只有感官可以觉察之物才是真正附属的，无独立存在的，而思想倒是原始的，真正独立自存的。因此康德把符合思想规律的东西

---

① 恩格斯：《反杜林论》，19 页，北京，人民出版社，1972。

② 黑格尔：《小逻辑》，63～64 页，北京，商务印书馆，1980。

（有普遍性和必然性的东西）叫作客观的，在这个意义上，他完全是对的。”① 同样地，黑格尔也高度评价了康德对常识所持有的对象观念的颠倒：“常识（即感觉与理智相混的意识）总认为人们所知道的对象都是各个独立自存的。……与此相反，康德确认，我们直接认知的对象只是现象，这就是说，这些对象存在的根据不在自己本身内，而在别的事物里。”② 也就是说，在常识看来，感觉经验直接面对的就是物自体。但在康德看来，感觉经验直接面对的只是现象，而超验的物自体则是不可感知、不可认识的。由此可见，在精神生活中，熟知的东西也并不就是真知的东西。事实上，如果熟知的东西也就是真知的东西，科学和哲学的存在便是多余的了。

熟知与真知的本质差异

为了加深对熟知与真知之间差异的认识，我们不妨从日常生活中抉出一些例子来加以说明。比如，当某某人说：“张三衣服的颜色不容易脏”时，他的说法显然是符合常识的。但从哲学上看，这个说法是有语病的，因而也是难以成立的，因为问题的实质并不在于张三衣服的颜色是不是容易脏，而是在于：张三的衣服即使脏了，别人也不容易感觉到。所以，问题的症结并不在张三的衣服上，而是在别人对张三衣服的感觉上。所以，准确的表述方式应该是：“别人不容易感觉到张三的衣服脏不

---

① 黑格尔：《小逻辑》，119页，北京，商务印书馆，1980。我们这里引证的黑格尔的这段话，似乎是与我们前面引证的、黑格尔批判康德仍然停留在主观主义的思维方式中的那段话是矛盾的。其实不然。黑格尔认为，康德颠倒了常识关于主观、客观的观念的做法是完全正确的，不过，他随即指出：“但进一步来看，康德所谓思维的客观性，在某种意义下，仍然只是主观的。因为，按照康德的说法，思想虽说有普遍性和必然性的范畴，但只是我们的思想，而与物自体间却有一个无法逾越的鸿沟隔开着。”参见黑格尔：《小逻辑》，120页，北京，商务印书馆，1980。

② 黑格尔：《小逻辑》，127页，北京，商务印书馆，1980。

脏。”又如，当某某人正在经历一件愉快的事情时，说：“时间过得真快”，显然，他的说法也是符合常识的。但从哲学上看，这个说法也是不能成立的，因为问题的实质并不涉及时间本身，而只涉及某某人对时间的感觉。我们假定同时有另一个人正在经历一件不愉快的事情，他也许会说：“时间过得真慢”。乍看起来，他的这一说法也是对时间本身进行评论，实际上，他说出来的只是他自己对时间的一种感觉。所以，上面提到的话应该以如下的方式来表述：“我感到时间过得真快”或“我感到时间过得真慢”。再如，当某某人说：“我身体很好”时，他的说法也是符合常识的，但从哲学上看来，同样是有语病的。准确的说法应该是：“我感觉到我身体很好”，因为说出来的仅仅是说话者对自己身体状况的一种感觉，至于说话者的身体实际上究竟好不好，不是说话者自己说了就可以算了，而需要医院的检查。

那么，熟知的东西和真知的东西之间差异的本质究竟是什么呢？黑格尔写道：“至于在真正的哲学方面，我们看到，神的直接启示和既没通过别的知识也没通过真正的哲学思维而得到锻炼和陶冶的那种普通人的常识，认为它们自己简直就完全等于或至少可以很好地代替漫长的文化陶冶道路以及精神借以求得知识的那种既丰富又深刻的发展运动，这就如同苦艾之自誉为可以代替咖啡一样。”① 在黑格尔看来，人们熟知的东西，即常识是以普通人的自然主义的感觉和思维作为前提的，而真知的东西则是以批判性的哲学思维为前提的，因而如同“苦艾”之于“咖啡”，两者之间存在着重大的差异。如果说，受过严格的哲学思维训练的人能正确地看待常识的地位、作用和局限性的话，那么，坚执于常识的人却常常不能正确地看待哲学，正如黑格尔所说的：“诡辩乃是常识反对有训练的理性所用的一个口号，不懂哲学的人直截了当地认为哲学就是诡辩，就是想入非非。”② 所以，当有些人在哲学和诡辩之间轻易地画上

① 黑格尔：《精神现象学》，上卷，46页，北京，商务印书馆，1981。

② 黑格尔：《精神现象学》，上卷，47页，北京，商务印书馆，1981。

等号的时候，他们也就等于变相地宣布，他们是不懂哲学的。

真知和严格的哲学思维

上面，在探讨熟知的含义的同时，我们也兼及了真知的含义，但只是初步假定它为真理性的知识，而未展开进行论述。现在，我们必须对真知做一个深入的解析了。在康德那里，知识只限于现象和经验的范围，超经验的物自体是不可知的，因而也不可能成为理论理性范围内的知识，而只能在实践理性的范围内对人们的行为起范导性的作用。

黑格尔批判了康德"自谦理性不能认识物自体"① 的主观主义倾向，强调人们通过概念性的思维，完全可以把握超经验的对象，但黑格尔没有把这种对象称为"物自体"，而是称为"绝对"或"绝对知识"。他认为，只有这种超经验的"绝对知识"才是真知，才是哲学所追求的真理。所以黑格尔写道："真正的思想和科学的洞见，只有通过概念所做的劳动才能获得。只有概念才能产生知识的普遍性，而所产生出来的这种知识的普遍性，一方面，既不带有普通常识所有的那种常见的不确定性和贫乏性，而是形成了的和完满的知识；另一方面，又不是因天才的懒惰和自负而趋于败坏的理性天赋所具有的那种不常见的普遍性，而是已经发展到本来形式的真理，这种真理能够成为一切自觉的理性的财产。"②

黑格尔强调，真知只有通过概念才能获得，这里不但包含着对依赖熟知的东西的常识的批判，也蕴含着对谢林所主张的直观的批判。谢林认为通过天才的直观就可以把握绝对③，黑格尔则认为，唯有概念思维

---

① 黑格尔：《小逻辑》，2 页，北京，商务印书馆，1980。

② 黑格尔：《精神现象学》，上卷，48 页，北京，商务印书馆，1981。

③ 谢林对概念思维的怀疑和对直观（即理智的直观）的依赖，在法国哲学家柏格森那里得到了某种呼应。虽然康德强调，直观只能是感性的，而理智的直观只能是上帝才有的功能，但实际上，在康德以后，哲学家们在碰到困难的时候，总喜欢求助于"理智的直观"，宗教学家就更不用说了。

才能获得真知。那么，真知或真理性的知识究竟具有哪些特点呢？黑格尔在《精神现象学》中对这个问题做了透彻的论述：

首先，真理乃是一个过程。黑格尔指出："真理在本质上是主体；作为主体，真理只不过是辩证运动，只不过是这个产生其自身的、发展其自身并返回于其自身的过程。"① 如果说，在常识的眼光中，真理不过是一个命题或结论的话，那么，在哲学的眼光中，真理则是概念自身的辩证运动的过程。黑格尔的全部著作几乎都体现了他所追求的真理的这种过程性和历史性。强调真理的过程性，既是为了避免真理本身被简单化或庸俗化，也是为了把哲学思维重新视为一个严肃的任务，即真理不是通过天才或懒汉式的直观一下子就可以达到的："哲学里现在流行的这种天才作风，大家都知道，从前在诗里也曾盛极一时；但假如说这种天才的创作活动还具有一种创作意义的话，那么应该说，创作出来的并不是诗，而是淡而无味的散文，或者如果说不是散文，那就是一些狂言呓语。"②

其次，真理乃是全体。黑格尔写道："真理就是所有的参加者都为之酩酊大醉的一席豪饮，而因为每个参加豪饮者离开酒席就立即陷于瓦解，所以整个的这场豪饮也就同样是一种透明的和单纯的静止。"③ 如果说，在常识的眼光中，真理只是一些相互无关的命题或原则的堆积，那么，在哲学的眼光中，真理则具有一种全体性或整体性。比如，从常识出发，哲学史不过是一个个哲学家思想的罗列，这些哲学家相互批判、相互否定："全部哲学史就这样成了一个战场，堆满了死人的骨骼。它是一个死人的王国，这王国不仅充满着肉体死亡了的个人，而且充满着已经推翻了的和精神上死亡了的系统，在这里面，每一个杀死了另一个，并且埋

① 黑格尔：《精神现象学》，上卷，44页，北京，商务印书馆，1981。

② 黑格尔：《精神现象学》，上卷，47页，北京，商务印书馆，1981。

③ 黑格尔：《精神现象学》，上卷，30页，北京，商务印书馆，1981。

葬了另一个。”[1] 也就是说，常识看不到整个哲学史的内在联系，虽然它听到了音乐中所有的音调，但却听不见音乐中的和声。

最后，真理乃是活生生的智慧。黑格尔强调：“真理不是一种铸成了的硬币，可以现成地拿过来就用。”[2] 如果说，在常识的眼光中，真理具有一种非此即彼的特征，那么，在哲学的眼光中，真理则是一种活生生的智慧。也就是说，真理不是可以现成地拿过来并到处加以套用的东西，真理乃是一种因时、因地而异的东西。比如，常识为每个人制定了这样的道德律令：“不能说谎”。但在生活中，能不能不分情由地、现成地使用这个律令呢？显然不能。当一个人的家属得了一种致命的病症的时候，他要不要把真实的情况告诉家属本人呢？当军队里的一个侦察员被敌方俘虏的时候，他能不能把我方的情报原原本本地告诉敌方呢？显然不能。于是，我们发现，人有时候不得不说谎。[3] 至于什么时候不得不说谎，要视具体情境而定。

实际上，西方兴起的所谓“情境伦理学”（ethics of situation）也就是研究这类问题的。又如，常识也为每个人制订了这样的行为规范：“不要杀人”。但从哲学上看，“杀人”与“说谎”一样，也有一个情景的问题。一个战士在战场上应该不应该杀死敌方的战士呢？一个市民在遭遇到谋财害命的歹徒的时候，他要不要行之“正当防卫”，把歹徒杀死呢？

---

① 黑格尔：《哲学史讲演录》，第1卷，21～22页，北京，商务印书馆，1981。

② 黑格尔：《精神现象学》，上卷，25页，北京，商务印书馆，1981。

③ 有趣的是，季羡林先生在1999年1月31日的《新民晚报》上发表了一篇题为《我们为什么有时候应当说谎?》的短文，以为自己发现了什么真理。但又批评道，只有哲学家才固执地坚持人在一切场合下都不能说谎。季先生这样写道：“我不懂哲学，不喜欢哲学；但是从我的日常经验来说，我总觉得这是哲学家之论，书生之论，秀才之论。”对季先生的这段话，笔者有两点不敢苟同。其一，既然“不懂哲学”，为什么又有理由对哲学家进行批评呢？其二，季先生须知，人有时候不得不说谎这个道理，在古希腊哲学家柏拉图的对话中早已提出来了。这表明，季先生对古希腊的典籍读得实在太少。可见，哲学家所持之论并不都是“书生之论”或“秀才之论”，特别是在说谎的问题上即是如此。自称“不懂哲学”而又对哲学横加批评，这难道不是批评的一种悲哀吗？

答案是不言而喻的。那么，这样一来，我们是不是干脆放弃“不能说谎”和“不要杀人”的律令和规范呢？当然也不行。

按照中国的哲学智慧，任何一个人在社会上安身立命，应该讲究两个东西：一个是“经”，即他所信奉的基本的道德、法律等观念；另一个是“权”，即他应该根据具体情景对自己的行为做出灵活的调整或权变。所以，像“不能说谎”“不要杀人”这样的“经”仍然要大讲特讲。事实上，如果一个人撇开任何“经”来生活，他就是一个典型的机会主义者。反之，如果一个人只讲“经”，不讲“权”，不知道如何在生活中进行权变，他就是一个典型的教条主义者。总之，真理是一种活生生的智慧，是具体问题具体分析，而不是到处僵死地搬用教条。

从熟知走向真知

在对真知获得了比较深入的了解以后，我们还需要探讨最后一个问题，即如何从熟知走向真知。其实，正如我们在前面已经指出过的那样，从熟知走向真知，也就是从常识走向哲学，从自然主义的思维态度走向严格的哲学思维。这样的努力要获得成功，关键在于确立一种为哲学所独有的、刨根究底的思维方式。

在这种思维方式的形成上，美国哲学家约翰·塞尔关于“默认点”的理论为我们提供了重要的启发。在《心灵、语言和社会》(1998) 一书中，塞尔提出了如下的见解。

在大多数重大哲学问题上都存在着一些观点，我们可以用计算机语言中的一个比喻来称之为默认点 (default positions)。所谓默认点就是那些不假思索就持有的观点，因而任何对这些观点的偏离都要求有意识的努力和令人信服的论证。下面就是在某些重大问题上的默认点。

(1) 有一个实在世界，它不依赖于我们，不依赖于我们的经验、思想和语言而独立存在。

（2）我们通过感官，特别是通过触觉和视觉，获得了直接进入那个实在世界的感知途径。

（3）我们语言中的语词，如兔子、树，一般都具有可被理解的清楚意义。由于它们具有这些意义，我们才能够使用它们来指称和谈论实在世界中的真实对象。

（4）我们的陈述为真或为假一般地取决于它们是否与事物本来的样子相符合，也就是取决于是否与世界上的事实相符合。

（5）因果性是世界上的对象之间、事件之间的真实关系。由于这种关系，一种现象成为原因，它引起另一种现象，即结果。①

在塞尔看来，这些默认点在普通人的生活中是以不言自明的方式发生作用的。因而人们或许会把它们理解为常识。但在塞尔看来，默认点和常识是不同的："虽然不存在截然分明的界线，但我所称之为默认点的东西乃是比常识更为根本得多的观点。我想，如果你想让别人对你有礼貌，你最好是对他们有礼貌。这就是一个常识的问题。这样的一种常识对于诸如外部世界的存在或因果性的实在性等基本的形而上学问题并无任何见解。"② 也就是说，塞尔不是从日常生活的自然主义思维出发，而是从严格的哲学思维出发来提出其默认点的理论的。所以，这对人们从熟知走向真知具有重大的启发意义。

按照塞尔的看法，普通人安于自然主义思维的习惯，从来不可能对这些默认点提出诘难。由于这样的诘问的缺席，普通人的思维总是停留并满足于自己所熟知的东西，从不对这些东西提出质疑。与此不同的是，哲学家们的使命就是前仆后继地以自己的脑袋去撞击这些默认点。在这个意义上可以说，哲学史的相当一部分内容就是由哲学家对这些默认点

---

① 约翰·塞尔：《心灵、语言和社会》，9～10页，上海，上海译文出版社，2001。

② 约翰·塞尔：《心灵、语言和社会》，11～12页，上海，上海译文出版社，2001。

的非难所构成的。这不禁使我想起英国哲学家罗素的一句名言："要想作一个哲学家就必须锻炼得不怕荒谬。"①

从上面的论述不难引申出如下的结论，即从熟知通向真知的唯一的桥梁就是哲学。对于普通人来说，哲学似乎是一门玄虚高妙的学问，因而对它抱着一种敬而远之的态度。但近年来滋长起来的另一种态度是，无端地对哲学加以羞辱或蔑视，仿佛哲学只是一种空虚的知识，谁都有资格高谈哲理。面对这些傲慢的无知者，我们大概也只能像帕斯卡尔一样耸耸肩，发出下面的疑问："对于既看不起最渺小的事物而又不相信最伟大事物的人，应该怎么办呢?"② 确实，我们是无法使一个全身瘫痪的人站起来的，而且做这样的尝试也是毫无意义的。然而，这样的无知者毕竟是少数，更多的人对哲学抱着敬畏之心，其中也有一部分人愿意聆听哲学的教诲，追随哲学前进的步伐。对于这样的人，我们愿意提出下面的忠告：不要让琐碎的事务缠住你的思想，不要让市场经济的喧嚣夺去你的注意力，应当像司芬克斯一样抬起你高傲的头颅，为的是追求正在被遗弃的真理！

---

① 罗素：《哲学问题》，14页，北京，商务印书馆，1999。

② 帕斯卡尔：《思想录》，89页，北京，商务印书馆，1985。

目　录

理论新思

社会新语

教育新见

语言新趣

治学新得

理论新思

新世纪的新思考[①]

历史常常会修正人类的愿望。曾几何时，人们对21世纪的来临寄托了许多热烈而美好的期望，但已经逝去的2001年却给我们留下了十分复杂的印象。对于正在现代化道路上迅跑的当代中国人来说，既有期盼中的欣喜，又有意外中的焦虑，既有面对新问题的茫然，又有告别旧体制的艰难。德国诗人歌德早就告诉我们：理论是灰色的，而生活之树则是常青的。理论研究要褪去自己灰色的外套，就必须融入生活之中，并对生活中出现的重大问题做出自己有效的回应。毋庸讳言，在2001年发生的诸多重大的历史事件中，对理论思维最具冲击力的是以下三大事件——“911”恐怖袭击、中国正式加入WTO和首次克隆人类胚胎的成功。

① 本文原来的标题是“重大事件冲击理论思维”，原载《深圳特区报》，2001-12-30。

“911”引发的新思考

9月11日上午，美国纽约世贸大厦和五角大楼先后遭到恐怖分子所劫持的民航客机的撞击，4000多人失踪和死亡。这一事件引起了全世界的震惊和关切。美国锁定这次袭击事件的幕后策划者是受塔利班政权保护的拉登，随即在全球范围内组织反恐联盟，并对阿富汗进行军事打击。目前，塔利班已经垮台，阿富汗临时政府已经组成，但全球反恐斗争的形势仍然是十分严峻的。

完全可以说，“911”恐怖袭击事件标志着当代新的恐怖主义的形成。与传统相比，这种新的恐怖主义具有如下的特征：一是采用现代科技或当代的高科技作为恐怖袭击的手段；二是通过对无辜民众的大规模袭击来达到其政治目的；三是充分利用当代的传媒技术使袭击的后果在人们心理上产生普遍的、巨大的震撼。毫无疑问，反对当代恐怖主义，不仅要深入地分析“冷战”后的政治格局，剖析美国的对外政策，尤其是中东政策上存在的问题及在相关的国家中激起的情绪上的反弹，而且也要建立国际性的反恐联盟，在具体措施和行动上遏制恐怖主义的蔓延。

然而，仅仅做到这些还是不够的，还必须从文化观念上对这种恐怖主义的成因做认真的探索。从某种意义上，这种新恐怖主义乃是20世纪初以来普遍流行的虚无主义结出的恶果。这种虚无主义的根本特点是：对普世性的价值——人的生命、人权、自由、民主、平等、社会公正、国际法等取蔑视乃至否认的态度。这种虚无主义的态度以各种不同的方式显现出来。

其一，西方世界最早起来倡导这些普世性价值，但在与发展中国家打交道的时候，它们仅仅把这些价值作为“手中的牌”来使用，这就在实际上解构了这些普世性价值。

其二，近几十年来，西方流行的后现代主义的文化思潮提出要消解一切“宏大的叙事”，追求“小叙事”或所谓“碎片式的”真理。这些见解虽然在一定的含义指向上有其积极的作用，但就其大端而言，却为相对主义和虚无主义的泛滥创造了条件。

其三，人们忽略了虚拟世界对现实世界的影响。在某种意义上，恐怖主义电影在西方乃至全世界的流行也参与了对普世性价值的解构，并为现实生活中的恐怖主义倾向提供了精神食粮。

其四，在萨伊德的东方主义理论的影响下，发展中国家，尤其是东方国家起来“反对西方话语霸权主义”，强调要走自己的路。乍看起来，这并没有什么错误，但这些国家在强调自己的“特殊性”的时候，却走过了头，把蕴含在西方文化中的上述普世性价值也一起扔掉了。既然洗澡水和小孩都被扔掉了，于是，与这种普世性价值相冲突的所有思潮，包括恐怖主义在内也就获得了自己的发展空间。

凡此种种，不一而足。不用说，从文化思潮，特别是虚无主义的蔓延的角度来探索当代恐怖主义的成因乃是理论界面临的一项重大的任务。

中国“入世”带来的新变化

11 月 10 日，世贸组织第四届部长会议在卡塔尔首都多哈以全体协商一致的方式，审议通过了中国“入世”的决定。12 月 11 日中国正式成为世贸组织的成员。“入世”标志着中国将在更大范围内和更深层次上实行对外开放，“入世”也为中国现代化事业的发展和市场经济的繁荣创造了重要条件。在某种意义上可以说，中国人以前常常挂在嘴上的“与国际接轨”只具有象征性的意义，而这一次才是真正地与国际接轨了。

在英语中，chance（机遇）和 challenge（挑战）都是以“cha-”开头的。这里面似乎包含着一种有趣的暗示，即任何机遇同时也就是挑战。中国的“入世”也蕴含着这样双重的意义。一方面，“入世”为中国经济和社会的发展奠定了新的基础；另一方面，“入世”也将对我们的现实生活构成严峻的挑战。我们在这里更为关注的是问题的后一个方面。首先，我们必须清醒地意识到，“入世”不仅仅是一种推动中国市场经济发展的手段，更重要的是，“入世”乃是进入一种新的精神文化的空间，“入世”乃是对我们上面提到的普世性价值的尊重和认同。如果没有这种尊重和认同，虽然我们在形式上成了 WTO 的一个成员，但并不能确保我们今后的对外贸易和交流一定是有效的。其次，我们也应该充分地意识到“规则理性”（reason of rule）的重要性。以前，我们讲得比较多的是“规律理性”（reason of law），即人们在研究自然界时所运用的理性，其目的是发现自然界的规律（law），而这种规律是不以人的主观意志为转移的。与此不同的是，在处理人与人之间的关系时，起作用的却是“规则理性”，而“规则”（rule）正是由人们自己制订出来并加以遵守的。事实上，国与国之间、地区与地区之间的关系，正是在人与人之间关系的基础上展开的，这就使“规则理性”和以这种理性作为研究对象的“公共哲学”（public philosophy）的重要性以前所未有的方式显现出来。比如，在“规则理性”中，特别强调的是“信任”（trust），所以，提高整个社会的信任度就是我们当前面临的重要课题之一。再次，我们也应该看到，“入世”以后，中国的经济、社会、法律和政治体制也得逐步进行改革，以便建立与 WTO 的规定之间的融洽性。这些方面的改革的深入和扩大也势必对中国人的精神生活发生重大的影响。

克隆人体胚胎导致的新问题

11 月 25 日，美国的先进细胞技术公司宣布，首次利用克隆技术培育出来的人类早期胚胎获得了成功。尽管该公司宣称，其克隆人类胚胎的目的是用于疾病治疗，而不以克隆人为目的，但这一研究成果的宣布，却在全世界引起了巨大的反响。不管人们对这样的实验是否赞同，他们都意识到，这将使生命伦理和医学伦理面临极为严重的挑战。

近几十年来，随着生物技术和医疗技术的迅速发展，试管婴儿、代理母亲、安乐死、变性手术和克隆等现象也应运而生，引起人们深切的担忧。这种担忧并不是空穴来风，因为这些现象已经极大地冲击了人类传统的伦理观念，并为人类未来的发展投下了阴影。

既然人类发展至今所发明的各种技术，也包括电脑、原子能和航天技术等在内，都可能在失控的状态下被用于反人类的罪恶活动，那么，像克隆人类胚胎这样的技术也就有可能被用于反人类的目的。我们不妨设想一下，如果某些人不顾大多数人的反对，坚持克隆人的实验，从而克隆人真的有一天降临到这个世界上的话，那么它们将会引起人类生活多么大的混乱！它不禁使我们联想起《西游记》中的孙悟空。他拔下头上的一根毛发，放在手心里一吹，就能克隆出成千上万个孙悟空。如果这个神话故事变成当今生活中的现实的话，人们今后将如何生活下去？既然一个人可以有许多克隆体，那么他又将如何与他人相处？显然，人与人之间的关系将陷入普遍的危机之中。假如他犯罪的话，人们又如何确定他的人格，是由他本人，还是由他的克隆人出来承担法律责任？无疑地，这种情形一经发生，法律和伦理本身也就被解构了。

这些问题引起了我们的巨大的震惊。然而，在震惊之余，我们必须进行深入的反思，必须在法律上、伦理上深入地研究这些问题，并制定出真正有效的措施来遏制任何克隆人的产生。

综上所述，2001 年所发生的历史事件向整个人类提出了严峻的挑战，当然，它们也激活了人类想象力的空间。但愿人类的理性能够对这些挑战做出有效的回应！

“发展现象学”构想[1]

不管人们是否愿意，他们已经生活在实质性的全球化时代，发展问题已经上升为一个根本性的问题。人们在日常生活中喋喋不休地谈论着的“开发区”（development area）、“发展计划”（developmental plan）、“可持续性发展”（sustainable development）、“发展中国家”（developing countries）和“发达国家”（developed countries）等，都聚焦在英文动词“develop”上。在人们通常的理解中，develop 有两个主要的含义：一是“发展”；二是“开发”。至于人们使用得特别频繁的“发展中的”“发达的”这样的表述正是从 develop 所蕴含的发展的含义中引申出来的。作为名词，虽然 development 的词性与动词 develop 不同，但在含义上是完全一

① 本文原来的标题是“应建立‘发展现象学’”，原载《深圳特区报》，2002-08-18。

致的。

现在的问题是：虽然人们频繁地使用“发展”概念，甚至提出了“发展哲学”（philosophy of development）这样的新概念，但究竟如何把握“发展”概念的本质含义呢？笔者认为，要把握其本质含义，必须诉诸现象学，换言之，必须建立一门“发展现象学”（phenomenology of development），对发展概念及这一概念与其所意指的现实对象的关系做出完全新的说明。我们这里说的“发展现象学”，也就是运用现象学的方式对发展概念及这一概念所意指的对象进行考察。

众所周知，现象学要求我们把一切已有的信念悬置起来，面向事物本身，而这里所说的“事物本身”也就是在我们的直观中显现出来的东西，即现象。要言之，现象学重视的不是主观上的事态，即我们的好恶、计划或先入之见，并把这些事态放入到现实的对象中去，而是现实的对象实际上展示在我们的直观中的、客观的事态。正是现象学的这一基本精神和方法为我们重新考察发展概念及其所意指的现实的对象提供了一把钥匙。

在通常的、非现象学的考察方式中，当然也包括所谓的“发展哲学”的考察方式中，development 的基本含义常常被理解为“变化”(change)，汉语中的对应词——发展的命运也是如此，人们这样对它进行解释：“（一）事物由小到大、由简单到复杂、由低级到高级的变化。（二）扩大（组织、规模等）。”① 在这里，“变化”不但成了发展的核心含义，而且由于人们把“变化”和“扩大”直接理解为由主体的观念和行为所引发的结果，于是，发展概念所蕴含的“变化”观念进一步被主观化了，人们不再注重发展概念所意指的现实的对象的具体情况，而只注重行为主体主观上的计划、设想，甚至电脑上组合出来的效果图所估算出来的变化。当他们事后发现，行为主体用发展概念所意指的对象，

① 《现代汉语小辞典》(1983 年修订本)，138 页，北京，商务印书馆，1988。

即现实的对象实际上并没有达到其计划、设想或效果图上所估算出来的变化时，他们便指责原本的发展计划“走了样”。其实，这种指责完全建筑在对发展概念以及与其所意指的对象之间的关系的误解之上。

当我们从现象学的角度出发来思考发展问题时，问题的性质就发生了根本性的转变。现象学的考察方式所要摒弃的正是对发展概念理解上的主观化的倾向，即认为发展的根本含义只能是变化，尤其当人们以“发展中国家”“发达国家”这样的词组去指称某些现实的对象的时候，development 所蕴含的变化含义就显得更为突出了，而变化又是主体的行为方式所引起的。与这种主观化的倾向不同，当我们以现象学的方式考察 development 这一概念时，就会发现，它的始源性给予我们的含义不是变化（change），而是显现（unfold）。正因为它的根本含义是显现，所以，development 也能解释为摄影中的显影。① 也就是说，当我们用 development 这个概念去意指或说明一个现实的对象时，我们注重的不应该是行为主体在其计划、设想和效果图中向我们预言的现实的对象的变化，而应该是现实的对象在我们的直观中的显现状态。也就是说，只有这种直接的显现才是蕴含在 development 这个词中的本真的含义。这样一来，结论就正好颠倒过来了，即不是现实的对象或现实生活“走样了”，而是行为主体的计划、设想或效果“走样了”。因此，需要受指责的不是现实对象或现实生活本身，而是行为主体的计划、设想和效果图中所包含的居高不下的主观主义、理想主义的含量。在这里，我们发现，现象学视野的引入，使我们观察发展问题的方式发生了哥白尼式的转变，即不是再像通常的非现象学的考察方式，包括所谓的“发展哲学”的考察方式所引导的那样，让现实的对象去适应行为主体关于现实的对象发展的主观设想，而是完全应该倒过来，立足于现象学的考察方式，让行

① 英文词 development 的这一根本含义也可以在德文词 Entwicklung（发展）和法文词 développement（发展）的含义中得到印证。参见拙文《“发展”与“显示”》，载《科技与发展》，1994（5～6）。

为主体的主观设想去适应现实的对象直接向我们显现出来的状态。

综上所述，发展现象学旨在通过对 development 概念的始源性含义——显现的重新发现，拒斥人们对这一概念所做的通常的理解和解释，从而对它和它所意指的现实的对象之间的关系做出新的思索。毋庸讳言，在一个人人都在言发展的时代，建立发展现象学，澄清发展概念的基本含义是非常必要的，其意义也是无法估量的。

发展中的三大关系[①]

在当今中国社会，“发展是硬道理”“发展是第一要务”已经成为理论界的共识。然而，在现实生活中，实际上存在着两种不同的发展形式：一种是“合理的发展形式”，即不但其发展理念是合理的，而且整个发展进程也取得了相应的效果；另一种是“不合理的发展形式”，即不但其发展理念是有问题的，而且整个发展进程也以挫折、中止或失败而告终。在当今世界上，为什么有些国家成功地走上了自己的发展道路，而另一些国家却在自己的发展道路上举步维艰，甚至停滞不前？显而易见，这与它们所采纳的发展形式的合理与否存在着根本性的关系。那么，究竟什么样的发展形式才是合理的呢？笔者认为，只有在实际发展的进程中

① 本文原来的标题为“正确认识发展中的三大关系”，原载《文汇报》，2004-03-03。

正确地处理好以下三大关系的发展形式才是合理的。

主观意志与客观法则之间的关系

众所周知，发展乃是主观见之于客观的活动。合理的发展形式总是千方百计地使主观方面适合于客观方面，换言之，使人的主观意志服从客观法则，从而在实际发展进程中获得预期的效果。

与此相反，不合理的发展观念则立足于主观意志，从主观意志出发制定发展规划，完全不顾客观现实和客观法则，从而导致发展进程的流产和失败。回顾新中国成立以来的历史就会发现，20 世纪 50 年代后期的“大跃进”就是不合理的发展形式的典型表现。当时提出的口号，如“不是做不到，而是想不到”“人有多大胆，地有多大产”等，无一不体现出主观意志的无限膨胀和对客观法则的极度轻视。历史早已证明，这种狂热的、不健康的发展形式不但不会给人民大众的生活带来新的希望，相反，它造成了极其严重的后果。这一后果深刻地启示我们，只要人们对发展的理解片面地停留在对主观意志的崇拜中，只要他们无视自己的行为必须遵循的客观法则，发展进程就会遭受严重的挫折甚至失败。

不用说，历史的教训是极其深刻的，然而，并不是在任何情况下人们都会牢牢记取这些教训。在今天的经济生活和文化生活中，我们仍然发现“大跃进情结”幽灵般地到处游荡。姑且不去说“全民经商”“全民炒股”“全民炒房产”这些狂热的、一窝蜂的现象，在街道和大众传媒上触目可见的都是这样的标语：“跨越式发展”“超常规发展”“2010 年达到世界先进水平”，等等。诚然，作为发展中的国家，中国应该加快自己的发展步伐，但加快发展的前提仍然是遵循客观法则，如果抽去这个前提，就会重犯“大跃进”的错误。君不见，有些县的领导好大喜功，从“拍脑袋”出发，强令村民一窝蜂地种植什么，结果由于不了解市场供销情况的变化，致使种植的东西卖不出去，严重影响了村民的经济收入；

君不见，有些受灾的乡镇用政府赈灾的钱大造楼堂观所，大搞政绩工程，村民敢怒而不敢言；君不见，有些小城市模仿大城市，盲目地建设高级宾馆和豪华的游乐场所，结果游客寥寥，“赔了夫人又折兵”；君不见，有些私人企业盲目投资，贪多求大，最终资金周转不灵，被迫宣布破产。凡此种种，不一而足。它启示我们，一旦人们撇开客观法则，只凭主观热情和意志去求发展，这样的发展几乎没有不失败的。

那么，这里说的“客观法则”究竟是指什么呢？我们认为，它主要包含以下三方面的内容：一是自然规律。自然科学的研究成果早已表明，自然界的存在和发展是有自己的规律的，由森林、草原、湿地、湖泊、河流和海洋等构成的生态系统一旦受到破坏，就会给人们的生存和发展环境造成灾难性的影响。在这方面，人类已经积累了丰富的经验教训，兹不赘言。二是市场经济规律。众所周知，市场经济的规律（如价值规律、供求关系规律、资源配置规律等）也是不以人们的主观意志为转移的，人们关于发展的任何规划只有同时也遵循这些规律，才可能收到事半功倍的效果。三是各种相关的法律。在当代社会中，一切人、物和事都处在法律关系的笼罩下，任何一个实际的发展进程，如市政建设与市政动迁、企业改制与企业合资、外来人员的安置与遣送等，都会牵涉相应的法律规定。因此，我们的发展理念的确定和实际发展进程的规划必须以合法性作为自己的前提。

总之，当代发展理念与传统发展理念的根本性差别在于，当代发展理念必须自觉地遵循上面提到的三大客观法则，从而确保实际发展进程的顺利进行。

理想状态与意外因素之间的关系

我们知道，任何一个发展的理念在转化为实际的发展进程之前，总会制定相应的发展规划的，而发展规划的制定又是以理想状态为出发点的。那么，什么是“理想状态”呢？所谓“理想状态”也就是假定整个发展的进程都是在不受干扰、没有意外的理想化的状态中展开的。然而，理想和现实毕竟是存在距离的。就人而言，中国谚语说：“天有不测风云，人有旦夕祸福”；就事而论，中国谚语也有“谋事在人，成事在天”的说法，这里所说的“天”或者是对天命的茫然，或者是对意外的无奈。不管如何，在现实生活中，理想状态几乎是不存在的，而各种意外的因素往往会光顾我们。也就是说，只要我们不是停留在理论的层面上抽象地谈论发展问题，而是密切地联系现实生活来看待它，那就不得不注重对任何发展进程中都可能出现的意外因素的思考。

一般说来，在任何发展进程中都存在着两类不同性质的意外因素：一类是积极的意外因素，即在通常的发展进程中，突然出现了一些原来没有考虑到的、但对这一发展进程十分有利的机遇。在这样的情况下，我们就应该从新的实际情况出发，解放思想，抓住机遇，加快发展进程，使整个发展进程获得更有效的结果。另一类是消极的意外因素，即在通常的发展进程中，遭遇到一些原来未曾预料到的、对发展进程十分不利的因素。在这样的情况下，我们就应该按照新的发展态势，迅速地调整我们原来的思路和计划，以便最大可能地减少整个发展进程的损失。

就对发展进程中出现的意外因素的思考来说，考虑到可能会有积极的意外因素，即新的、有利的机遇出现，当然是必要的，因为机遇只有对于有准备的头脑来说才是有意义的。如果对这些可能出现的机遇缺乏任何思想上的准备，就会在实际的发展进程中与它们失之交臂，更不用说利用它们来发展自己了。然而，更为必要和紧迫的是对发展进程中可能遭遇到的消极的意外因素的高度警惕和关注。中国人通常说的“忧患意识”的一个本质性的内容就是对这种消极的意外因素的高度警惕。如果我们深入地加以考察，就会发现，消极的意外因素主要包含以下三方面的内容。

一是自然界中的意外因素。众所周知，尽管当代科学技术对自然界的宏观和微观的探索都已达到十分深入的地步，但相当一部分自然灾害的发生和它们所造成的实际危害的程度仍然超越了人们原先的预测和想象。比如，地震、火山爆发、洪水、干旱、虫害、飓风、海啸、泥石流、山体滑坡、森林大火、夏季的持续高温等。无疑地，这些自然灾害不光对农村经济的发展造成了直接的损害，也给城市经济的发展带来了间接的影响。事实上，一个发展进程越是依赖于自然条件，人们在确立发展理念、制订发展计划的时候，就越需要对可能发生的自然灾害对实际发展进程的“扰动”做出充分的预测和估计。

二是社会现实生活中的意外因素。谁都不会怀疑，人们虽然生活在不同制度的社会中，但任何社会的现实生活都无一例外地充满了种种风险和偶然因素。国际政治关系的紧张化、国家之间外交关系的恶化、国际战争或局部战争、国内不同地区之间的冲突、不同宗教派系之间的矛盾、恐怖主义事件的发生、校园枪杀案的频频出现、大规模的流行病（如SARS）引起的恐慌、社会谣言引发的思想混乱等。所有这些社会生活中可能出现的意外因素，都会给实际发展进程造成严重的影响。只要我们意识到任何发展进程同时也是社会事件，我们就应该对社会生活中可能出现的种种意外因素做好充分的思想准备。

三是由个人的活动引发的意外因素。由于人是社会存在物，人的活动构成了社会现实生活，所以我们很难把这方面的意外因素与社会现实生活中的意外因素截然区分开来。当然，这两类意外因素之间的差异仍然是存在的。我们这里说的“由个人的活动引发的意外因素”，主要是指在任何一种具体发展进程中因为个人活动的偏差所引发的种种意外因素。如劳资纠纷，同一领导层或不同领导层的成员之间的矛盾，某些领导者的腐败行为，某些财会人员挪用公款或卷款潜逃，工作人员操作不当引起的恶性事故，如火灾、建筑物的坍塌等。历史和实践一再证明，不能轻视这些由个人的活动所引发的意外事件，它们甚至可能给整个发展进程带来难以想象的后果。

要言之，我们的发展理念决不能停留在理想的云层中，而要下降到现实生活的地面上去，要从实际出发，确立必要的风险意识、预防意识和应急意识，否则，我们就可能在突然发生的意外事件面前束手无策。

全局走向与局部努力之间的关系

现实生活一再启示我们，事物之间、事件之间无不处于普遍的联系之中。中国人常说的“牵一发而动全身”“窥一斑而知全豹”等谚语，无不蕴含着对任何一个发展进程中都无法回避的全局和局部之间的关系的思考。当然，在实际发展进程中出现的全局和局部之间的关系是异常错综复杂的，需要我们认真地加以探讨。在我们看来，这一关系蕴含着以下三个不同的层次。

一是从内部考察，任何一个发展进程都存在着部分与部分之间的互动关系。假如我们把整个中国的发展理解为一个具体的发展进程，那么，在这一进程中，政治、经济和文化就构成了它的三个有机的组成部分。如果我们不能使这三个部分在结构上协调一致地向前发展，整个发展的全局就会遭受挫折。比如，就政治与经济的关系而言，马克思主义早就告诉我们，政治是经济的集中表现，经济生活中的重大问题，如产权、分配方式和劳资关系等，同时也是政治问题。如果不先在政治领域里解放思想，对这些重大的问题获得新的、体现时代特征的认识，经济体制的改革和经济生活的发展就会举步维艰。反之，政治体制的改革、思想观念的解放又有赖于经济体制改革的促进和推动。就经济与文化的关系而言，任何一种经济生活总是在既定的传统文化的背景下展开的，无文化的单纯的经济生活是难以设想的。事实上，在当前中国市场经济生活中普遍存在的一系列现象，如不讲信用、不认真履行合同、欠债不还、任人唯亲、人情至上等，都源于传统文化的负面价值。也就是说，不在文化领域里批判这些观念，不以普遍的方式确立起道德实践主体和法权人格，健康的市场经济和经济活动都是无法展开的。反之，没有新的经济生活的形成和发展，我们的文化生活又会缺乏前进的动力。就政治与文化的关系而言，我们既不能把西方的政治理论与其文化背景简单地割裂开来，也不能单纯地引入西方政治理论，而不考虑这种理论与中国国情和传统文化背景之间存在着的巨大差异。简言之，在任何一个实际发展进程中，各部分之间的结构关系必须是协调一致的。没有这种部分之间的与时俱进的协调关系，也就不会有全局上的健康的发展。

二是从主观方面考察，任何一个发展进程都存在着全局与局部之间的互动关系。实际上，“全局”和“局部”都是相对的概念。比如，整个上海的发展，相对于各个区来说，是全局，但相对于整个长三角地区来说，又是局部；而整个长三角地区，相对于上海、宁波、南京这样的城市来说，又是全局。如果我们把这样的考察不断地进行下去，就会发现，相对于整个中国发展的全局来说，长三角地区又成了局部；而整个中国的发展相对于全世界的发展来说，又成了局部。也就是说，当我们置身于某一具体的发展进程中的时候，决不能采取坐井观天的态度，而必须对这一发展进程的上下左右的关系获得一个清晰的认识。一方面，当我们把这一发展进程视为全局时，要努力处理好它和属于它的各个局部之间的结构关系，以“弹钢琴”的艺术，使各个部分协调一致地向前发展。另一方面，当我们站在更高的立场上把这一发展进程视为部分时，我们又要努力处理好它与它所从属的更高的全局之间的关系。比如，上海市的发展应当努力与长三角的发展协调起来；同样地，长三角的发展又要遵循整个国家发展的蓝图，而整个国家的发展战略又应当基于对全世界政治、经济发展走向的深刻反思。

三是从客观方面考察，任何一个发展进程也都存在着人的行为与自然环境之间的互动关系。就不同的自然环境而言，也存在着部分与部分、部分与全局之间的结构关系。如果说整个国际自然环境是全局，那么中国就是局部；同样地，如果把整个中国的自然环境视为全局，那么，长三角就是局部。在这里，“全局”与“局部”的关系也是相对的、充满灵活性的。但不管如何，当任何一个具体的发展进程与相应的自然环境发生联系时，都应该把自然环境的可持续性存在理解为这一发展进程中人的任何行为必须遵循的前提。易言之，当我们从客观方面出发来考察任何一个发展进程时，我们必须高度重视这一进程与自然环境之间的协调关系。否则，自然环境迟早会向我们进行报复，并毁掉我们千辛万苦争取来的一切。事实上，当代人中的先行者早已达到这样的意识，即人与自然之间的关系应该是伴侣关系，而不是征服者与被征服者之间的关系。

综上所述，在讨论发展问题时，仅仅停留在对它的重要性的阐发上是不够的，必须深入地考察实际发展进程中必定会面对的各种错综复杂的关系，准确地梳理并解决好这些关系，是确保这些发展进程取得预期成果的根本前提。

科学发展观的内在张力[①]

在十七大报告中，胡锦涛同志指出："科学发展观，第一要义是发展，核心是以人为本，基本要求是全面协调可持续，根本方法是统筹兼顾。"这段重要的论述为我们全面、准确、完整地理解科学发展观提供了明确的指导思想。尤其是关于"根本方法是统筹兼顾"的见解启发我们，科学发展观作为一种重要的发展理论，其内部存在着一些不同的理论端点，需要我们通过深入的反思来揭示它们之间的内在张力，以便做到统筹兼顾。下面，我们将从三个方面入手，深入地探索蕴含在科学发展观内部的这些重要张力。

"科学"概念中的内在张力

众所周知，英语中的 science 和法语中的

① 本文原载《文汇报》，2008-02-18。

science（拼写与英文一致，但读音不同）通常用来指称自然科学，但在德语中，Wissenschaft 这个概念不但涵盖自然科学，而且也涵盖人文社会科学，尤其是哲学。康德的一些大哲学家，如黑格尔、胡塞尔等，都喜欢把自己的哲学称作 Wissenschaft。显然，当代中国人使用的“科学”概念主要是从上面列举的三个西文名词中翻译过来的。现在的问题是，当代中国人使用“科学”这个概念时，尤其是当他们把“科学”作为“发展观”的修饰词时，他们究竟是按照英国人和法国人的习惯，还是按照德国人的习惯，来理解“科学”概念的确切含义的？换言之，他们理解的“科学”究竟是 science，还是 Wissenschaft？

如果我们运用现象学的显现的方式对诸多社会现象进行考察，就会发现，在当代中国人思维的自然倾向上，他们通常是从 science，即自然科学的含义上，而不是从 Wissenschaft 的含义上，来理解“科学”概念的内涵的。当代中国人谈论“科学性”“科教兴国”“科学技术是第一生产力”这样的话题时，他们言说的“科学”无疑是自然科学的代名词；而当今中国高校中普遍存在的“重理轻文”现象，以及高校和研究机构只在理工科专业中设定院士的做法，实际上隐含着对人文社会科学的“科学资质”的否认。

我们认为，在探讨科学发展观的时候，弄清楚“科学”这一概念的确切含义，并不是无聊的语言游戏，而是关系到胡锦涛同志所说的“以人为本”的根本理念能否在科学发展观中安顿下来的重大原理论问题。毋庸讳言，我们主张，应该从 Wissenschaft，即自然科学和人文社会科学统一的角度出发来理解“科学”概念。

其实，早在《1844 年经济学哲学手稿》中，马克思已经预言：“自然科学往后将包括人的科学，正象关于人的科学包括自然科学一样：这将是一门科学。”① 假如说，自然科学研究的对象是自然现象，并试图通

---

① 《马克思恩格斯全集》，第 42 卷，128 页，北京，人民出版社，1979。

过对自然规律的发现来指导人们合理地改造自然，那么，人文社会科学的研究对象则是人类生活和社会现实，并试图通过对社会历史发展规律的发现来指导人们批判并改造传统社会，以追求更为合理的社会形式，从而实现自己的自由而全面的发展。在马克思看来，自然科学的研究与人文社会科学的研究是不可分离的，因为人们只有结成一定的社会关系，才可能去认识自然并对它进行改造。正是在这个意义上，马克思又指出："甚至当我从事科学之类的活动，即从事一种我只是在很少情况下才能同别人直接交往的活动的时候，我也是社会的，因为我是作为人活动的。不仅我的活动所需的材料，甚至思想家用来进行活动的语言本身，都是作为社会的产品给予我的，而且我本身的存在就是社会活动；因此，我从自身所做出的东西，是我从自身为社会所做出的，并且意识到我自己是社会的存在物（gesellschaftliches Wesen）。"① 显然，马克思之所以把人称为"社会的存在物"，因为正是社会性构成了人存在的本质特征。虽然自然科学家研究的是自然现象，但他们始终是作为社会的存在物而从事自己的研究活动的，不但他们的研究资料、研究手段和表达方式（语言）是社会性的，而且他们的研究动机、研究过程及对研究成果的解释也都会受到人文社会科学的影响。

说得直白一些，任何自然科学的研究要想回避人文社会科学，尤其是哲学方法论的影响都是不可能的。恩格斯告诉我们："的确，蔑视辩证法是不能不受惩罚的。无论对一切理论思维多么轻视，可是没有理论思维，就会连两件自然的事实也联系不起来，或者连两者之间所存在的联系都无法了解。"② 事实上，人文社会科学不仅以背景意识和方法论意识的方式影响着自然科学，更为重要的是，它是为自然科学的研究澄明价值前提的。脱离人文社会科学的价值导向，自然科学的发展就会陷入迷途。当今社会中自然科学研究的课题，如人体克隆、试管婴儿、遗传工

---

① 《马克思恩格斯全集》，第42卷，122页，北京，人民出版社，1979。

② 恩格斯：《自然辩证法》，43页，北京，人民出版社，1971。

程、器官移植、电脑网络、核能的运用等，无不需要人文社会科学，尤其是伦理学为它们澄清思想前提和价值导向。

何况，随着现代自然科学和技术的发展，技术和科学本身的性质也正在发生重大的变化。德国哲学家海德格尔在1950年出版的《技术之追问》（*Question Concerning Technology*）中区分出两种技术：一种是“手工技术”（hand work technology）；另一种是“现代技术”（modern technology）。前者如荷兰的风车、中国农村里的水车，它们不可能导致对自然的破坏；后者则不但导致了人类对自然的控制（如火力或水力发电机、化肥和农药的大规模使用、围海造田和围湖造田、大规模使用冰箱和空调、工业和交通工具排放的大量废气和污水等），也导致了一部分人对另一部分人的控制（如核武器和先进的常规武器、窃听器、定位仪、远程跟踪和摄影、电脑黑客、测谎仪等）。在海德格尔看来，现代技术已不再是“一个中性的概念”（a neutral concept），而是“一个否定性的概念”（a negative concept），因为现代技术蕴含着一种他称之为“座架”（enframing）的东西。就像人们给一块玻璃上镜框一样，人们也用“座架”去测量、控制自然万物或其他的人。海德格尔甚至认为，现代技术正在把整个人类及其文明带向深渊。德国哲学家哈贝马斯在1968年出版的《作为“意识形态”的技术与科学》一书中强调，现代技术与自然科学不但成了第一生产力，而且也成了意识形态：“作为意识形态，它一方面为新的、执行技术使命的、排除实践问题的政治服务；另一方面，它涉及的正是那些可以潜移默化地腐蚀我们所说的制度框架的发展趋势。”① 在哈贝马斯看来，现代技术与自然科学正在不断地排除像政治学、伦理学这样的实践科学，而用“合理性”和“效率”取代了诸如“民主”“自由”“正义”“美德”这样的核心的人文价值。

更值得注意的是，现代自然科学和技术的发展还蕴含着“科学主义”

---

① 哈贝马斯：《作为“意识形态”的技术与科学》，64页，上海，学林出版社，1999。

(scientism）的兴起和蔓延。科学主义把仅仅适合于数学和自然科学范围内的观念和方法简单地搬运到人文社会科学和日常生活中。比如，用数学上量化的方法来评价人文社会科学学术论著的质量；用工科中的“工程”概念来称呼日常生活中的一切活动，如“希望工程”“形象工程”“紧缺人才培训工程”等；甚至用“螺丝钉”“工程师”这样的提法来比喻普通人和教师。其实，每个有生命的人都不是一颗被动的、被拧在某个地方的“螺丝钉”；教师也不是“人类灵魂的工程师”，而是“人类灵魂的导师”，因为工程师面对的是同样的零件，而导师面对的则是具有不同个性的学生。中国传统教育思想强调的“因材施教”就是要区别学生的不同情况，有针对性地进行教育。何况，科学主义还蕴含着一种思想倾向，即对人与物之间关系的颠倒，即物被主体化了，而人则被物化了。上面提到的把有生命的个人比喻为“螺丝钉”的做法，就是人被物化的一种表现形式。总之，人变得越来越微不足道了，最后消失在物的重压下。法国荒诞派剧作家尤涅斯科的《新房客》(1957）说的就是这样的一个故事：某先生搬家，带来无数家具。这些家具挤满了马路，漂浮在塞纳河上，占满了新公寓的整个楼道，以至于某先生不得不打开天花板，把家具从屋顶上吊进去。最后，连某先生也给掩埋在家具中。《新房客》暗示我们，由自然科学和现代技术的迅猛发展导致的人的物化和异化正在不断加剧，而要有效地遏制科学主义的蔓延，就必须全面地弘扬蕴含在人文社会科学中的人文精神。

总之，在中国社会的未来发展中，唯有在自然科学和人文社会科学之间建立必要的张力，才能使“以人为本”这一核心思想所蕴含的人格尊严、人的基本权利和人的自由而全面的发展真正扎根于这一发展观中。

“发展”概念中的内在张力

在当今中国社会的大众传媒和日常语言中，“发展”这个用语是出现得最频繁的用语之一。作为动词，它译自英文中的 develop，法文中的 développer 或德文中的 entwickeln。细心的研究者很容易发现，西文中的这三个动词都具有双重含义，既可以被解释为“改变”，又可以被解释为“显现”（这层含义是从胶卷冲洗中的“显影”的含义引申过来的，这三个西文字也都可以被解释为“显影”）。其实，正是这一双重含义勾勒出“发展”概念中蕴含着的两个重要的理论端点。

一方面，任何发展都蕴含着人们试图“改变”某个地区的主观上的态度和努力。比如，人们对这个地区未来发展规划的制定、对电脑效果图的构想等。显然，“改变”这层含义更多的是从主观方面去设想并预期的，而未来发展规划的制定、电脑效果图的构想等，体现出来的正是主观方面的臆想，因为人们通常是根据平均化的、完全顺利的进程来制定和构想这些东西的。

另一方面，在这个地区的发展过程中客观上“显现”出来的结果往往是不同于人们的主观臆想的，即不同于事先制定的发展规划和电脑效果图的。因为在任何发展过程中，都会出现原来未曾预想到的种种偶然因素，如气候的突变、材料的匮乏、干部使用上的失误、资金投入的受阻、突发的灾祸、与地方保护主义之间的冲突等，会导致整个发展规划的停顿，甚至“下马”。更为重要的是，整个发展过程能否顺利地得以展开，还取决于事先制定的发展规划是否遵循这个地区发展的客观条件和客观规律。显然，如果原来的发展规划没有遵循这样的客观条件和客观规律，整个发展过程就会不断地走弯路，客观上“显现”出与原来的主观预想完全不同的结果。

毋庸讳言，在“发展”这个概念中，“显现”的含义比“改变”的含义来得更为深刻。如果说，“改变”具有更多的主观臆想方面的含义的话，那么，“显现”则具有更多的客观方面的含义。因为“显现”不仅包含着对种种偶然因素作用的认可，也包含着对客观条件和客观规律的认可。德国哲学家胡塞尔创立的现象学就是以直接地向我们的意识显现出来的现象作为合法的研究对象的，而现象学家提出的口号“面向事物本身”（zurük zur Sachen Selbst）正是要引导人们去面对向他们显现出来的最重要的现象。这种现象学的思考方式深刻地启示我们，尽管任何自觉的发展过程都需要事先制定发展规划，但决不应该把发展仅仅理解为“改变”外部世界的主观臆想、主观意志和主观规划，而应该把它理解为客观的“显现”过程，在这一显现过程中，事物发展的客观条件和它必定遵循的客观规律都会顽强地发挥自己的作用。诚然，对于任何地区的发展来说，发展规划的制定都是必要的，但不应该将其奠基于主观臆想或主观意志之上，而应该将其奠基于这个地区发展的客观条件、客观规律和对各种可能出现的偶然因素的估计上，并做好相应的思想准备和防范措施，以确保整个发展过程的顺利进行。

与此同时，我们也注意到，作为动词，英文中的 develop，法文中的 développer 和德文中的 entwickeln 也都具有“开发”的含义，而“开发”“开发区”这样的概念也是在当今中国社会的大众传媒和日常用语中出现得最频繁的概念之一，其实，“开发”和“发展”都译自上面这三个西文动词。我们知道，“开发”这个用语一定会涉及作为开发主体的人们与作为开发对象的环境和资源的关系。而在日常的现象世界中向我们显现出来的通常有以下两种不同的“开发”形式：一种是“破坏性的开发”，即以环境和资源的牺牲为代价的开发形式，某些地区的某些人常常为了眼前利益而牺牲子孙后代的长远利益，这种“杀鸡取蛋”的做法显然是错误的；另一种是“保护性的开发”，即以环境和资源的可持续发展为前提的开发。法国普罗旺斯地区的发展为我们提供了光辉的范例。毋庸讳言，我们提倡的是后一种开发形式，也只有这种形式才能确保人类、环境和资源都以胡锦涛同志所说的“可持续”的方式发展下去。

整体发展过程中的内在张力

我们已经考察了蕴含在“科学”和“发展”概念中的内在张力，下面，我们再来考察一下，在任何一个自觉的，即由人类自己积极地加以发动和推进的发展过程中必定会遭遇到的以下两组关系：

第一组关系是："内在动力"（inner dynamic）和"全面协调"（universal coordination）之间的关系。什么是内在动力？内在动力就是一个社会（包括不同的地区）得以持续地向前发展的内在驱动力量。显然，没有这样的驱动力量，一个社会就会出现停滞不前的局面。众所周知，不但中国传统社会长期处于停滞不前的状态中，而且自20世纪50年代后期以来，由于坚持了"以阶级斗争为纲"的错误思想路线，国民经济的发展濒临崩溃。正是十一届三中全会确定的"以经济建设为中心"的新的思想路线，导致了20世纪70年代以来中国社会的翻天覆地的变化。对比中国社会的这两种不同的发展形式，我们深刻地意识到"内在动力"对于任何发展过程的重要性和必要性。乍看起来，正是改革开放构成了当代中国社会整体发展的原动力。其实，真正的原动力乃是人们的欲望和利益，而改革开放中采取的种种措施不过是对这些欲望和利益的肯定和激励。

然而，一个社会一旦在自己的发展中获得了持久的、充分的原动力，另一个相关的问题就产生了，即任何发展都是不均衡的。于是，在发展进程中就会显现出越来越大的贫富差异和地区差异。假如人们对这些差异的显现不加重视的话，就有可能引发各种社会冲突，甚至导致整个社会的解体。因此，正如胡锦涛同志所指出的，我们必须做好"全面协调"的工作。什么是全面协调？按照我们的理解，全面协调就是根据发展中出现的新情况，对整体结构的各个部分，尤其是对社会不同阶层的利益关系做出相应的调整，以确保整个社会稳定、持续地向前发展。总之，没有内在动力，任何自觉的发展过程都无法加以实现，但一旦获得了这种动力，就不光要通过全面协调，保持动力的持久性，而且也要对事物的结构做出及时的调整，以确保整个社会不至于在发展中解体。

第二组关系是："外观发展"（outward development）与"内涵发

展”（connotative development）之间的关系。什么是外观发展？所谓外观发展就是在发展过程中片面地注重外在形式的变化。比如，有的地区在发展中上了不少政绩工程、建了不少高楼大厦，上级领导检查起来很好看，这个地区的主管干部也容易得到晋升，但该地区老百姓关切的实际问题却得不到实质性的解决。什么是内涵发展？所谓内涵发展就是在发展过程中注重实质性的变化。比如，一个地区在提高文化素质和教育水平方面的发展就属于内涵方面的发展，这方面的发展成果不像标志性建筑那样容易从外观上看出来，但对该地区的长远发展却具有决定性的意义。尽管外观发展也不可偏废，但从根本上看，应当注重内涵上的发展。

综上所述，科学发展观包含着极为丰富的理论内容和迥然不同的实践方向。我们主张，建立一门“发展现象学”（phenomenology of development），以便对世界范围内现代化背景下的“发展”现象做出全面、系统的研究，并在这一研究的基础上，对科学发展观做出准确完整的阐释，其理论意义和现实意义将是不可估量的。

立足多样性，谋求新发展[①]

在2001年“七一”讲话的第四部分，江泽民同志有一段十分重要的论述：“世界是丰富多彩的。各国文明的多样性，是人类社会的基本特征，也是人类文明进步的动力。应尊重各国的历史文化、社会制度和发展模式，承认世界多样性的现实，世界各种文明和社会制度，应长期共存，在竞争比较中取长补短，在求同存异中共同发展。我们将继续同各国人民一道，为建设一个持久和平与普遍繁荣的世界而努力。”在这段话中，不仅包含着对以往的历史经验教训的总结，也包含着理论上和实践上对新的世界环境的重新体认和策略定位。总之，在这里蕴含着一种博大的、宽容的文化视野和开放的、海纳百川的文化心态，值得我们深长思之。

① 本文原载《深圳特区报》，2001-10-28。

这充分表明，中国共产党的文化心理和文化政策已经变得成熟了，而在以前，人们的观念总是在两个相反的极端之间徘徊。通过下面的回顾，我们还会加深对江泽民同志的这一重要论述的认识。

自大心理和自卑心理

在现、当代的中国文化中，普遍存在着两种截然相反的文化心理——自大和自卑，它们总是在不同的情况下交替出现，各自充当着思想舞台的主角。乍看起来，它们的出现和更替似乎是十分偶然的，其实却可以在传统文化中找到各自的思想源头。

众所周知，中国是以源远流长的文化著称于世的国家。这本来是一件极大的好事，但不幸的是，在许多人那里，它竟然成了骄傲自大、故步自封的资本。透过许多现象，我们都能发现这种以自我中心主义的方式表现出来的、自高自大的文化心理。比如，鲁迅先生在《阿Q正传》中就批评过阿Q的那种"精神胜利法"，并对其文化底蕴做了深刻的揭露："我们的阿Q却没有这样乏，他是得意的：这或者也是中国精神文明冠于全球的一个证据了。"也有些中国学者认为，中国文化是一种高度成熟的文化，与它比较起来，其他各国的文化还处在蛮荒阶段，完全是不足道的。事实上，中国历代的统治者之所以把中国称之为"中国"，或者说，把中国理解为"天下"的核心，都与这种自我中心主义的文化心理有关。

自1840年的鸦片战争起，西方国家的坚船利炮冲开了中国的国门，使中国人从闭关锁国的沉睡状态中惊醒过来。虽然中国人中的有识之士提出了"师夷之长技以制夷"的口号，"洋务运动"也随之而兴起，但随着甲午海战的失利和八国联军的入侵，在一部分中国人中滋长起强烈的自卑心理，认为中国文化已经病入膏肓，奄奄一息，再也没有出路了。而西方文化无论从科学技术上看，还是从政治制度上看，都比我们先进，仿佛我们除了落后挨打以外，再也无事可做了。这种自卑心理又使中国人抬不起头，挺不起腰，似乎天然就是低人一等。

从 20 世纪以来，中国人的文化心理始终在自大和自卑两个极端之间挣扎。新中国成立以来，尤其是改革开放以来，中国人才逐渐摆脱这两个极端，逐步确立起自强自信的文化心理。但是，潜意识中的阴影从来没有完全消除过，一有适当的气候，便会蠢蠢欲动。

排外情绪与崇外情绪

自从中国开埠以来，在中国的对外关系，特别是对西方国家的关系中，排外情绪和崇外情绪总是随着各种政治、军事、文化事件的发生而交替出现。中国人清醒地意识到，中国在世界上的地位是落后的，中国要发展，就要努力学习西方国家先进的科学技术、管理经验和文化知识。在这一点上，中国人对西方文化抱着一种崇敬的态度，但少数走极端的人则把中国文化贬得一无是处，相反，却把西方文化看作高不可攀的范本。有的人“言必称希腊”，主张“汉字拉丁化”，甚至觉得连月亮都是西方的圆。这种盲目崇拜西方文化的情绪，在我们的文学艺术和理论作品中时常有所抬头。

与此相反的另一种情绪则是盲目排外。如果说，崇外情绪是否定自己的文化，那么，排外情绪则是以偏狭的民族主义心态，简单地否定乃至排斥外来文化，特别是西方文化。这种情绪源于西方的一些国家对中国的入侵。当然，我们不应当忘记历史，但却不能把这种历史经验情绪化。似乎一触及这个痛点，我们的理性就会消失，代之而起的则是偏激的情绪和对西方文化的全盘否定，仿佛小孩和洗澡水应该一起被倒掉！

这种排外和崇外情绪的交替出现，既表明中国人没有从历史的宿债中彻底地摆脱出来，也表明中国人缺乏冷静的理性思考，特别是缺乏对有差异的民族文化传统的宽容态度。从一个角度看，我们的文化是悠久而成熟的；但从另一个角度看，我们的文化又是幼稚而任性的。

激进心态和保守心态

缺乏冷静的理性思维和从容的文化心态，必定会降低我们对其他文化传统和行为方式的宽容与认可。自从中国打开国门后，中国人看到了自己的文化生活与西方国家的文化生活之间存在着的巨大的落差。为了尽快消除这种落差，中国人的文化心态变得十分浮躁和激进。于是，“大跃进”“超常规”“赶上和超过世界先进水平”等口号就成了我们的日常精神生活。1958年出现的“不是做不到，而是想不到”“人有多大胆，地有多大产”等提法就是一个明证。这种激进的文化心态正印证了一句古老的格言——弱者诉诸奇迹！在对外关系上，我们也相信那种“战争加革命”的“左”的说法，总觉得我们在文化观念上是唯一正确的，其他民族的思想文化则始终在错误的轨道上徘徊。于是，在我们的“大批判”的笔触下，和我们存在着差异的其他民族在思想文化上的长处也就完全消失了。

与这种激进心态相对立的是泥古、崇古的保守心态。在不同的历史条件下，这种保守心态总是一波接一波地出现。无论是“半部论语治天下”的治国方略，还是“我注六经”的治学方法；无论是对传统文化的无批判的认同，还是随意地断言未来世纪是“中国文化的世纪”，都自觉不自觉地暴露出一种崇古的心态。这两种对立的倾向的此消彼长，也表明我们的文化心理仍然处在不成熟的状态下。

与上述状态不同，江泽民同志的“七一”讲话的一个重要的意义是昭示了中国共产党的成熟的文化心理、文化态度和文化政策，那就是：承认世界文明和文化是丰富多彩的；尊重各国对自己的发展道路的选择；强调求同存异的宽容心态，谋求人类社会的和平与繁荣。在这样的成熟的文化心态的指导下，中国的现代化事业必将沿着健康的轨道向前发展。

“金融危机”，还是“综合性危机”

自从美国的金融海啸引发世界性经济衰退以来，人们对这场金融危机已经做出了许多诊断，但我认为，这些诊断几乎无一例外地蕴含着如下的错误：经济学家们一般倾向于把这场危机理解为金融危机，并把金融危机进一步归咎于美国金融政策的某些决策人，进而检讨这些决策人的思想理论基础——自由主义和新自由主义。而非经济学领域的专家们则倾向于把这次危机理解为单纯经济领域内的危机，因而他们完全以“旁观者”或“局外人”的身份来看待这场危机。

与流行的见解不同，我们把目前仍然在继续的危机理解为“综合性危机”。所谓“综合性危机”，意谓这场危机不是单纯的“经济危机”，更不是单纯的“金融危机”，它同时也是“治理危机”“文化危机”“价值危机”和“哲学危机”。因而我反对旁观者式的“危机外的反思”，而是主张当事人式的“危机内的反思”。事实上，只有当人们把这场危机理解为“综合性危机”，即所有其他领域也像经济领域一样处于危机中时，他们才真正地启动了“危机内的反思”，抛开“旁观者”或“局外人”的态度，把对“他者”的反思同时理解为对“自我”的反思。

显而易见，在这场“综合性危机”中，“金融危机”不过是一种表层危机。只要我们沿着这种表层危机思索下去，危机的更深的层面就会展现在我们的面前。事实上，那些必须对金融政策的制定和实施负责的少数决策人和理论家，是不可能掀起全球性的金融海啸的，而值得注意的是问题的另一个方面，即为什么这些政策在相当大的程度上迎合了人们普遍的心理需求。

比如，金融政策中的次贷、信用卡、透支、分期付款等措施，普遍地得到了消费者们的认同。正是这种普遍的认同以及与之相应的消费模式和消费行为，才有可能最终构成全球性的金融海啸。那么，在金融危机没有发生之前，为什么人们对美国的金融政策采取普遍赞扬的态度呢?因为这些政策极大地刺激并提升了人们潜在的消费欲望，从而引导并推动了生产的发展和整个社会经济生活的繁荣。然而，正像一根项链的承受力取决于每个环节的承受力一样，高度扩张化和符号化的整个金融系统的承受力也取决于每个环节的承受力。事实上，人们潜在的消费欲望也不是直接被这些金融政策激发起来的，而是通过电视、电台、报刊、城市道路两旁和上空的铺天盖地的广告而刺激起来的。正是这些无处不在的广告构成了“虚拟的实在”（virtual reality），对广大民众的消费策略和行为产生了决定性的影响。

当然，更加深入的反思启示我们，以广告为根本要素的“虚拟的实在”的形成以及对人们潜在的消费欲望的激发，仍然需要比文化观念、价值观念更为深刻的哲学观念的参与。我们至少可以列举出下面三种哲学观念，它们无疑参与了刺激人们潜在的消费欲望的共谋。

一是虚无主义的流行。自从德国哲学家尼采说出“上帝已死”这句名言，以理性主义为特征、以基督教为背景的西方传统哲学就陷入了全面的危机之中。在到处弥漫的虚无主义的精神氛围中，不但传统的观念遭到全面的否弃，而且在近代文艺复兴、宗教改革和启蒙运动中形成起来的价值体系也遭到了全面的否弃，以至于德国社会学家韦伯在20世纪前期出版的《新教伦理与资本主义精神》一书中阐发的观点仿佛也成了来自遥远星球的梦呓。如果说，新教伦理倡导的是勤劳、俭节、诚信，那么，当代消费者崇尚的则是“举债度日”“恶意透支”和“报复性的消费”。这种虚无主义的哲学情绪在经济生活中的表现是：把当代社会理解为消费社会，并进而把消费理解为全部当代生活的本质。

二是对身体和欲望的倚重。在当代法国哲学中，德罗兹、利科、拉康等哲学家，通过对斯宾诺莎、弗洛伊德传统的重新诠释，发展出一种欲望形而上学和欲望语义学，充分肯定了欲望在人们的社会生活，乃至精神生活中的基础性作用。与此相伴随的是，“身体”意识是在尼采哲学中揭开序幕的，又通过当代法国哲学家梅洛-庞蒂、福柯等人，在哲学中获得了重要的地位。显而易见，当代哲学对身体意识和生存欲望的倚重，对当代经济观念产生了重大的影响，从而为当代人潜在的消费欲望的开启和发展奠定了思想基础。

三是感觉主义的流行。在反叛理性主义哲学传统的同时，非理性主义，尤其是感觉主义也像热带植物一样快速地生长起来。在当代生活中，“跟着感觉走”成了一个时尚的口号。毋庸讳言，作为感觉主义者，最注重的是当下或此刻的身体的感受。在他们看来，如果人们在每个“此刻”都是幸福的，那么他们实际上已永恒地占有了幸福。显然，这种在当代人中普遍流行的感觉主义与最能唤起当下感受的、铺天盖地的广告之间存在着天然的默契。事实上，再也没有别的思潮比感觉主义更容易转化为当前生活中的消费主义了。

这样一来，我们也就明白了，金融危机并不仅仅是金融危机，它同时也是治理危机、文化危机、价值危机和哲学危机，一言以蔽之，它是

“综合性危机”。对于当代哲学研究者来说，以当前流行的方式，即“旁观者”或“局外人”的方式，轻描淡写地就危机发表一些游谈无根的意见，是不足取的。在我们看来，只有把这场危机理解为“综合性危机”，并自觉地起来反思、检讨当代哲学，乃至当代整个文化、价值系统存在的病症，才有可能准确地理解危机的本质并找出相应的、有效的对策。否则，人们关于危机谈论得越多，离危机的真相和本质就越远。总之，我们需要的是当事人式的“危机内的反思”，而不是旁观者式的“危机外的反思”。

哲学社会科学的意义世界[①]

在建设中国特色社会主义的历史进程中，我们越来越深刻地认识到，哲学社会科学具有不可替代的作用，进一步繁荣发展哲学社会科学乃是理论工作者在今后很长一个时期面临的伟大的历史使命。我们党历来高度重视哲学社会科学，事实上，无论是在新民主主义革命时期，还是在社会主义建设时期，哲学社会科学都发挥过极为重要的作用。而在当今时代，在中国社会从计划经济模式向市场经济模式转型的过程中，哲学社会科学的巨大作用比任何其他时期都显得更为突出。然而，与时代和事业发展的客观要求相比，哲学社会科学的重要战略地位在实际生活中还没有受到普遍的重视，哲学社会科学理论创新的环境也亟须得到进一

① 本文原来的标题为“充分认识哲学社会科学的地位和作用”，原载《深圳特区报》，2001-08-12。

步的改善，理论队伍的建设，尤其是中青年人才的培养也相对滞后。因此，我们一定要从党和国家事业发展的全局高度出发，把繁荣发展哲学社会科学作为一项重大而紧迫的战略任务，切实抓紧抓好，以推动中国特色社会主义沿着健康的轨道向前发展。不用说，理论工作者要增强自己的责任感和使命感，就要充分认识哲学社会科学在建设中国特色社会主义过程中伟大的历史意义和作用。

认识、改造自然环境的重要工具

人们通常认为，认识自然环境和改造自然环境乃是自然科学的事。诚然，我们也承认，通过观察和实验的方法发现自然界的规律，从而促使人们以遵循自然规律的方式去改造自然界，是自然科学的基本任务。然而，由于自然科学主要涉及“事实”（fact），而哲学社会科学涉及的则主要是“价值”（value），所以没有后者的共同参与，单纯的自然科学不但不能引导人们合理地认识并改造自然界，反而会导致人类与自然界关系的严重恶化。在这个意义上可以说，哲学社会科学乃是人们认识自然、改造自然的不可或缺的工具。

一方面，哲学社会科学要求人们正确地理解人与自然界的关系。如果说，在古代社会中，由于人们还无法理解并解释各种自然现象，因而产生了对自然的崇拜的话，那么，从近代以降，人们凭借自然科学的研究成果以征服自然，自然已经成为人们拷问和索取的对象。然而，使当代人感到极度震惊的是，人们对自然的征服也导致了自然对人们的报复，生态危机已经严重地威胁到人类自身的生存。当代哲学社会科学已经普遍地意识到，要阻止生态危机的进一步演化，就必须遏制科学主义的蔓延，弘扬人文主义精神，强调人类只是自然界的守护者而非征服者！另一方面，哲学社会科学也要求我们正确地理解现代科学技术与人类及自然环境之间的关系。正如德国哲学家海德格尔所指出的，现代技术并不是一种中性的东西，它是使当代人控制自然界，使一部分人控制另一部分人的消极的力量。只有充分地意识到现代技术的这种消极的作用，我们才会在发展现代技术的同时，努力遏制它可能导致的自然生态环境的破坏和人性的异化，从而在实践中保持自己的清醒头脑，不被它牵着鼻子走。

理解、变革人类社会的理论武器

众所周知，哲学社会科学也是我们理解人类社会发展规律，并对其进行革命性变革的根本性的理论武器。乍看起来，人类社会的发展似乎是无序的、充满偶然性的，然而，哲学社会科学的理论，特别是马克思所创立的历史唯物主义理论深刻地揭示出人类社会发展的下述规律："社会的物质生产力发展到一定阶段，便同它们一直在其中运动的现存生产关系或财产关系（这只是生产关系的法律用语）发生矛盾。于是这些关系便由生产力的发展形式变成生产力的桎梏。那时社会革命的时代就到来了。随着经济基础的变更，全部庞大的上层建筑也或慢或快地发生变革。"① 正是马克思的历史唯物主义理论使整个哲学社会科学的领域发生了划时代的革命，并使之奠立在科学的基础上。在理解、变革人类社会的历史进程中，哲学社会科学的作用尤其表现在以下两个方面。

一方面，正如哲学社会科学，特别是经济学的理论告诉我们的那样，经济生活和经济关系构成了人类社会的基础。在马克思墓前的演说中指出："……马克思发现了人类历史的发展规律，即历来为繁芜丛杂的意识形态所掩盖着的一个简单事实：人们首先必须吃、喝、住、穿，然后才能从事政治、科学、艺术、宗教等等。"② 这一颠扑不破的真理启示我们，作为发展中的社会主义国家，必须始终把经济建设作为中心工作来

① 《马克思恩格斯选集》，第2卷，32～33页，北京，人民出版社，1995。
② 《马克思恩格斯选集》，第3卷，776页，北京，人民出版社，1995。

抓。事实上，我们党始终把发展社会生产力理解为社会主义的根本任务，并把自己理解为代表先进生产力发展要求的中坚力量。邓小平关于“发展就是硬道理”的著名论断的宗旨就是要用发展的方式来解决前进中出现的各种问题。总之，正是哲学社会科学，特别是经济学研究方面的成果启示我们，要提高中国的综合国力，就必须聚精会神地从事经济建设工作，丝毫也不能懈怠；同时，也要对一切不适合社会主义市场经济发展的经济体制和其他方面的制度进行坚决的改革。另一方面，正如哲学社会科学，尤其是政治学的理论一再启示我们的那样，政治是经济的集中表现。经济生活中不同利益的冲突和调整必然会反映到政治生活中来，形成政治上的不同的见解。对这些不同的见解采取鸵鸟政策是不行的。在加强社会主义经济建设的同时，我们还必须努力发展社会主义民主政治，建设社会主义政治文明。历史和实践一再表明，我们不但要深刻地认识到，没有民主，就没有社会主义，从而努力健全民主制度，丰富民主形式，扩大公民的政治参与；也要积极推进政治体制的改革，改革和完善党的领导方式和执政方式，从而充分调动人民群众的创造性，尽快实现全面建设小康社会的奋斗目标。

培育、提高国民素质的思想酵素

毫无疑问，哲学社会科学在全面地培育、提高我国的国民素质方面也发挥着根本性的作用。如果说，自然科学的主要研究目标是发现自然现象中的规律，从而指导人们对自然界进行改造的话，那么，哲学社会科学的主要研究目标则是发现社会发展的规律，并制定出相应的“法律”(law)、“规范”（norms）和“规则”（rules）来对人们的行为方式进行约束。在从计划经济模式向市场经济模式转型的社会过程中，由于相应的“法律”“规范”和“规则”没有及时被制定出来，所以引起了人们行为的失范。如贪污腐败、制假售假、走私贩毒、欺骗勒索等，而哲学社会科学的任务之一就是制定相应的“法律”“规范”和“规则”，从而确保社会主义市场经济沿着健康的轨道向前发展。在这里，培育、提高国民素质特别涉及以下两方面的工作。

一方面，在哲学社会科学，尤其是法学的指导下，应该努力确立起普遍的法权人格。我们这里说的“法权人格”也就是自觉地处于与法律认同的精神状态中，不但具有严格的法律意识，而且处处按照法律来约束自己的行为。事实上，没有这种普遍的法权人格作为基础，不但“依法治国”的口号落不到实处，而且社会主义的市场经济也无法健康地运作。另一方面，在哲学社会科学，尤其是伦理学的指导下，也应该努力确立起普遍的道德实践主体。众所周知，道德是分层的，至少存在着社会公德、家庭道德、职业道德、管理者道德等不同的道德层次。我们这里说的“道德实践主体”也就是自觉地用比较高尚的道德理念来约束自己的行为。显然，没有普遍的道德实践主体的确立，不但“以德治国”的口号难以贯彻到现实生活中，而且社会主义精神文明的建设也会蹈于空谈。

传承、弘扬民族精神的根本载体

马克思曾经说过：“人民最精致、最珍贵和看不见的精髓都集中在哲学思想里”①，而“任何真正的哲学都是自己时代精神的精华”。② 也就是说，哲学社会科学还负有传承、重塑和弘扬民族精神的伟大历史使命。人所共知，民族精神是一个民族赖以生存和发展，并自立于世界民族之林的精神支柱。中华民族在其悠久的历史发展进程中形成了勤劳勇敢、自强不息、热爱和平的伟大的民族精神。这一精神与我们党领导人民在长期革命、建设和改革开放中形成的优良传统相结合，形成了中华民族

① 《马克思恩格斯全集》，第 1 卷，120 页，北京，人民出版社，1956。
② 《马克思恩格斯全集》，第 1 卷，121 页，北京，人民出版社，1956。

生生不息、发展壮大的强大精神动力。当代理论工作者面临着的一个重大的课题是：如何使哲学社会科学成为传承、重塑和弘扬民族精神的根本载体？

一方面，哲学社会科学要认真地吸纳国外一切有价值的思想文化遗产，尤其是马克思主义的文化，熔铸百家，自出机杼，始终本着开放的心态来更新自己的民族精神，从而使之不流于僵化或萎缩。另一方面，中国的哲学社会科学工作者又不能妄自菲薄，而应该站在当今的历史高度上，运用马克思的历史唯物主义的理论，认真地研究中华民族的思想传统，批判地继承其一切合理的因素，以便使我们的民族精神始终正道直行，保持其旺盛的生命力。

综上所述，繁荣发展哲学社会科学乃是建设中国特色社会主义的一项重大任务，也是我们理论工作者义不容辞的历史责任。让我们共同努力吧！

从“革命哲学”到“建设哲学”

究竟如何看待马克思主义哲学在当今社会的地位和作用？我们的总体思路是：只有解放思想，才能正确地认识马克思主义哲学的本质；只有从当今时代的实际情况出发，才能巩固和加强马克思主义哲学的指导地位。

从斯大林模式中解放出来

迄今为止，我们还是按照斯大林的“论辩证唯物主义和历史唯物主义”模式来谈论马克思主义哲学的。其实，这一理解模式包含着斯大林等人对马克思哲学的误解，因为它把历史唯物主义看作在一般唯物主义的基础上“推广”出来的。事实上，马克思在哲学上的划时代的变革就在于创立了历史唯物主义，而历史唯物主义也就是他的全部哲学。要正确认识马克思主义哲学的本质，就要认真清理苏联模式的马克思哲学教科书对我们的影响，返回到马克思哲学的本真精神上去。

坚持和发展之间的辩证关系

过去讨论坚持与发展的关系，得出的普遍结论是：马克思主义哲学的个别的、具体的结论可能会过时，但基本原理是必须坚持的。我们不能说这个结论是错误的，但它却以抽象化的态度对待“基本原理”这一概念。实际上，“基本原理”是相对的，是因时代和地域的条件而变化的。比如当今中国正在从事现代化的建设，我们就必须放弃“以阶级斗争为纲”的提法，但这个提法在新民主主义时期却是“基本原理”。所以，不应该抽象地说：“坚持马克思主义哲学的基本原理”，而应该说：“坚持那些与我们当今的时代和地域条件相适应的、马克思主义哲学的基本原理”。一旦达到这样的认识，我们就不会再在这个问题上纠缠不清了。总之，重要的是坚持马克思主义的历史唯物主义的基本立场，坚持从实际出发，具体问题具体分析，而不是以教条主义的方式来对待马克思主义的哲学。

从“革命哲学”转向“建设哲学”

英国历史学家汤因比告诉我们“二次创造”之艰难。在“第一次创造”（如新民主主义革命）中，我们把马克思主义哲学理解为以阶级斗争为核心的“革命哲学”体系，而在“第二次创造”（如社会主义建设）中，情况已经发生根本性的变化，但我们仍然会沿用“第一次创造”中的思想模式（晚年毛泽东犯的错误就是这样），经过近三十年的挫折，邓小平才提出了“建设哲学”的核心命题“以经济建设为中心”。所以，今天，我们必须超越“大众哲学”的理解模式，把马克思主义哲学理解为“建设哲学”，并围绕历史唯物主义和社会主义经济建设这一中心，重新撰写出符合这个时代特征的马克思主义哲学教科书。

把人文关怀放在首位

过去，由于我们没有从“第一次创造”的思想模式中走出来，我们总是片面地强调马克思主义哲学的科学性、党性（即阶级斗争性），而完全忽视了它的人文性。实际上，马克思主义哲学是西方人文主义传统的伟大的继承者和批判者，其宗旨是解放全人类，达到以每个人的自由为基础的共产主义社会。但在过去，只要一谈“人性”“人道主义”“人本主义”“人文关怀”，我们就认为是资产阶级的东西，横加批判。既然我们把这些好的东西都让给了资产阶级，那么我们还剩下什么呢？我们剩下的无非是“斗争”“整人”“冲突”“相互揭发”和一个接一个的政治运动。在社会主义建设时期，这样不断地折腾岂不正是把我们自己孤立起来了吗？事实上，在社会主义建设时期，只有肯定并弘扬马克思主义哲学的人文关怀的功能，才能克服真正的“信仰危机”和“意识形态的危机”。如果从马克思主义哲学中抽掉了这个根本性的维度，要巩固和加强它的指导地位是完全不可能的。众所周知，在马克思那里，阶级斗争只是手段，全人类的解放才是最终的目的。我们决不能把目的变成手段，而把手段变成目的。总之，要把马克思主义哲学的科学精神与人文精神统一起来，决不能用前者去否定后者。

“集体主义”和“个人主义”

通常我们认为，按照马克思主义哲学，集体主义总是好的，个人主义总是坏的。其实这个认识也是有问题的。我们应该从“马克思主义＝集体主义”的神话中走出来。集体主义并不一定就是好的，如整个单位或村庄搞假冒伪劣商品、集体腐败、地方保护主义等。应该区分好的集体主义和坏的集体主义。同时，也应该把个人主义和极端个人主义这两个不同的概念严格地区分开来。毋庸讳言，对极端个人主义应当加以批判，但对个人主义我们却应该采取肯定的态度。随着市场经济和契约交往方式的发展，随着个体经济的合法化，随着民工潮的发展，个人经常游离于某个集体之外，肯定和维护个人权利和义务的个人主义也会发展起来。我们应该看到，在市场经济的背景下，这种个人主义是合理的。肯定其合理性，也有利于巩固和加强马克思主义哲学的指导地位。

重视实践哲学的维度

政治、法律、道德和宗教所制定的规则是制约人们的行为方式的，在社会转型、百废待兴的情况下，这些规则尤其重要。所以深入地研究并发掘马克思主义经典作家著作中关于实践哲学，即政治哲学、法哲学、道德哲学和宗教哲学的重要论述，用以指导人们的行为，就具有特别重要的意义。如政治哲学中的分权理论是只适合于资本主义社会，还是也适合于社会主义社会，不建立权力制衡的体系，能否最大限度地消除腐败；又如在市场经济的背景下，以德治国和依法治国是否应该双管齐下；再如如何认识宗教在社会主义条件下的地位和作用的问题等。

总而言之，只有把马克思主义哲学从教条主义的研究方式中解放出来，使之关注并回答当今时代中我们面临的一系列重大的现实问题和理论问题，才能真正地巩固和加强马克思主义哲学的指导地位。

“以德治国”和“依法治国”[①]

近来，有些理论工作者担心：以前，政府提出了“依法治国”的口号，现在又提出了“以德治国”的口号。这两个口号会不会发生冲突？“以德治国”会不会引起传统的“人治”意识的回潮，从而使“依法治国”所蕴含的“法治”观念受到冲击？我们认为，这种担忧并不是空穴来风，但其中又包含着对一些基本理论问题的误解，亟待澄清。

首先，我们必须认识到，法律和道德是从不同的角度规范人的行为的准则，两者能否协调并共同地发挥作用，直接关系到一个社会的发展。众所周知，现代民法的基本出发点就是坚定不移地维护每个公民应有的权利，当公民以合乎法律的方式行使自己的权利时，理应得

① 本文原来的标题为“以德治国与依法治国相得益彰”，原载《文汇报》，2001-04-09。

到相应的法律机构的保护，而政府的每一个部门也必须在法律的范围内开展工作。从表现方式上看，法律是以外在强制的形式发生作用的，即不管当事人是否愿意，他必须按照法律允许的方式去行动。法律的这种外在强制，无论是就维护现代人的基本权利来说，还是就现代社会的正常运作来说，都是必要的。与法律不同的是，道德不是以外在强制的方式发挥作用的，它体现了现代人的自我意识的觉醒和对自己行为的自我调适能力的增强。道德是通过行为者对良知的意识而对其行为方式发生影响的。一个人所信奉的道德观念越高尚，他的道德意识越强烈，他的行为就越体现自律的境界，他律——我们这里指外在舆论的制约——就越弱化。历史和实践一再告诉我们，任何一个社会一旦出现道德普遍下降的局面，它的存在和发展必然会陷入困境。所以，无论是对现代人的行为而言，还是对以市场经济的运作方式为基础的现代社会的存在和发展而言，法律和道德都是不可或缺的。两者一外一内地制约着人的行为方式和社会的稳定，合则双赢，离则俱伤。由此可见，提出“以德治国”，并使之与“依法治国”结合起来，正体现了政府对人与社会、法律与道德关系的认识达到了一个新的水平。

其次，我们应该看到，在“以德治国”和“人治”之间并不存在必然的联系。为了弄清楚两者之间关系，有必要对以下三个概念的含义做一个简要的探讨。一是“人治”，俗称“好人政治”，主张依靠执政者个人的贤明治理国家。孔子说：“文武之政，布在方策，其人存，则其政举；其人亡，则其政息。”（《中庸》）这种人存政举、人亡政息的观点完全否认了体制建设的必要性，是人治思想的典型体现。二是“以德治国”所蕴含的“德治”，强调执政者施德行仁，举贤使能，并对民众进行德化教育。三是“依法治国”所蕴含的“法治”，主张制定合理的法律并严格依据法律治理国家。亚里士多德在《政治学》中就探讨过如下的问题：以一个最好的人或一部最好的法律来治理一个国家，哪种情况更为合理？在他看来，“法治”显然比“人治”更为合理。

在厘清这些概念的基本含义以后，我们还应该考虑以下的因素：第一，我们必须严格地把握“人治”概念所适用的范围，不能把它随意地加以扩大。人所共知，所有的国家，不管它具备哪种政治体制，这种政治体制总是通过人来实施的，我们决不能把它们都称作“人治”，否则，“人治”这个概念也就失去了它存在的意义。“人治”也就是人存政举、人亡政息的治国观念。第二，现在政府倡导“以德治国”，是不是意味着回到传统社会所主张的“德治”上去了呢？显然不是。两种“德治”在内涵上存在着重大的差别。一方面，传统社会的“德治”是以君臣父子的等级关系和身份制度为基础的，而我们现在强调的“德治”则是以人与人之间的平等的、民主的关系为基础，因此，在“德”的内涵上是不可同日而语的；另一方面，由于传统社会的“德治”所要达到的目的是君王的家天下的世代延续，所以极易陷入“人治”的困境；而我们现在强调的“德治”所要达到的目的则是社会主义社会的长治久安和民主政体的健全与发展，因此是不可能退回到传统社会的“人治”轨道上去的。这方面存在的差异也是不言而喻的。第三，我们现在并不是孤立地强调“以德治国”，而是把它与“依法治国”紧密地结合起来，不但注重各项体制的建设，而且特别强调执政党和政府要严格按照法律办事，这就从根本上杜绝了“人治”的可能性。相反，通过“德治”和“法治”的互补，既克服了单纯的“德治”在解决不合法的问题时所面临的困难，也克服了单纯的“法治”难以弥补的道义和情感上的空隙，从而大大提高了国家治理上的有效性。

最后，我们也应该清醒地意识到，与“以德治国”和“依法治国”的相辅相成对应的是道德实践主体建设和法权人格建设的相辅相成。在现代社会中，没有普遍的道德实践主体和法权人格的形成，无论是“以德治国”，还是“依法治国”，都难以收到良好的效果。这里的“普遍的道德实践主体”是指人们普遍地、自觉地以高尚的或比较高尚的道德观念（如诚实、讲信用、俭节、勤劳等）来指导自己的一切行为；“普遍的法权人格”是指人们普遍地、自觉地按照法律来指导自己的一切行为，坚定不移地维护并履行自己的权利和义务（如尊重他人的独立人格、反对特权、与各种违法现象斗争等）。

综上所述，“以德治国”与“依法治国”的珠联璧合，不但会对我国的现代化事业产生积极的影响，而且也会绝大地改变整个中华民族的精神风貌。

“解释世界”和“改变世界”[①]

在《关于费尔巴哈的提纲》一文中，马克思曾经说过：“哲学家们只是用不同的方式解释世界，问题在于改变世界。”[②] 一些研究者在理解马克思的这句名言的时候，把“解释世界”和“改变世界”简单地割裂开来并对立起来，似乎马克思主义的哲学只“改变世界”而不“解释世界”。事实上，马克思在这里批判的是：传统的哲学家“只是用不同的方式解释世界”，而丝毫没有考虑“改变世界”的问题。言下之意是：马克思主义哲学要超越传统的哲学，就不光要“解释世界”，而且更重要的是“改变世界”。也就是说，在马克思的这段话中，“解释世界”和“改变世界”是不可分离地统一在一起的。

---

① 本文原载《文汇报》，2003-10-05，《新华文摘》，2003（12）全文转载。

② 《马克思恩格斯选集》，第1卷，57页，北京，人民出版社，1995。

为了更深刻地领悟“解释世界”和“改变世界”之间的统一关系，我们姑且把改变前的世界称之为“世界Ⅰ”，改变后的世界称之为“世界Ⅱ”。马克思主义者为了引导人们在自己的实践活动中把“世界Ⅰ”改变为“世界Ⅱ”，他们就不得不向人们解释，为什么“世界Ⅱ”比“世界Ⅰ”更好。在这里，“解释世界”的重要性就充分地体现出来了。在某种意义上，“改变世界”是奠基于“解释世界”之上的，因为人是有目的的存在物，人在诉诸行动之前，必定先对自己的行动有所理解、解释和认同。如果人们不能理解或解释为什么“世界Ⅱ”比“世界Ⅰ”更好，他们怎么可能去“改变世界”呢？晚年海德格尔在讨论班上提到马克思的上述名言时，曾经指出：“（让我们）来考察以下这个论题：解释世界与改变世界之间是否存在着真正的对立？难道对世界每一个解释不都已经是对世界的改变了吗？对世界的每一个解释不都预设了：解释是一种真正的思之事业吗？另一方面，对世界的每一个改变不都把一种理论前见（Vorblick）预设为工具吗？”①

在海德格尔看来，“解释是一种真正的思之事业”，用我们的语言来表达，研究马克思主义哲学是如何“解释世界”的，正是我们理论工作者的义不容辞的任务。显然，在马克思主义哲学对世界的解释中，基础理论起着根本性的作用。然而，在革命斗争的年代中，由于人们偏重于“改变世界”而忽视了“解释世界”的维度，从而导致了基础理论研究的长期缺位。事实上，在那个时期的理论研究中，人们偏重的是哲学方法论及其在革命斗争中的相应的表现——策略，但对革命成功后必然会产生出来的一系列重大的问题，如社会主义历史时期应以什么为纲的问题、社会主义和民主的关系问题、经济建设和发展生产力的问题、经济体制和政治体制改革的问题、普通个人的权利和人道主义的问题、新意识形态的建设问题、民族之间和地区之间的关系问题、执政党和其他党派的

---

① F. 费迪耶等辑录：《晚期海德格尔的三天讨论班纪要》，载《哲学译丛》2001（3）。

关系问题等，还缺乏深入的思考和研究。而这些重大的问题无不关系到马克思主义哲学研究中的基础理论，如社会存在本体论（即历史唯物主义理论）、人道主义和异化论、人化自然论、真理论、意识形态论、国家论等。

在当今时代，我们不仅面临着国际关系格局的重大变化，而且面临着中国社会生活的转型。这就自然而然地使马克思主义哲学基础理论的研究上升为根本性的课题。实际上，我们每天都在强调的马克思主义哲学的指导作用并不是空的，这种指导作用正是通过对一系列重大的哲学基础理论问题的研究和解答的方式来实现的。历史和实践一再启示我们，只有深入地研究马克思主义哲学的基础理论问题，认真地解答当今时代和现实生活提出的一系列重大的现实问题，社会主义事业才能沿着健康的轨道向前发展。

总之，要“改变世界”，就必须先行地“解释世界”，而在当今时代，要“解释世界”，又必须先行地理解并创造性地掌握马克思主义哲学的基础理论。正如恩格斯早就指出过的那样，一个缺乏理论思维的民族是不可能站在世界历史发展的前列的。

反对主观主义，尊重客观规律[①]

江泽民同志的“七一”讲话是对中国共产党建党八十周年的历史经验的科学总结。八十年来，中国共产党从“星星之火”发展到2001年的拥有六千多万党员的执政党，取得了新民主主义革命和社会主义建设的伟大胜利。但与此同时，在前进的道路上，中国共产党也遭受过许多挫折，有些挫折甚至是非常惨重的，值得我们认真地加以总结。或许可以说，在所有的经验教训中，最重要的一条就是：在任何时候都必须坚决地反对主观主义，尊重并遵循客观规律，按照客观规律办事。历史和实践一再表明，当中国共产党牢牢地记住这一经验教训的时候，革命和建设的事业就得到蓬勃的发展；反之，当主观主义到处泛滥，客观规律得不到

① 本文原来的标题为“反对主观主义，遵从客观规律”，原载《解放日报》，2001-09-16。

尊重的时候，革命和建设的事业就会陷入困境。今天，重新反思并记取这方面的经验教训，无论对中国共产党本身的思想建设来说，还是对现代化建设事业来说，都具有不可忽视的理论意义和现实意义。

主观主义是革命和建设事业的大敌

毛泽东同志十分重视在党内开展反对主观主义的思想倾向的斗争。在《关于纠正党内的错误思想》(1929)、《实践论》(1937)、《改造我们的学习》(1941)、《整顿党的作风》(1942)、《反对党八股》(1942) 等一系列著作中，他反复地论述了主观主义的种种表现及其危害性。毛泽东指出："我们党内的主观主义有两种：一种是教条主义，一种是经验主义。它们都是只看到片面，没有看到全面。如果不注意，如果不知道这种片观性的缺点，并且力求改进，那就容易走上错误的道路。"① 在毛泽东同志看来，教条主义的特点是：唯书唯上，装出马克思主义的面孔吓唬人，拒绝对历史状况和新鲜经验进行认真的了解和研究；经验主义的特点则是：满足于自己的局部经验或一得之见，并把它们作为普遍性的东西到处运用，既不愿意从理论上来反省、总结并提升自己的局部经验；也不愿意对历史上的或现实生活中的新鲜的经验进行认真的思考和探讨。乍看起来，教条主义和经验主义是主观主义的两个极端，但实际上它们是殊途同归，都是以主观上的观念、意志、情绪、想象去取代外部世界的客观规律。

凡是熟悉中国共产党的早期发展史的人都知道，在 1935 年 1 月确立毛泽东同志在党中央和红军中的领导地位以前，主观主义，特别是以陈独秀为代表的右倾投降主义和以王明为代表的"左"倾冒险主义曾经使革命事业遭受了极为惨重的损失。毛泽东同志反复强调，要正确地指导

---

① 《毛泽东选集》(合订本)，777 页，北京，人民出版社，1964。

中国革命并使之获得胜利，就必须持久地、深入地反对主观主义的思想倾向，确立起马克思主义的实事求是的思想态度，“就须不凭主观想象，不凭一时的热情，不凭死的书本，而凭客观存在的事实，详细地占有材料，在马克思列宁主义一般原理的指导下，从这些材料中引出正确的结论。”① 正是通过对主观主义思想倾向的不断的批判、对马克思主义的实事求是的思想路线的认真贯彻，中国共产党领导的新民主主义革命才能沿着健康的轨道向前发展，并取得了伟大的胜利。

新中国成立以后，特别是从 20 世纪 50 年代后期起，由于一度在思想领域里放松了对主观主义的批判，而在胜利中滋长起来的骄傲情绪又为主观主义的蔓延提供了重要的土壤。正如《关于建国以来党的若干历史问题的决议》一文所指出的：“由于我们党领导社会主义事业的经验不多，党的领导对形势的分析和对国情的认识有主观主义的偏差，‘文化大革命’前就有过把阶级斗争扩大化和在经济建设上急躁冒进的错误。后来，又发生了‘文化大革命’这样全局性的、长时间的严重错误。”② 无论是在“大跃进”中提出的“不是做不到，而是想不到”“人有多大胆，地有多大产”“一天等于二十年”等口号；还是“文化大革命”中出现的“无产阶级专政下继续革命”“斗私批修一闪念”“只争朝夕”等观念，无不是“主观主义的偏差”在思想领域中的表现。这种主观主义完全忽视了中国的实际国情，忽视了经济发展和社会发展的客观规律，无限地夸大了主观意志、想象和观念的作用，轻率冒进，急于求成，给社会主义建设事业造成了灾难性的后果。遗憾的是，“文化大革命”结束后，这种“主观主义的偏差”仍未得到有力的清算。华国锋在政治思想领域里提出的“两个凡是”和在经济领域里发起的“洋跃进”仍然囿于主观主义的思想路线，从而给社会主义建设事业增添了新的创伤。

---

① 《毛泽东选集》（合订本），759 页，北京，人民出版社，1964。

② 《中国共产党中央委员会关于建国以来若干历史问题的决议》，10～11 页，北京，人民出版社，1981。

总之，历史和实践一再告诉我们，主观主义不会自动地退出思想舞台，而像中国这样的小农经济长期以来占支配地位的国家更是为主观主义的泛滥提供了肥沃的土壤。我们必须清醒地意识到，即使是在社会主义建设时期，反对和遏制主观主义的斗争仍然是我们在思想领域里面临的长期任务。如果缺乏这方面的充分的思想准备，我们就会在实践中遭受挫折。

尊重客观规律是事业兴旺的根本保证

正如我们在前面已经指出过的那样，与主观主义的错误思想态度相对立的是实事求是的科学态度。毛泽东同志这样写道："这种态度，就是实事求是的态度。'实事'就是客观存在着的一切事物，'是'就是客观事物的内部联系，'求'就是我们去研究。我们要从国内外、省内外、县内外、区内外的实际情况出发，从其中引出其固有的而不是臆造的规律性，即找出周围事变的内部联系，作为我们行动的向导。"① 在这里，毛泽东同志阐明了实事求是态度的两层意思。第一层：要坚持从实际出发，而不是从主观意志和想象出发去研究现实问题；第二层：要研究、掌握并尊重事物运动的客观规律，并用以指导我们的工作，而不是以书本上的某些"条条"或自己生活和工作经验中的某些偶然性的、局部的东西来指导我们的工作。

毛泽东同志在新民主主义革命时期写下的许多论著都体现出他对外部世界运动规律的尊重和探求。比如，他的《中国红色政权为什么能够存在?》(1928) 通过对当时国内的政治运作规律，特别是军阀割据情况的分析，指出了创建红色根据地的可能性，并奠定了农村包围城市的独特的革命军事战略和理论基础；《中国革命战争的战略问题》(1936) 不

① 《毛泽东选集》(合订本)，759页，北京，人民出版社，1964。

但分析了一般战争的规律，而且着重分析了中国革命战争的规律，从而为中国革命战争的胜利奠定了重要的思想基础；《论持久战》（1938）独具只眼地论述了抗日战争的形势、特点和规律，使中国人民在漫漫长夜中看到了希望；《新民主主义论》（1940）则高屋建瓴地阐述了整个中国革命的性质、特征和规律，从而科学地解答了“中国向何处去”的问题。总之，中国共产党之所以能经过二十八年的努力而取得新民主主义革命的胜利，与毛泽东同志所坚持的探求客观规律、尊重并按照客观规律办事的实事求是的思想路线是分不开的。

平心而论，新中国成立初期，实事求是的思想路线仍然在中国共产党内起着主导性的作用，但从20世纪50年代后期起，随着毛泽东同志对社会主义时期阶级斗争认识的扩大化和个人专断作风的发展，这种思想态度渐渐地被遮蔽起来了，直到1978年展开的关于真理标准问题的全国性大讨论和中国共产党的第十一届三中全会的召开，马克思主义的实事求是的思想路线才得到恢复。在这一思想路线的恢复中，邓小平同志所起的作用是决定性的。他指出：“实事求是，一切从实际出发，理论联系实际，坚持实践是检验真理的标准，这就是我们党的思想路线。我们说重申，就是说把这条马克思主义的思想路线恢复起来。这条思想路线，有一段时间被抛开了，给党的事业带来了很大的危害，使国家遭到很大的灾难，使党和国家的形象受到很大的损害。”① 在他看来，这条思想路线是由毛泽东同志确立的，后来毛泽东同志偏离了这条思想路线，从而造成了现实生活中的一系列错误的决策，这个历史教训应该认真地汲取。邓小平同志还强调，“解放思想，就是使思想和实际相符合，使主观和客观相符合，就是实事求是。”② 在这里，十分重要的是，邓小平同志告诉

---

① 《邓小平关于建设有中国特色社会主义的论述专题摘编》，17页，北京，中央文献出版社，1992。

② 《邓小平关于建设有中国特色社会主义的论述专题摘编》，5页，北京，中央文献出版社，1992。

我们，解放思想并不等于胡思乱想，并不等于主观上的任意的想象，而是要把思想从“本本”或“局部的、教条化的经验”中摆脱出来，在于使思想和实际相符合。在这个意义上，解放思想和实事求是是完全一致的。也正是通过对中国国情（历史、现状）和社会发展规律的深入研究，他创立了“建设有中国特色社会主义理论”。

由于邓小平同志始终强调实事求是的思想路线，尊重客观规律，特别是社会主义社会初级阶段的经济发展规律，按照客观规律办事，所以，在改革开放的过程中，中国社会顺利地完成了从计划经济向市场经济的转型，并取得了翻天覆地的变化。历史和实践一再告诉我们，只要尊重客观规律，依照客观规律办事，中国共产党的事业就会兴旺发达。

历史经验的当代诠释

在“七一”讲话中，江泽民同志结合当今时代的特征，对尊重客观规律、按照客观规律办事这一重要的历史经验做出了创造性的诠释。首先，在批判主观主义的思想倾向时，他特别强调了反对教条主义态度的重要性和必要性。他认为：“马克思主义具有与时俱进的理论品质。如果不顾历史条件和现实情况的变化，拘泥于马克思主义经典作家在特定历史条件下、针对具体情况做出的某些个别论断和具体行动纲领，我们就会因为思想脱离实际而不能顺利前进，甚至发生失误。这就是我们为什么必须始终反对以教条主义的态度对待马克思主义理论的道理。”随着当代中国社会向市场经济转轨，随着科学技术的飞速发展，中国共产党作为有十三亿人口的执政党，在前进的道路上面临着种种新的问题和挑战。在这样的情况下，只有坚定不移地反对主观主义，特别是教条主义的态度，深刻地认识马克思主义的与时俱进的品质，才能从实际出发，解放思想，抓住机遇，依照事物运动的客观规律，做好各项工作，跟上时代前进的步伐。

其次，江泽民同志指出：“马克思主义的发展史充分说明：解放思想，实事求是，是引导社会前进的强大力量。社会实践是不断发展的，我们的思想认识也应不断前进，应勇于和善于根据实践的要求进行创新。”在这里，江泽民同志在邓小平同志提出的“解放思想”“实事求是”的基础上，进一步强调了“理论创新”的重要性。当然，他在这里强调的理论创新，并不是主观上的任意的想象，恰恰相反，理论创新正是以对外部世界的客观规律的尊重和遵循作为前提的。也正是在这个意义上，江泽民同志说：“坚持科学态度，大胆进行探索，使我们的思想和行动更加符合实际，更加符合社会主义初级阶段的国情和时代发展的要求。”在他看来，只有符合客观规律的理论创新，才能解决好时代向我们提出的各种问题。事实上，理论创新对实事求是的思想路线的贯彻提出了更高的要求。

最后，江泽民同志强调，“任何时候我们都必须坚持尊重社会发展规律与尊重人民历史主体地位的一致性，坚持为崇高理想奋斗与为最广大人民谋利益的一致性，坚持完成党的各项工作与实现人民利益的一致性。”这段论述之所以重要，是因为尊重客观规律的思想态度在这里获得了新的透视点，即江泽民同志揭示了它与尊重人民主体历史地位的一致性。也就是说，尊重客观规律并不仅仅是一个思想方法、认识方法的问题，归根到底也是一个是否尊重人民主体历史地位的问题。历史和实践一再告诉我们，当我们不尊重客观规律，只凭主观想象办事的时候，我们的事业就会遭受挫折，人民群众的利益也会遭受损失。所以，我们应该从代表和维护人民群众的根本利益的高度来认识尊重客观规律、按照客观规律办事的重要性。

意识形态与科学的相互易位[①]

意识形态与科学技术之间的关系问题，无论是对意识形态概念的发展史来说，还是对科学技术的发展史来说，都是无法回避的。然而，在哈贝马斯的重要著作《作为"意识形态"的技术与科学》于1968年问世以来，这一关系问题仍未真正进入人们的眼帘，甚至在相当程度上还被人们的传统的偏见遮蔽着。事实上，正是这一关系问题为人们对意识形态概念史和科技史的研究是否真正进入当代视野划出了分界线。本文试图通过对意识形态概念史的反省，阐述这一关系问题的实质及其不可忽视的理论意义。

特拉西：意识形态是"观念的科学"

众所周知，"意识形态"（idéologie）这一概

① 本文原来的标题是"从意识形态的科学性到科学的意识形态性"，原载《马克思主义与现实》，2007（3）。

念是由法国启蒙学者特拉西于1796年最早提出来的。他把意识形态称之为“观念的科学”（a science of ideals）或简称为“观念学”，并在《意识形态原理》一书（1801—1815）中详尽地阐发了自己的观点。正如麦克齐（I. MacKenzie）所指出的：“对于特拉西来说，意识形态的目的是‘给出我们理智能力的一个完全的知识，再从这一知识中推演出其他所有知识分支的第一原则’。”① 也就是说，特拉西试图通过其意识形态理论，以科学的方式重建整个知识体系。

在法国启蒙时期和法国大革命时期，特拉西创制出“意识形态”这一新的概念，并把它作为“观念的科学”与传统的思想观念对立起来。他这样做，至少从主观意图上来说是有积极意义的，因为他试图加以反对的正是以烦琐论证为特征的经院哲学和神学的残余思想观念。在他之前，已有不少的思想家做出了开创性的努力，如法国哲学家笛卡尔提出了“普遍怀疑”的口号和“我思故我在”的第一真理，英国哲学家弗兰西斯·培根在柏拉图“洞穴比喻”的启发下提出了著名的“四偶像”（洞穴偶像、种族偶像、市场偶像和剧场偶像）学说，以法国哲学家狄德罗为代表的“百科全书派”学者对“偏见”的声讨和对“理性法庭”的吁求，其宗旨都是批判经院哲学和中世纪神学，倡导新的科学和科学方法。显而易见，特拉西的意识形态理论，作为“观念的科学”也是应顺这一伟大的启蒙运动的潮流的。他也和同时代的其他启蒙学者一样，主张在可靠的感觉经验和理性知识的基础上，重建各种知识，把它们整合成“观念的科学”。这就启示我们，特拉西在创制“意识形态”这一新概念的时候，肯定并坚持的正是这一新概念的“科学性”，而在他看来，科学性也就是思想观念对现实生活的真实的反映。

毋庸讳言，在特拉西的“意识形态”或“观念的科学”中，也包含着相应的政治见解，即以自由、民主的政治理想为核心的共和主义，而

---

① S. Malesevic and I. MacKenzie edited, *Ideology After Post-structuralism*, London: Pluto Press, 2002, p. 1.

这种政治见解与拿破仑的政治理念，特别是他恢复帝制的梦想构成了尖锐的对立。正是从这种对立的政治见解出发，拿破仑批评特拉西的意识形态理论是一种耽于幻想的、空洞的理论，并把与特拉西的“观念的科学”认同的那些人称之为“意识形态家”或“空想家”（idéologue）。令人意想不到的是，拿破仑对特拉西的意识形态理论的批判，在欧洲思想发展史上产生了重大的影响。尽管特拉西和他的追随者们竭力把意识形态阐释为“观念的科学”，但拿破仑对特拉西的批评却使下面的观点——意识形态是一种虚假的观念、意识形态家是一些空想家——成了欧洲人家喻户晓的常识。

在这个意义上可以说，历史给特拉西开了一个颠覆性的玩笑，即特拉西作为“科学的观念”确立起来的意识形态，从一开始就被人们理解为相反的东西——非科学的、虚假的观念。事实上，黑格尔、马克思和恩格斯都是站在与拿破仑相近的立场上来理解并阐释“意识形态”理论的，即把它作为一种非科学的、应予否定的理论加以批判，这在马克思和恩格斯合著的《德意志意识形态》一书（1845—1846）中得到了经典性的表现。

阿尔都塞：意识形态与科学的对立

如前所述，在马克思和恩格斯的理论语境中，意识形态乃是一种颠倒的、虚假的意识。事实上，马克思提出的著名的“照相机之喻”就是对意识形态这一根本特征的形象的说明。马克思写道：“意识在任何时候都只能是被意识到了的存在，而人们的存在就是他们的实际生活过程。如果在全部意识形态中人们和他们的关系就像在照相机中一样是倒现着的，那么这种现象也是从人们生活的历史过程中产生的，正如物像在眼网膜上的倒影是直接从人们生活的物理过程中产生的一样。”[①] 正是从这样的见解出发，马克思把颠倒地反映着外部世界的“意识形态”与正确地反映着外部世界的“科学”尖锐地对立起来。

几乎在所有的马克思主义哲学的教科书中，我们都能读到下面这样的结论：意识形态包括哲学、宗教、道德、艺术等具体的意识形式，科学不但不属于意识形态的领域，而且它与意识形态是根本对立的，水火不相容的。换言之，意识形态不但不可能像特拉西所设想的那样，成为“观念的科学”，相反，它根本不具有科学性，甚至是与科学完全对立的。法国结构主义的马克思主义者阿尔都塞正是从这样的理论语境出发去思索意识形态和科学之间的关系的。在《保卫马克思》（1965）等一系列著作中，他把科学与意识形态尖锐地对立起来。

在这里，需要深入地加以追问的是：阿尔都塞究竟如何理解意识形态概念的含义？他写道：“一个社会或一个时代的意识形态无非是该社会或该时代的自我意识，即在自我意识的意象中包含、寻求并自发地找到其形式的直接素材，而这种自我意识又透过其自身的神话体现着世界的总体。”[②] 阿尔都塞之所以把意识形态阐释为总体性的“神话”，其目的正是为了说明意识形态的虚假性和不可靠性。那么，阿尔都塞又是如何理解“科学”（science）这一概念的呢？他告诉我们：“马克思的立场和他对意识形态的全部批判都意味着，科学（科学是对现实的认识）就其含义而言是同意识形态的决裂，科学建立在另一个基地之上，科学是以新问题为出发点而形成起来的，科学就现实提出的问题不同于意识形态的问题，或者也可以说，科学以不同于意识形态的方式确定自己的对象。”[③] 在阿尔都塞看来，科学与意识形态有着根本不同的问题域。既然意识形态是以颠倒的、虚假的方式反映外部世界的，那么它所蕴含的整

---

① 《马克思恩格斯全集》，第 3 卷，29～30 页，北京，人民出版社，1960。

② L. Althusser，*For Marx*，London，1977，p. 144.

③ L. Althusser，*For Marx*，London，1977，p. 78.

个问题域就是不可靠的、耽于幻想的。假如完全沿着它所设定的问题域进行思考，人们的思想就会被引上错误的轨道。与此相反，科学则是对外部世界的真实反映，因而科学本身所蕴含的问题域为人们认识和解决现实问题提供了正确的思想引导。

必须指出，阿尔都塞这里使用的“科学”概念主要是指马克思的学说，而特拉西使用的“科学”概念则具有更为宽泛的含义，它泛指整个自然科学和人文社会科学，而不专指某一种科学理论。不管如何，在阿尔都塞那里，意识形态缺乏科学性的特征进一步被激化它与科学之间的外在的、尖锐的对立。阿尔都塞甚至认为：“任何科学的理论实践总是同它的史前的、意识形态的理论实践划清界限：这种区分的表现形式是理论上和历史上的‘质的中断’，用巴歇拉尔的话来说就是‘认识论断裂’。”① 在这里，“认识论断裂”这一用语非常贴切地阐明了科学与意识形态之间的紧张关系。

在阿尔都塞那里，我们发现，特拉西视意识形态为“科学的观念”的初衷不但完全被否定了，而且其结论像钟摆一样荡向另一个极端，即意识形态不但不具有科学性，相反，它与科学是完全对立的。在它们之间，存在着一种不可逾越的“断裂”关系。

哈贝马斯：技术与科学本身就是意识形态

如果说，在阿尔都塞的视野中，作为自然科学的“科学”和“技术”与意识形态之间的关系还没有得到深入的反省，那么，在《保卫马克思》出版三年后，哈贝马斯却在《作为“意识形态”的技术与科学》一书中全面地探索了这个当代社会越来越无法回避的问题。与阿尔都塞的理论背景不同，哈贝马斯是沿着马克思·韦伯的“合理性”概念、马尔库塞

① L. Althusser, *For Marx*, London, 1977, pp. 167-168.

的“技术理性”＝“意识形态”的思路来探索技术、科学同意识形态之间的关系的。他写道：“马尔库塞对韦伯的批判得出的结论是：‘技术理性的概念，也许本身就是意识形态。不仅技术理性的应用，而且技术本身就是（对自然和人的）统治，就是方法的、科学的、筹划好了的和正在筹划着的统治。统治的既定目的和利益，不是后来追加的和从技术之外强加上的，它们早已包含在技术设备的结构中。技术始终是一种历史和社会的设计；一个社会和这个社会的占统治地位的兴趣企图借助人和物所要做的事情，都要用技术加以设计。统治的这种目的是物质的，因此它属于技术理性的形式本身。’”① 假如说，马尔库塞还是试探性地提出技术理性、统治的合法性与意识形态的关系，那么，在哈贝马斯那里，技术与科学就是意识形态的观点则得到了十分明确的论述。

哈贝马斯还进一步论述了这种以技术理性或合理性为根本特征的新意识形态与传统的意识形态之间的重大差别：“一方面，技术统治的意识同以往的一切意识形态相比较，‘意识形态性较少’，因为它没有那种看不见的迷惑人的力量，而那种迷惑人的力量使人得到的利益只能是假的。另一方面，当今的那种占主导地位的，并把科学变成偶像，因而变得更加脆弱的隐形意识形态，比之旧说的意识形态更加难以抗拒，范围更加广泛，因为它在掩盖实践问题的同时，不仅为既定阶级的局部统治利益做辩解，并且站在另一个阶级一边，压制局部的解放的需求，而且损害人类要求解放的利益本身。”② 按照哈贝马斯的观点，在当代社会中，一旦技术与科学成了意识形态，与传统的意识形态比较起来，它就具有更多的中立性和隐形性，从而也就更容易迷惑人。哈贝马斯还一针见血地

---

① 哈贝马斯：《作为“意识形态”的技术与科学》，39～40页，上海，学林出版社，1999。

② 哈贝马斯：《作为“意识形态”的技术与科学》，69页，上海，学林出版社，1999。

指出："技术统治意识的意识形态核心，是实践和技术差别的消失。"①众所周知，康德把理性区分为理论理性与实践理性，而技术、科学只与理论理性有关，当技术和科学作为意识形态涵盖当代社会意识的主要内容时，必定会导致对实践理性及与之相应的整个人文价值领域的忽视。

技术与科学作为意识形态的理论启示

从特拉西于18世纪末提出意识形态概念，并把它理解为"观念的科学"，到拿破仑、黑格尔、马克思、阿尔都塞等人排除它的科学性，并把它与科学尖锐地对立起来，再到哈贝马斯把当代技术与科学理解为意识形态，意识形态概念的发展史仿佛完成了一个"圆圈"，即从肯定意识形态的科学性，发展到对它的科学性的否定，再发展到把科学性本身也理解为意识形态。当然，在特拉西那里，科学性是以肯定的方式出现的，但在哈贝马斯那里，科学性却是以否定的方式出现的。不用说，科学性含义的重大变化本身就蕴含着重要的理论启示。

首先，它启示我们，在海德格尔的《技术之追问》(1950)、马尔库塞的《单向度的人》(1964) 和哈贝马斯的《作为"意识形态"的技术与科学》(1968) 问世以来，人们必须对技术与科学的历史作用重新做出反省了。也就是说，他们再也不能像过去那样，满足于对技术的所谓"双刃剑作用"的谈论了，从根本上看，现代技术与科学是一种否定性的力量，作为意识形态，它已经蜕变为一种统治的合法性。必须通过对人文主义精神的弘扬来遏制现代技术的意识形态作用的蔓延。

其次，它启示我们，以技术与科学作为自己的灵魂和核心原则的现代意识形态从根本上改变了自己的内涵、特征和起作用的方式。从内涵上看，由于把理论形态的技术与科学接纳到自身之中，现代意识形态不

① 哈贝马斯：《作为"意识形态"的技术与科学》，71页，上海，学林出版社，1999。

再像传统的意识形态那样，是虚假的意识，而在相当程度上成了真实的意识。从特征上看，现代意识形态总是通过蕴含在技术与科学中的合理性来宣传自己，不再像传统的意识形态那样，诉诸神秘主义和奇迹。从起作用的方式来看，现代意识形态是通过技术与科学的有效性，以隐蔽的、潜移默化的方式发挥自己的作用的，这与传统的意识形态起作用的方式也存在着重大的差别。

最后，它启示我们，历史唯物主义的当代叙述形式也应该随之而发生相应的变化，因为按照哈贝马斯的观点，现代技术是以双重身份的方式出现的：一方面，现代技术的实践形态构成了第一生产力，而生产力属于基础的部分；另一方面，现代技术的理论形态又成了现代意识形态的核心内容，而意识形态属于上层建筑的领域。由于现代技术把经济基础和上层建筑贯通起来了，所以以往关于历史唯物主义的简单表述，即“经济基础决定上层建筑”，必须在其当代的叙述方式中发生相应的变化。①

总之，从特拉西对意识形态的科学性的肯定，到哈贝马斯对现代技术与科学的意识形态性的肯定，构成了一条值得深入地加以反思的思想路线。

---

① 参见俞吾金：《从科学技术的双重功能看历史唯物主义叙述方法的改变》，载《中国社会科学》，2004 (1)。

新时期意识形态建设之我见[①]

当前，中国社会正处于从计划经济社会向市场经济社会转型的历史时期。在这个新时期中，作为社会意识的重要组成部分的意识形态将面临何种挑战？它将发生什么样的变化？又将以何种方式发挥自己的作用？这正是理论工作者必须回答的重大问题。

不难发现，在新时期中，随着改革开放的深入，社会生活本身正在发生重大的变化。不光新的事物层出不穷，而且新的观念也日新月异。更重要的是，社会的价值理想、人们的思想意识也处于深刻的嬗变过程中。原来置身于边缘状态的诸多观念，如多样性、差异性、个体性和选择性逐渐成了人们普遍接受的观念，而原来置身于核心地位的诸多观念，如单一性、共同性、集体性和指令性正在渐渐地失去其约

① 本文原来的标题为“新时期意识形态的特征”，原载《人民日报》，2005-06-01。

束力。这表明，传统的意识形态已经面临严峻的挑战。在这样的历史条件下，意识形态要不脱离实际生活的变化，就应该做出相应的调适，以便更有效地在新时期发挥其重要的作用。

首先，新时期的意识形态应该具有宽容性。我们这里所说的“宽容性”也就是指意识形态对日常观念、生活方式和价值理想上存在的多样性的认可。如果说，传统意识形态在思想方法上坚持自己的“单一性”，并排斥与自己不同的一切“多样性”的话，那么，新时期的意识形态再固守这样的“单一性”显然不行了。尽管意识形态对每个历史时期的思想文化都起着重点导向的作用，但这种重点导向却应该以对多样性的认可，而不是对它的排斥作为自己的前提。实际上，每一个不存偏见的人都会发现，多样性正是生活本身的意义之所在。当人们跨入服装店的时候，难道希望里面只有一种款式的服装？当人们走进水果店的时候，难道希望里面只有一个品种的水果？现实生活本身就是千姿态百态的，至于精神生活的多样性就更不用说了。马克思在《评普鲁士最近的书报检查令》一文中就曾提出这样的疑问：“你们赞美大自然悦人心目的千变万化和无穷无尽的丰富宝藏，你们并不要求玫瑰花和紫罗兰散发出同样的芳香，但你们为什么却要求世界上最丰富的东西——精神只有一种存在形式呢？”① 新时期的意识形态需要的正是这种海纳百川式的宽容心态。也就是说，它必须在尊重多样性的基础上，才能对新时期的思想做出合理的引导。

其次，新时期的意识形态应该具有开放性。我们这里所说的“开放性”也就是向现实生活敞开，不断地关注、吸纳和提升现实生活中出现的重大问题、新鲜经验，作为自己思考的对象，也作为推动自己发展的动力。传统的意识形态片面地坚执于所谓“意识形态的相对独立性”，其逻辑结果必定是脱离生活，并在内容上渐渐僵化，从而失去对现实生活

---

① 《马克思恩格斯全集》，第1卷，7页，北京，人民出版社，1956。

的发言权和真正意义上的引导作用。新时期的意识形态应该把马克思的名言“不是意识决定生活，而是生活决定意识”① 作为自己的座右铭。也就是说，新时期的意识形态只有保持开放心态，以与时俱进的态度，去追踪现实生活，吸纳现实生活中的新鲜经验，从而不断地丰富自己的思想内容，才能显示出强大的生命力，并占据时代精神的制高点。要言之，新时期的意识形态决不应该脱离现实生活，把自己理解为高高在上的、裁判现实生活的绝对真理，而应该始终本着开放的、学习的心态，吸纳现实生活中出现的新鲜经验，真正使自己成为现实生活的清醒的引导者。

最后，新时期的意识形态应该具有渗透性。我们这里所说的“渗透性”也就是以潜移默化的方式在现实生活中发挥作用。众所周知，传统意识形态在发挥自己的作用时，其起作用的方式常常是粗糙的、表面化的。比如，以直白的政治口号作为自己的工作语言。而这样的工作方式和工作语言不仅会损害意识形态本身的形象，也很难达到预期的目标和理想的效果。新时期的意识形态应该从根本上改变自己的工作方式，努力使自己以“润物细无声”的方式在现实生活中发生作用。比如，在影视作品这样的意识形式中，英雄人物的高尚的道德观念应该通过他富有个性的行为，而不是通过其大段大段的道德说教显现出来。同样地，思想教育也应该更多地通过领导干部自身的行为方式和光辉形象“渗透”到普通老百姓的心中，言不由衷的思想说教不但很难进入老百姓的心中，而且常常成为他们调侃的对象。所谓“行不言之教”正是新时期的意识形态起作用的独特的方式。

综上所述，新时期的意识形态建设是一个十分重大的理论课题，只有根据新时期的现实生活的本质需要，对意识形态的内容和发挥作用的方式做出相应的调适，才能使它保持顽强的生命力，并以更合理、更有效的方式对现实生活进行引导。

---

① 《马克思恩格斯全集》，第3卷，30页，北京，人民出版社，1960。

理论工作者的担当意识[①]

胡锦涛同志在中国共产党第十七次全国代表大会上所做的报告《高举中国特色社会主义伟大旗帜，为夺取全面建设小康社会新胜利而奋斗》的问世，不仅是我国人民政治生活中的大事，也是我国理论界的大事。在中国特色社会主义理论的总体框架中，十七大报告提出了一系列与我国现实生活密切相关的重大理论问题，值得引起我们的高度重视。

然而，除了报刊上经常可以读到的一些“应景性”文字以外，相当一部分理论工作者对这些重大的理论问题采取漠然置之的态度。在他们看来，真正的理论问题似乎都出自国外学者撰写的大部头著作，甚至连那些名不见经传的国外小人物发表的言论，他们也视之为圭臬，

① 本文原为俞吾金主编的《理论新视野丛书》的“总序”，由俞吾金撰写。参见俞吾金：《科学发展观》，重庆，重庆出版社，2008。

争先恐后地进行介绍和评论。这种盲目崇外的心态不禁使我们联想起1941年毛泽东在延安干部会议上所做的题为《改造我们的学习》的报告。正是在这份重要的报告中，毛泽东激烈地批评了那种“言必称希腊”、却对中国的现实和理论漆黑一团的错误的思想倾向，并语重心长地告诫我们：“不单是懂得希腊就行了，还要懂得中国；不但要懂得外国革命史，还要懂得中国革命史；不但要懂得中国的今天，还要懂得中国的昨天和前天。”① 今天，中国正处于全面建设小康社会的关键时期。新问题、新观念和新理论层出不穷，作为理论工作者，怎么能够漠然置之呢？其实，理论工作者当前面临的不可推卸的重要使命是认真地学习、领会并阐释十七大政治报告中提出的一系列重大的理论问题和理论观念。

正是基于对这种使命感的认同，我们复旦大学国外马克思主义与国外思潮研究中心（985国家级重点基地）、复旦大学当代国外马克思主义研究中心（教育部重点研究基地）和复旦大学哲学学院共同组织并主编了这套《理论新视野丛书》。丛书第一辑包含以下六个理论主题：科学发展观、文化软实力、社会公正、社会主义与资本、资本与和谐社会、生态文明。不久，我们还会推出丛书第二辑。

对于那些热衷于探索国外理论问题，而对中国社会的现实生活和理论问题兴趣索然的理论工作者，最合适不过的是把《伊索寓言》中的下述箴言赠送给他们：

> 这里是罗陀斯，就在这里跳跃吧；
> 这里有玫瑰花，就在这里跳跃吧。

---

① 《毛泽东选集》，第3卷，801页，北京，人民出版社，1991。

社会新语

社会转型与心理调适[①]

当代中国社会正处于从计划经济模式向市场经济模式急剧转型的过程中。改革开放和社会转型使当代中国人的生活充满了生气和活力，但生活中出现的许多新事物、新观念和新现象，也使不少人的心理受到了巨大的震荡。尤其是当某些人在市场经济的大潮中亲身经历大起大落时，他们的心理状态濒临崩溃。当这样的社会现象一再冲击我们的感官时，我们自然而然会思考并提出这样的问题，即在社会发展处于非常规状态时，人们应该怎样进行心理上的调整，以适应这一急剧变化着的社会状态？我们的解答如下。

一方面，人们应该在对生活状态的理解中确立一种“逆向比较方法”。众所周知，在日常生活中，不论是节假日的家庭聚餐，还是不定

① 本文原载《解放日报》，2006-07-30。

期的老朋友叙旧；不论是同事之间的聊天，还是老同学之间的聚会，人们无时无刻不在就下列问题，如工作岗位、职称薪金、住房汽车、小孩出国等方面进行比较。而在这样的比较活动中，他们总是自觉地或不自觉地选择生活状态更为优越的家庭或个人作为自己的比较对象。显然，这样的比较方法使人们的心态变得越来越浮躁，心理上变得越来越不平衡。不少人幻想自己一夜暴富，一旦幻想破碎，他们在心理上就会处于极度沮丧，甚至绝望的状态。我们这里倡导的“逆向比较方法”，就是建议人们在生活状态上不应该找更优越的家庭和个人进行比较，而应该找比自己更差的家庭和个人进行比较。显然，这种“逆向比较方法”易于遏制人们的浮躁心理，使他们能够以平静的，甚至轻松的态度看待自己的生活状态。

值得注意的是，当人们在生活中面临巨大的挫折的时候，这种“逆向比较方法”也有自己的重要意义。记得俄国小说家契诃夫曾经写过一篇《如何防止自杀》的短文。在这篇短文中，他告诉我们，当人们在生活中遭遇到一个重大的变故时，他们常常会感到绝望，甚至在这种情绪的支配下走上自杀的道路。要有效地防止自杀，就应该在遭遇重大的变故或挫折时，设想出比这种变故或遭遇更坏的情况。显然，与更严重的情况相比较，已经出现的变故或挫折就相应地变轻了。举例来说，当一家人外出时，家中突然被盗，损失惨重。面对这样的变故，一家人心理上都会很难受。在这样的情况下，假如他们愿意设想出更坏的情况，比如正好小孩留在家中，不但贵重物品被窃，而且小孩也在与歹徒的搏斗中受了重伤。与这种更可怕的结局比较起来，单纯财物上的损失似乎又轻了好多。一旦引入这种“逆向比较方法”，即设想出更坏的情况并加以比较，心理上的压力和绝望也就相对地减轻了。众所周知，在当代中国人中，独生子女的比率正在不断地攀升，而独生子女由于从小受到父母的宠爱，一般说来，心理上都比较脆弱。对于他们来说，这种“逆向比较方法”会显得更有效。

另一方面，人们应该在他们的生活、工作和社会活动中确立起一种“风险意识”。人们记忆犹新的是，在计划经济模式的社会中，一个职工在单位里“吃大锅饭”，甚至他整个家庭的生老病死都包给了单位。长期以来，在这种计划经济的生活和工作模式的影响下，人们觉得一切都是确定的、必然的，因而对自己生活和工作中可能出现的意外与风险缺乏任何心理上的准备。由于缺乏这样的心理准备，当生活和工作中出现意外情况时，人们常常茫然不知所措，甚至一蹶不振，对生活和工作失去了信心。与此不同的是，在转型社会中，一种具有更大的自由度，而同时也具有更多风险的生活和工作模式正在被确立起来。显而易见，如果人们希望自己适应这种新的状态，就应该自觉地确立起风险意识，对生活、工作和社会活动中出现的各种意外和风险有充分的心理准备。如离婚下岗、破产、自然灾害、经营失败、意外死亡等。有了这样的心理准备，又采取了相应的保险措施和其他的措施，当意外和风险出现的时候，就不会惊慌失措。即使损失是不可避免的，也可能会把它们降到最低的程度。

不管如何，在社会转型的过程中，心理问题和心理疾病应该引起我们的高度重视。人们必须学会自觉地进行心理调适，才能跟上这一快速变动着的社会的脚步。

超越小市民的心态

作为文化讨论中的一个对象，“上海城市精神”的含义不够明晰。人们既可以从理想的角度来谈论它，也可以从现实的角度来谈论它；既可以从政府部门的角度来谈论它，也可以从普通百姓的角度来谈论它。我个人的看法是，上海乃上海人之上海，谈论上海城市精神，当然要从上海市民说起，而对上海市民心态的考察，又应该从现实的状况出发，以便为上海城市精神的提升提供一个明确的方向。

尽管上海人喜欢把自己居住的城市称作“大上海”，但在我看来，这样的称谓恰恰反衬出他们的小市民心态。一个偶尔羁留上海的人，看到的常常是上海的繁华，但对我这样的、久居上海的外省人说来，更多地体验到的，却是上海人的小市民心态。正是这种心态时时刻刻编织着目前流行的上海城市精神。所以，我认为，要提升上海城市精神，使之与国际化的大城市相般配，就必须改造并超越这种小市民的心态。显然，如果我们的反省达不到这个层面上，谈论理想化的上海城市精神就近乎戏谑了。

小市民心态的第一个表现是自私、冷漠。一方面，许多上海人精心地打造、经营自己的安乐窝，甚至把自己的住处装修得比总统套房还要漂亮，即使没有这样经济实力的小康之家，也会把房间布置得富丽堂皇或打扫得一尘不染。另一方面，对于自己房间外面的过道、走廊或公用的地方，不少上海人会随意扔垃圾、占地盘或堆放破旧的杂物。对于公用地方的卫生、他人应有的权利和利益则采取十分冷漠的态度。真可谓“各人自扫门前雪，休管他人瓦上霜”。甚至在某些公共场合，当歹徒公开侮辱女性，或公开进行抢劫的时候，他们也会装作什么都没有看见的样子，快步从旁边走过，唯恐他人的事情与自己有染。

小市民心态的第二个表现是狭隘、嫉妒。不少上海人胸襟狭小、小肚鸡肠。遇事岂止斤斤计较，甚至可以说是两两计较。一见到别人的处境比自己好，心里就容不下，口舌生非，飞短流长，千方百计地贬低别人，甚至欲置之死地而后快。倘若见到别人遭了难，不但没有同情心，反而会幸灾乐祸。

小市民心态的第三个表现是胆小、怕事。乍看起来，不少上海人言词慷慨，有男子汉大丈夫气概，但事到临头，想到自己的利益、生命可能会受损，早已溜之大吉，缺乏真正的担当意识。此外，由于上海是计划经济的重灾区，上海人向来以“乖巧”“听话”著称，这又使上海人在思想上显得保守。普通上海人的愿望是得到一份轻松而高薪的工作，至于当大老板，做大事业，冒着生命危险去做什么，就完全与他们绝缘了。

小市民心态的第四个表现是浮躁、投机。上海是一个商品化的城市，也是一个国际化的大城市。由于贫富差异严重，不少上海人心态十分浮躁，只想一夜暴富，过海上寓公的生活。正是这种浮躁助长了他们的投机心理。今天这么想，明天又那么想，静不下心来扎扎实实地做些什么有益的事情。事实上，普通的上海人缺乏定力和深沉感。他们缺乏北方人才有的那种沉着与冷静。

总之，在我看来，要提升上海城市精神，上海市民就要有勇气批评并超越这种小市民的心态，逐步做到胸襟博大、关心公共事务；行动沉着，敢做前人未做之事。在上海的市民群体中，也存在着一些异类，如坚持真理的顾准、意志坚强的余纯顺、敢于拼搏的刘翔等。上海人应该向他们学习，脱胎换骨，锻造出与上海这个历史名城真正相匹配的新的城市精神。

也说“贫富差异”这个话题[①]

一年一度的春节又将来临了。乍看起来，在上海这样的沿海城市里，传统的春节的观念正在淡化，而像圣诞节这样的西方的节日，似乎正以“润物细无声”的方式进入老百姓的日常生活中。从商场里的圣诞礼品、酒店里的圣诞老人到家庭里的圣诞树，都表明了这一西方的传统节日在当代中国社会中影响的升温。尽管如此，从酒店里的年夜饭已经早早地被预订、从人们在商场里精心地挑选过年的礼品、从打工仔们兴冲冲地回家过节等现象可以看出，春节仍然是当代中国人心目中挥之不去的大事，而且它的重要性甚至已经在无意识的心理层面上被人们所普遍地认同。

每逢佳节倍思亲。在传统的中国人的心目中，春节是一个象征着国家祥和、家庭团聚的

① 本文原来的标题为“春节寄语”，原载《解放日报》，2005-01-03。

节日。在这个节日里，不管是生活宽裕的富豪，还是经济状况拮据的贫民；不管是本地的居民，还是外来的民工；不管是旅居上海的外籍专家，还是正在这里观光的外地游客；不管是在节日期间坚守工作岗位的健康的劳动者，还是盘桓在医院里的病人，都会以适合自己的方式来度过这个充满亲情和欢乐气氛的节日。

当然，谁都不会否认，当代中国社会正处于急剧转型的过程中。社会转型中制度的缺失、个人在天赋、健康和社会文化背景等因素上的差异，造成了贫富之间差异的加剧。在春节期间，在家人和朋友的团聚中，人们总会自觉地或不自觉地触及这个话题。应该怎样看待这种现象呢？对这种现象采取视而不见的“鸵鸟政策”是不现实的，事实上，这样的现象也是无法回避的。问题反而在于，人们究竟应该怎样看待这种现象？笔者认为，看待这种现象存在着以下两种不同的视角。

一是个人的视角。众所周知，在打开国门、国际交流日益频繁的背景下，由于人们习惯把自己的生活情况与发达国家的居民或自己周围的富豪的生活情况比较，看到差距很大，于是在心理上变得很浮躁，不少人甚至梦想着一夜暴富，以致不惜铤而走险，身陷囹圄。其实，这里的关键是在自己和他人之间如何进行合理的比较。笔者认为，合理的比较应该包含着两个不同的侧面：一是在辛勤劳动和做出努力方面，与比自己更优秀的人进行比较。通过这样的比较，就会看到自己的差距，从而促使自己振奋起来，比以前做得更好。这也就是人们通常说的劳动致富的道路；二是在生活、消费和享受方面，与比自己更差的人比较。通过这样的比较，就会发现，自己的实际情况还不算太坏。这就可以有效地遏制自己在心理上的不平衡。比如，在这次亚洲的强震和海啸中，有10多万人在片刻之际被夺去了生命。笔者的一位朋友曾经说过一句十分感人的话：“与这些遇难者比较，我能健康地活着就是最大的幸福。”当然，在生活、消费和享受方面与更差的人比较，并不等于倡导鲁迅先生曾经批评过的“阿Q精神”，相反，它是保持心理健康和平衡的一种有效的方法。总之，从个人的视角出发看待各种社会现象，尤其是贫富差异的现象，一定要把上面说的两个方面的比较有机地结合起来，才能真正地与浮躁的心态告别。

二是政府和社会的视角。从政府和社会的角度看问题，一定范围内的贫富差异在任何文明社会中都是无法避免的，然而，应该清醒地认识到，当这种差异不断地扩大，并超过一定的限度的时候，就会对社会的稳定造成严重的威胁。所以，每逢春节这样传统的节日，在倡导国家的祥和和家庭生活的和睦的同时，政府和社会不但要通过慈善事业、通过献爱心和访贫问寒等方式来关心社会生活中的边缘地区和弱势群体，而且更需要怀着急迫的心情，从理论上深刻地反思贫富差异形成和加剧的原因，并在实际工作中形成一整套有效地遏制这种差异扩大的法规、政策和措施。确实，在市场经济的背景下，人与人之间的关系会处于激烈的竞争中。但我们必须清醒地意识到，这种竞争不是丛林里的“弱肉强食”式的竞争，而是人类社会中的、充满人道主义精神的、以社会保障制度作为可靠背景的竞争。只有努力处理好公正与效率、优胜劣汰与人道主义之间的关系，不断地缩小贫富之间的差异，人们生活中的每一天才会像春节一样美好。

“以人为本”别解[①]

多年来，我观察到一种有趣的现象，即理论界追求时髦似乎一点也不逊色于服装界。不知从什么时候开始，“以人为本”就成了理论界，尤其是管理界的“第一真理”。有哪个管理者不把自己的管理理念命名为“以人为本”呢？又有哪个评论者不是从“以人为本”的角度出发去批评其他的管理理念和管理方式呢？然而，正如日常生活的智慧一再启示我们的那样，台风中心没有风。恰恰是在这个口号到处出场的地方，却见不到人们对它的含义的深刻的领悟和阐释，仿佛人们刻意地倡导它，只是为了在实际生活中遗忘它。

限于题旨，在这篇短论中，我不可能对“以人为本”的管理理念进行详尽的论述，我想

① 本文原来的标题为“如何理解‘以人为本’的管理理念”，原载《深圳特区报》，2003-06-01。

结合人们在日常生活中最易感受到的各种公共设施（如医院、学校、银行、大型商场、图书馆、博物馆、影剧院、音乐厅、铁路站、飞机场、停车场、马路、公园等）在设计、建造和管理中存在的问题，谈谈我自己对“以人为本”的管理理念的理解。

首先，一个公共设施的设计和建造究竟是以健康的成年人为“本”，还是以今后可能到这一设施中来参与活动的各种人（除了健康的成年人外，还可能有儿童、老人、残疾人等）为“本”？答案应该是不言而喻的，即应以今后可能到这一设施中来参与活动的各种人为“本”。然而，在实际生活中，情形常常相反。比如，迄今为止，在有些已经建造好的重要的公共设施中，仍然见不到残疾人专用的汽车泊位、厕所、电话和电梯；又如，从传媒的报道中可以了解到，有一个小孩竟从商场高层的栏杆缝里掉下来，酿成了不应有的悲剧。这个悲剧表明，栏杆高度以及栏杆之间的空隙大小的设计也是以健康的成年人，而不是以小孩作为参照系的；再如，近几十年来，有关方面为市民设计、建造了大量六层至七层高的、无电梯的福利房，从而使市民的居住条件得到了很大程度的改善，但人们是否考虑过这样的问题，即一个行走不便的人，特别是年过八十的老人如何从七楼走下来？所有这些现象都表明，至少在公共设施的设计和建造中，“以人为本”的管理理念实际上已经被“以健康的成年人为本”的管理理念所取代了。换言之，“以人为本”的含义被简单化和狭隘化了。

其次，在对一个建造好的公共设施的管理中，究竟是以少数管理者为“本”，还是以广大的被管理者为“本”？比如，在对一家医院的管理中，究竟应该以医务人员为“本”，还是应该以前来就诊或住院的广大病人为“本”？显然，应该以被管理者（在医院里被管理者则是前来就诊或住院的病人）为“本”。有些公共设施的管理者在这方面做得很好，比如，有的医院把朝南的、阳光充分的房间用来安顿门、急诊病人和住院病人，而把朝北的、寒冷的房间用作医务人员的办公室、更衣室等，这里体现出来的正是医务人员的职业道德。然而，在现实生活中，相反的情形也时有所见。一些新的公共设施建成后，管理者常常把其中最好的楼层、最好的房间据为己有，而把质量比较差的空间让渡给被管理者。在管理中，甚至在管理规则的制定中，管理者也常常以自己的便利作为出发点，完全不考虑被管理者是否方便，是否能有效地利用公共设施。比如，交通部门总是批评行人乱穿马路，但它们有没有做过这样的反思，即在划定马路上的每一条斑马线时，它们考虑过行人穿马路的最便利的方位吗？调查过生活在附近的人们的实际需要和行为方式吗？再如，大学校园里的管理者常常批评学生们在穿越草坪时“另辟蹊径”，但他们在设计和建造草坪上的小路时，考虑过学生这方面的实际需要和便利吗？为什么他们不根据学生们的行走习惯来修建草坪上的小路呢？乍看起来，这些都是小问题，但实际上无不关系到这样的大问题，即“以人为本”究竟是“以广大的被管理者为本”，还是“以少数的管理者为本”。

最后，在单纯的管理部门的范围内，“以人为本”的表现形式又是什么呢？比如，对于某一个上级管理部门来说，它的管理对象通常有两个：一是下级管理部门的人；二是属于自己管辖范围的物（如公共设施、各种设备等）。就“人”和“物”的比较而言，“以人为本”似乎是不言自明的，但在实际生活中也不尽然。比如，当银行、商场等公共设施发生劫案时，第一保护对象应该是银行、商场职员的生命，还是他们所管理的钱物？事实上，即使我们在主观上接受了“以人为本”的管理理念，仍然等同于什么问题也没有解决。比如，人事管理上的“任人唯贤”和“任人唯亲”是截然对立的，但不都是“以人为本”吗？这里的关键是以什么样的人为“本”。

总之，在管理工作或管理问题研究中仅仅停留在“以人为本”的空洞的口号上是毫无意义的，重要的是结合实际情况揭示出它的丰富内涵。

形体语言与城市文明[①]

我们这里所说的“形体语言”是一种特殊的语言，它指的是人们的行为举止以及通过这些行为举止所造成的感性对象的外在形象。在我们看来，形体语言通常是衡量一个城市的文明水准的重要标志。

建筑、雕塑与整体环境

形体语言首先表现在一个城市的主要建筑及其整体环境上。一个现代化的、国际性的大都市通常要有与之相匹配的大博物馆、大剧院、大展览馆、大购物中心、电视塔、影视中心、文化娱乐中心、一流的大学、一流的图书馆、一流的音乐厅、高级宾馆等；还要有气势宏大的机场、火车站、港口、桥梁、地铁、高架、

① 本文原载《文汇报》，1996-08-05。

高速公路等。如果用艺术家的眼光来看，也还有一种形体语言是必不可少的，那就是错落有致地分布在城市各处的雕塑。各类建筑从宏观、中观和微观的不同角度展示出一个大都市的精神风貌。然而，如果在这些高雅的形体语言的旁边或背后，出现的是另一些不协调的，甚至不健康的形体语言，就会把一个大都市的整体精神风貌破坏无遗。比如，在一家高级宾馆的背后，有一个令人掩鼻而过的垃圾堆；在一所名牌大学的周围是一片违章建筑和此起彼落的小贩叫卖声；在一个大购物中心的附近是一条色黑如墨、臭气熏天的小河；在一座造型美观的雕塑上黏附着厚厚的灰尘和口香糖的残渣等。面对着反差如此强烈的形体语言，我们又做何感想呢?

城市居民的行为举止

形体语言也表现在那些其职业最富于交往意义的城市居民的行为举止上。不管人们到一个城市旅游，还是长久地居住在这个城市中，他们最频繁地与之打交道的，总是从事下列职业的人——机场、港口、火车站、地铁、轻轨、公共汽车、电车或出租车等交通工具上的售票员和驾驶员；商场、宾馆、酒店、浴室、邮政局、银行、旅行社等服务性机构的营业员或服务员；税务人员、水电修理工、邮递员、医生、交警等。人们通常是通过与从事这些职业的人打交道的经历，特别是通过对这些人的形体语言的观察和感受来判断一个城市的文明程度的。不用说，在这些人中，涌现出了一大批遵守社会公德、热心地为大家服务的优秀人物，但也存在着一些不尽如人意的，甚至于有损一个城市的精神文明的现象。比如，有些酒店竖起来的招牌就充满了霸气，诸如“南霸天”“皇上皇”“帝王阁”“女皇”等，送上来的菜单里则充斥着“土匪鸭”“霸王鸡”之类的名字，令人不寒而栗；又如，有些旅店专门雇人到车站、码头，采用欺骗的手法，把客人骗到店里，然后大肆宰客。客人起来反抗，他们就用暴力手段胁迫之；再如，有些营业员、服务员的形体语言实在太差：或是站在那里聊天，对客人的问询装聋作哑；或是以势利眼看人，把顾客分成不同的档次；或是为了推销商品，语言肉麻得令人难受，甚至缠住人不放；或是顾客在买了商品后，发现质量问题，与他们论理，他们轻则挖苦谩骂，重则拳脚相加。凡此种种，不一而足。如果人们在日常生活中不得不经常与这样粗暴的形体语言打交道，他们又怎么可能对自己偶尔进入或长久以来居住其中的城市的文明情况做出很高的评价呢?

文化名人的言传身教

形体语言也表现在一个城市的文化名人的身上。事实上，每个城市都或多或少地拥有自己的文化名人，如影视明星、体育明星、舞蹈明星、戏剧明星、杂技明星等；又如著名的音乐家、文学家、诗人、艺术家、歌唱家、摄影家、科学家、理论家、政治家、医生、社会活动家、探险家、时装模特、企业家、金融家、记者、律师、工程师、教授等。完全可以说，一个城市的文化名人系列既是其精神文明长期积累的产物，又为其目前乃至以后的精神文明的建设提供了重要示范的群体。由于这些文化名人的形体语言是大家特别关注的，因而也是新闻媒体千方百计地加以“追踪”和“曝光”的对象。所以，他们的形体语言对一个城市的精神文明建设起着十分重要的作用。举例来说，上海作为一个现代化的、国际性的大都市，拥有自己灿烂的文化名人的系列，如最先意识到中国必须发展商品经济的思想家顾准、徒步旅行的探险家余纯顺等。他们的事迹不但感动了千千万万的人，而且为上海人的形象、为上海人的精神风貌添上了新的色彩。然而，在文化名人的阵营中，一旦出现了某种庸俗的、低级的形体语言，又会对整个城市的精神面貌和群众的心理状态产生负面的影响。比如，有的明星向邀请他（或她）的单位索取高额的出场费；也有的企业家在改变了企业原来的落后面貌后，获得了劳动模范的光荣称号，却放松了思想上的警惕，走上了经济犯罪的道路，从而成了阶下囚；也有的时装模特成名之后，经不住海外生活的诱惑，竟至于堕入风尘之中，等等。少数文化名人的消极的形体语言不仅使他们自己身败名裂，而且也给一个城市的精神生活蒙上了一层阴影。

从上面的论述可以看出，形体语言与一个城市的文明程度有着极为密切的联系。为了提高形体语言的总体水平，我们建议：第一，在致力于城市建筑，尤其是标志性建筑的建设时，应该同步清理那些负面的形体语言所造成的不良的环境，以便提高城市的总体文明水准；第二，加强职业道德的训练，特别是对那些富有交往意义的职业的道德水准应有更高的要求；第三，文化名人应该自尊、自重、自爱，以自己的优雅的形体语言为城市文明的发展做出更多的贡献。

让景观文化引领时尚潮流[①]

从 20 世纪 90 年代初以来，差不多与浦东开发同步，上海景观文化的建设在全国范围内取得了先声夺人的效果，并得到海内外一片赞叹声。然而，随着 2010 年世博会脚步声的逼近，上海景观文化的建设如何更上一层楼，继续引领时尚的潮头呢？这也正是每一个市民热切关注的话题。

虽然景观文化属于城市文化的器物层面，但因其可视性的特征而具有极为重要的意义。事实上，人们对任何城市的“第一印象”几乎就是对其景观文化的印象。今后上海的景观文化将以何种方式向前发展呢？

我的第一个建议是“把蛋糕做大”。所谓“把蛋糕做大”就是从“小上海的”景观文化走向“大上海的”景观文化。所谓“小上海的”，

① 本文原载《文汇报》，2003-08-25。

指的是黄浦江两岸，尤其是外滩一带；“大上海的”则包括上海市区和郊区的整个版图，特别是长兴岛、崇明岛、浦东和其他沿海地带、佘山等处。要用快速而安全的交通工具把江、海、岛、长桥、山联成一体，从而显示出上海景观文化的纵深度。否则，一个旅游者来上海，除了参观外滩和浦江夜游外，还能做什么呢？尤其值得一提的是，上海是一个沿海沿江的城市，应该把“水”的文章做大。比如，迈阿密的长桥就在我脑海里留下了难忘的印象。据说，好莱坞大片《真实的谎言》中的一些镜头就是在那里拍摄的。

我的第二个建议是“为视觉、想象和精神留下足够的空间”。上海，尤其浦西给人的印象是过于拥挤。当你置身于高架上时，目光所及，全是建筑物。它们填满了整个城市的空间，使人产生一种强烈的压抑感。其实，城市需要空间，这样才能使居住者的视觉、想象力和精神找到栖息之所。我们知道，纽约市中心寸土寸金，却有一个面积很大、纵贯许多街区的“中央公园”（the central park）。我在温哥华英属哥伦比亚大学（UBC）参观校区时，在海边山上，见到许多漂亮的别墅。听朋友介绍，这些别墅价值都在100万加元以上。温哥华市政府斥巨资买下了一些别墅，但不是为了赢利，而是拆掉别墅，放上几张铁椅子，留下一个空间供游客观赏海景。这种处理方式使我深受感动。事实上，一个充满生命活力的城市绝对不能被钢筋和水泥所充满，它必须以壮士断腕的勇气留下大量空间。据说，有些城市，如南京、重庆等，在重建的过程中高度重视对空间的保留。上海在市中心建造的大剧院、博物馆虽然有一定的气势，但其消极的结果是蚕食了人民广场，使其处于严重萎缩的状态中。在新一轮的城市景观的建设中，保留足够的空间已经上升为一个刻不容缓的问题。

我的第三个建议是“与森林结伴”。必须申明，我这里说的“森林”不是指“水泥森林”，即高楼大厦（当然，在一定的范围内，高楼大厦仍然是必需的），而是指自然界中的真正的森林。每个明眼人都可以看出，我们今天嘴上说的“植树”“绿化”“生态城市”云云，都只具有修辞学的、点缀性的意义。我的意思是要动真格：其一，应该种植并培育成片的、高大的树木，不要老是引入那些长不高的、单纯观赏性的树种。在某种意义上，是否种植适宜于在上海生长的参天大树，也是上海城市精神的一个表征。在这方面崇明已经创造了很好的经验，值得借鉴；其二，尽可能把小片的森林连接成大森林。我在美因河畔的法兰克福生活过两年，深深地感受到它的城市森林的魅力，至于加拿大和美国的森林那就更不用说了。总之，问题不单单是“绿化”，不单单是用自然界的碎片，即矮小的树木、修剪得整整齐齐的冬青树和草坪来点缀上海，而是要造就上海森林和森林上海！

我的第四个建议是“让历史和民俗苏醒过来”。上海有着700多年的厚重的历史和淳朴的民俗。在新一轮景观文化的建设中如何把历史和民俗融合进去，不使之萎缩，不使之被遗忘，也是一个十分重要的问题。上海的老城、石库门住宅、愚园、江南造船厂旧址、一大会址等历史景点必须得到有效的保护，上海各地迥然各异的民俗也必须得到深入的研究和开发。既不能用现代化、标准化抹掉传统，也不能用欧洲风格、英美风尚取代本地的传统风尚和习俗。唯有真正的本地化才可能通向真正的世界化，我们必须记住这个真理。

重视“城市精神”这个母题

近年来，关于城市精神，尤其是上海城市精神的探讨引起了越来越多的人的关注，这当然是一个很好的现象，然而，关于这个问题的探讨并不像人们所想象的那么容易，似乎任何人都可以随意地谈论自己的想法。当然，在大众传媒的时代，我们无法阻止人们这样做，但无论如何，要想对城市精神，特别是上海的城市精神的实质获得真正的理解，却不能满足于这类浮泛的谈论。正如黑格尔所说：“谁在这里和那里听到了公共舆论而不懂得去藐视它，这种人决做不出伟大的事业来。”① 我们并不愿意随心所欲地谈论城市精神，我们真正感兴趣的是城市精神，尤其是上海的城市精神探讨在当前被主题化的原因以及真正的探讨所必须正视的那些前提性的因素。

---

① 黑格尔：《法哲学原理》，334页，北京，商务印书馆，1979。

为什么城市精神会被主题化

人们对城市精神探讨的兴趣的形成并不是心血来潮或突发奇想的结果，而是有原因可循的。事实上，这些原因正蕴含在近20多年来中国城市，尤其是上海这样的城市的发展轨迹中。我们认为，这些原因可以归结为以下三个方面。

一是对精神文明建设的重要意义获得了新的认识。自改革开放以来，虽然中国的城市建设都以“两个文明”（物质文明和精神文明）建设的并重作为自己的口号，但实际上，真正注重的还是城市物质文明方面的建设。在20世纪七八十年代提得比较多的“四个现代化”（工业、农业、国防和科学技术现代化）涉及的几乎都是物质文明建议方面的内容。然而，随着现代化进程的深入、市场经济的发展和社会转型的加剧，随着现实生活、文化生活和精神生活中各种失范现象的频频出现，人们越来越认识到精神文明建设的重要性。精神文明建设不仅仅是一个口号、一种姿态，而是整个物质文明建设的内核和灵魂。其实，道理很简单，任何人都是有意识的存在物，他的一切物质实践活动都是在他的精神、观念和动机的支配下展开的。如果缺乏精神、观念和动机方面的正确引导，他所从事的物质实践活动就会迷失方向。正是这种认识的转变使人们在整个国家，尤其是城市建设中越来越重视精神文明建设的维度。事实上，关于人的素质现代化、关于“依法治国”和“以德治国”问题的讨论都为城市精神问题的探讨埋下了伏笔。在这个意义上可以说，对城市精神探讨的热情和趋势已经蕴含在对“两个文明”中精神文明建设的维度的重要性的越来越清晰的认识之中。

二是对软件建设的重要性获得了新的认识。在城市建设中，如果人们把基础设施，如公路、高架、码头、桥梁、机场、地铁、轻轨、火车站、剧院、音乐厅、电视塔、体育馆等设施的建设称为硬件建设的话，那么不妨把法制和制度的完善化，管理和服务水准的提高，人的素质的发展等方面称为软件建设。尽管人们在城市建设中也强调硬件建设和软件建设的并重，但实际上，他们真正重视的还是硬件建设。他们谈论并判断一个城市有无变化的主要根据几乎都是在硬件方面。比如，当人们谈论上海的变化时，经常涉及的例子是大桥、东方明珠、陆家嘴的高楼群等；人们也喜欢说“上海长高了”之类的赞词。尽管硬件建设的规模、布局和气势在某种程度上也透显出城市精神的一个侧面，但从根本上说，城市精神主要是通过软件建设而彰显出来的。试想，如果在豪华宾馆中碰到的是粗鲁的服务员，在音乐厅里遇到的是大喊大叫的观众，在大街上见到的是乱扔的垃圾和被破坏的公共电话亭或雕塑，人们对一个城市又会留下什么样的印象呢？当然，对于现代文明城市的建设来说，硬件建设也是不可或缺的，但只有软件建设，特别是人的素质的全面发展，才能给硬件建设注入真正的活力。否则，除了水泥、钢铁和设备，我们还能见到什么呢？事实上，在城市建设中，对软件建设的日益重视也预示出城市精神探讨主题化的必然趋势。

三是对超越性的精神境界的重要性获得了新的认识。即使是在城市软件建设的范围内，人们认识的发展也是有一个过程的，因为软件建设可以划分为两个不同的层面：一是操作性的或形而下的层面；二是超越性的或形而上的层面。就前一个层面而言，主要关注的是法制和制度的完善化及管理和服务水准的提高。这个层面当然是关系到日常生活运作的一个重要层面，但软件建设，或精神生活却不能仅仅归结为这个操作性的层面。改革开放以来，人们强调现实生活中的“实际”“实事”“实利”“实惠”“实效”“实在”等操作性层面的重要性，体现出对以前的“穷过渡的社会主义”的抽象的乌托邦精神的超越，但他们决不能把小孩和洗澡水一起倒掉，即在否弃这种抽象的乌托邦精神时，干脆也抛弃了精神生活中的超越性的或形而上的层面。这样做是要付出代价的，改革开放以来在宗教领域里发生的一系列事件表明，这个超越性的层面对于人们的精神世界来说，也是不可或缺的。人并不是一架机器，人的精神也不能还原为一套操作性的规则，人是有信仰和信念、有精神境界和道德追求的存在物。冯友兰先生划分出人生的四大境界——自然境界、功利境界、道德境界和天地境界。其中的第一、二境界可以说是精神生活中的操作性层面，而第三、四境界则是精神生活中的超越性层面。在某种意义上，一个城市的精神就像一个人的精神，谈论城市精神也不能停留在操作性的层面上，而必须深入到超越性的层面上。事实上，正是这种超越性层面上的精神境界的匮乏，特别是空灵的庄禅境界的缺失，常常使一个人或一个城市都显得俗不可耐。不用说，这种特别在知识分子的自我反思中显现出来的内在意向也构成了城市精神探讨被主题化的重要契机。

如何探讨城市精神

毋庸讳言，要对城市精神做出合理的、有效的，甚至创造性的探讨，就须先对探讨方法进行认真的检视。为便于说明问题，我们不妨把探讨方法区分为以下两种不同的形式：一是朴素的探讨方法，即在探讨城市精神时，对自己探讨的出发点和所使用的概念缺乏认真的思索和检视；二是反思性的探讨方法，即在探讨城市精神之前，自觉地先行地反思自己的出发点及所使用的概念的合理性和可靠性。为了说明这两种探讨方法的实质性的差别，我们将结合当前城市精神探讨中两种流行的观点来进行分析。

第一种流行的观点是所谓“打造城市精神”，这种观点显然属于朴素的探讨方法，因为它没有对自己所使用的“打造”这一概念进行认真的反思。它给人的印象是：城市精神仿佛是一块任人雕刻的大理石或一个任人打扮的女孩。换言之，城市精神似乎不具备自身发展的客观的逻辑，而是无条件地服从任何打造者施加在它身上的逻辑。显然，不同的打造者有着不同的思路，于是，就可以为这样的“打造”设想无数个方向和无数种可能性。按照这种观点，城市精神的确定性被消解了，它成了一种被动的，但又完全无规律可循的东西，唯一重要的只是打造者的主观意图和愿望。

持有这种观点的人显然忽略了问题具有两个方面，即一方面，市民通过自己的行为方式形成了这个城市独有的精神状态；另一方面，也正是这个城市的独有的精神状态约束着这个城市市民的行为方式。这里表现出来的是双向的过程。[①] 换言之，持有这种观点的人完全没有意识到自己作为城市精神的打造者的局限性。实际上，作为历史性的、有限的存在物，他们永远只能从自己在逻辑上已然先行地具有的理解的前结构出发去理解、阐释和“打造”城市精神。在这里，重要的不是他们将如何去“打造”城市精神，而是他们只能以某种确定的方式去“打造”城市精神，因为在他们能够对城市精神进行“打造”之前，他们自己的理解的前结构早已被城市精神“打造”好了。如果说，他们欲加以“打造”的城市精神有什么不足的话，那么，这些不足恰恰不是表现在别处，而正是表现在他们自己的身上，因为他们自己归根到底正是城市精神的创造物。因此，在他们对自己的理解的前结构及行为方式做出批判性的反思之前，他们对城市精神的任何“打造”或“改写”都只具有修辞学的意义。

第二种流行的观点是所谓“确立全新的城市精神”。这种观点显然也只能属于朴素的探讨方法，因为持有这种观点的人完全没有思索过，“全新的城市精神”这个提法的真正含义是什么。事实上，这一提法必定蕴含着以下两个假设：其一，存在着这样一种城市精神，它完全可以与自

---

① 正如恩格斯在分析当时普鲁士的恶劣情况时所指出的：“政府的恶劣可以从臣民的相应的恶劣中找到理由和解释。当时普鲁士人有他们所应得的政府。”（参见《马克思恩格斯选集》，第 4 卷，215 页，北京，人民出版社，1995。）在恩格斯看来，当时普鲁士的恶劣情况不能完全归咎于政府，因为一方面，恶劣的政府塑造了恶劣的臣民；另一方面，也正是恶劣的臣民塑造了恶劣的政府。

己的传统的形式割断联系。众所周知，这样的假设是完全不能成立的，因为任何城市精神都不可能在某一天早晨突然产生出来，而总是在该城市的历史发展中自然而然地形成的。我们这里所说的“自然而然”并不排除人们对城市精神发展的有意识的、自觉的引导，但必须清醒地认识到这种引导作用的有限性。也就是说，城市精神的形成和发展具有不以任何个人的意志为转移的客观规律。事实上，一旦认识到这一点，所谓“全新的城市精神”的提法也就自行瓦解了，因为它不是一种真实的存在，而不过是悟性的任意的创造物。其二，“全新的城市精神”一旦确立，它就不可能再陈旧化。显然，这个假设也是不能成立的。既然新陈代谢是一切事物发展的客观规律，那么所谓“全新的城市精神”也就不可能永远是“全新的”。既然它也处在历史和时间的流变中，它也会陈旧化，那么确立“全新的城市精神”不但是不可能的，而且也是毫无意义的。

从上面的讨论可以看出，唯有采纳认真的反思性的探讨方法，对城市精神的探讨才可能迈出实质性的步伐，否则就是在做任意的、空洞的语言游戏。

怎样建设上海城市精神

如前所述，既然城市精神不是人们随心所欲地加以“打造”的对象，而有着自己发展的客观规律，那么，城市精神的建设就绝不能忽视这种客观规律，而应该在建设者的主观意向和城市精神发展的客观规律之间建立一种必要的张力。显然，在我们谈论上海城市精神建设时同样不能忽视这一点。我们认为，在上海城市精神的建设中特别要注意以下三个方面。

其一，在城市精神的优秀传统和现代价值取向之间建立必要的张力。众所周知，上海自开埠以来已经有700余年的历史。它从海边的小渔村逐渐发展为国际驰名的大都市。在这一历史发展的进程中，特别是在与中国的近现代史相对应的城市发展史上，上海城市精神中的一些优秀传统也由此而形成，上海人重视开放、宽容和海纳百川的宽阔胸襟，上海人热爱真理、崇尚科学、积极进取的执着心态，上海人追求独立、自由和品位的强烈旨趣，都给全世界留下了深刻的印象。在当前城市精神的建设中，像上海这样的城市决不能抛弃自己的优秀传统，而应该从现代文明城市的价值取向出发，对传统的优秀的精神价值做出创造性的诠释和转换。事实上，一个不注重自己历史的城市是无根的，也是肤浅的。只有自觉地传承并弘扬优秀的传统价值，城市精神才会具有丰厚的内涵。

其二，在城市精神的共性和个性之间建立必要的张力。在上海城市精神的建设中，我们既不能只考虑上海城市精神的特色，而忽略它和其他国际大都市，如香港、温哥华、东京、巴黎、伦敦、纽约等城市之间存在的共性；也不能只考虑它与其他国际大都市之间存在的共性，而忽视它的特色。如果说，开放、整洁、宽容、便利、气势宏大构成一般国际大都市的基本共性，那么，这样的共性也应该成为上海城市精神建设所追求的目标。但在这样的建设过程中，上海也应该努力发展自己异于其他国际大都市的特色。当然，特色并不是通过某个人的主观意向或刻意的追求而获得的，而是在深入地理解并反思城市历史和现实的过程中逐步形成起来的。上海城市精神的建设既不能消融在一般国际大都市的共性或所谓“标准化”中，也不能离开世界文明的大道而沾沾自喜于自己的所谓“特色”。

其三，在城市精神的建设中，理性和激情之间应该建立必要的张力。我们知道，在英语中，spirit 这个名词的单数解释“精神”；其复数 spirits 则解释“烈酒”“酒精”，意味着对理性压抑的消解和本能、激情的迸发。西方人，特别是德国哲学家尼采所推崇的“酒神精神”所要张扬的正是受压抑的本能和激情的力量。事实上，当代西方人每年举行的狂欢节正是古代酒神庆典的另一种表现方式。上海这个城市给人的感觉是过度理智化或理性化，虽然上海每年也有各种各样的庆典，也有形形色色的文化艺术节目的演出，但隐藏在情感面具背后的仍然是严肃而沉重的理性。我们并不否认理性在日常生活和城市精神建设中的主导性作用，然而，缺乏激情的理性永远是苍白的。正如法国哲学家狄德罗所说："只有情感，而且只有大的情感，才能使灵魂达到伟大的成就。如果没有情感，则无论道德文章就都不足观了，美术就回到幼稚状态，道德也就式微了。"① 事实上，理性和激情的融合与冲突也构成了歌德的《浮士德》的伟大主题。所以，在上海城市精神的建设中无论如何也不能忽视感性和激情这一重要的因素。上海应该有自己的感性空间，有使激情能够得到充分演绎的重大庆典，有各种文学艺术流派得以降生、存在、实验和发展的多元文化心态和场所。庄子云："且夫水之积也不厚，则其负大舟也无力。"（《庄子·逍遥游》）或许可以说，只有伟大的激情才能催生伟大的上海城市精神！

① 《狄德罗哲学选集》，1页，北京，生活·读书·新知三联书店，1956。

上海城市精神之我见[①]

当我以“上海应该具有怎样的城市精神?”的方式进行提问的时候，实际上已经确定了探讨问题的独特的方式，即我不是从上海的现实状态，而是从其理想的状态出发来探讨问题的。众所周知，上海是一个沿海城市，是驰名世界的大都市。那么，对于这样的大都市来说，它应该具备哪些精神的要素呢？在我看来，这些要素不必从高处说，倒应该从低处说，因为从低处说显得更为实在。

一是整洁。城市与乡村不同的地方在于，城市是由许多人群居在一起的，因而保持居住环境的整洁乃是一个最基本的问题，也是城市具有自己的精神和品位的一条底线。如果在公共场所触目可见的是口香糖的残渣和纸屑，在

① 本文原来的标题为“整洁、便利、宽容、优雅”，原载《解放日报》，2003-01-07。

街道上随处可见的是生活垃圾和废弃的塑料袋，这样的城市又会在人们的脑海里留下什么印象呢？相反，一个整洁的、干净的城市总是显示出自己的活力和品位，使人们产生信任的、亲切的感觉。

二是便利。城市并不是一幅供人观赏的风景画，而是人们必须栖息和生活于其中的一个服务性场所。于是，便利也就构成了人们对城市生活和精神的基本期望。这里说的便利，不光是出行（如出国、出境、去外地等）便利，而且也指上学、购物、就医、理发、访友、订票、旅游、上饭店、去银行、听音乐、看影剧节目等方面的便利。唯有便利才使城市获得一种特殊的吸引力。

三是宽容。宽容乃是国际性大都市的灵魂。如果说，狭窄巷道、飞短流长和单调的艺术风格构成闭锁的小城镇的日常生活，那么，恢宏的公共设施、宽大的胸襟和崇尚多样性的艺术气度则构成了大都市的生活世界。大都市之“大”首先不是体现在空间上，而是体现在海纳百川式的精神气度上。

四是优雅。优雅并不是一个多余的、无意义的词，而是体现一个城市所具有的与众不同的魅力的最重要的标志。这种优雅既渗透在市民的举手投足之际，也氤氲在夜幕中的咖啡馆和茶座中；既活跃在节日喜庆的狂欢中，也蕴含在音乐厅、剧场和博物馆的凝重的气氛里。优雅乃是一种经典的传统、一种富有魅力的精神状态，它贯通于整个城市的生活中，它似乎无处可寻，但它仿佛又无处不在。

总之，上海要提升自己的城市精神，就不应该撇开这些基本的精神要素！

追寻城市精神之根[①]

众所周知，在历史研究中，不可能存在真正的断代史，因为整个历史的发展是连贯的；同样地，在精神现象的研究中，也不可能存在真正的城市精神，因为任何一个城市都消融在包围着它的民族国家的地理空间和精神空间之中。如果说，地理空间还可以机械地加以划分的话，那么，精神空间就始终是连贯的。当然，这并不是说，关于城市精神的探索是无意义的事，全部问题在于，探讨者心中必须确立起这样一种观念，即真正的探讨对象乃是处于匿名状态中的民族精神。换言之，人们应该自觉地把关于城市精神的任何言说奠基于民族精神的基础上。

在探讨者的思想中常常存在着这样的错觉，

① 本文原来的标题为“求真与忏悔：追寻城市精神之根”，原载上海证大研究所编：《证大》，2003（6）。

即城市精神是在我们周围喧哗着的、离我们最近的东西，而民族精神则似乎是远离我们的、处于沉寂状态中的东西。其实，结果正好颠倒过来：最近的东西反倒是最远的，而最远的东西反倒是最近的，因为我们的精神总是在沉寂的状态中运行，老子说："大音希声"，良非虚言也；而在我们周围喧哗着的一切不过是感性的事物。事实上，只有当我们从喧哗返回到寂静，不是用感性的眼睛和耳朵来观察，而是用心灵的眼睛和耳朵来思索的时候，才能发现隐藏在民族精神深处的原始经验，并努力把它带到意识层面上来。因此，在城市精神的探讨中，真正有意义的事情不是去虚构，甚至打造出一个理想化的、十全十美的城市精神，而是把隐藏在民族精神深处的、在市场经济的氛围中被边缘化的、但对于一个民族的安身立命来说又具有至关重要意义的原始经验，带入到我们的意识和思维中，否则，我们就是在从事无聊的语言游戏了。

那么，究竟是何种原始的经验对于我们这个民族和这个我们置身于其中的城市的精神王国来说，有着奠基性的意义呢？我们的回答是：求真与忏悔。其实，这两个概念所显示的原始经验是无法完全分离开来的，它们实际上是共属一体的。忏悔本来就是奠基于求真的，一旦求真缺席，忏悔就蜕化为无方向、无意义的活动；反之，求真的深度和完整性又必须通过忏悔来量度。质言之，在忏悔缺席的情况下，求真多半是肤浅的，形式化的，甚至是虚假的。总之，只有当共属一体的原始经验——求真与忏悔一起向我们开启出来时，我们关于任何精神现象的探索才不会停留在游谈无根的状态中。

求真地志学

为什么使用"求真地志学"这样的提法？因为"地志学"（topology）展示的不是孤零零的线索，而是类似于地图的整个平面。我们借用这个概念表明，求真不是一个线性的观念，而是由"讲真话""慕真理"

和“见真诚”这三个不同的层面组建起来的观念扇面。

我们先来看“讲真话”。所谓“讲真话”也就是直截了当地说出真相，即让事情按其本来面貌显现出来。正如巴金所说：“自己想什么就讲什么；自己怎么想就怎么说——这就是说真话。”① 乍看起来，讲真话是极容易的，人们似乎无须花费什么努力就能做到这一点，然而，生活经验常常会纠正这种浮浅的看法。凡是读过安徒生童话故事《皇帝的新装》的人都会发现，讲真话是多么困难！这个故事的意味深长之处不在于一个小孩不顾人们对皇帝新装的一片赞美而道出了真相：“可是他什么衣服也没有穿呀！”而在于那些大臣和老百姓明明知道皇帝什么也没有穿，却因害怕自己被视为蠢人而说了假话，甚至连皇帝本人也是如此。这里发人深省的是：小孩因为缺乏成熟的理性才说真话，而大人则因为理性发达才说假话。多么可怕的颠倒，不讲真话竟然成了理性成熟的根本标志！

更为不幸的是，《皇帝的新装》不仅是童话，也是现实生活；不仅是某个民族的思维惯性，也是一切民族的思维惯性。在我们生活的城市里，大众传媒早已使我们的视觉和听觉习惯于下面这样的故事。比如，一家公司在招聘人才时竟出了这样的考题：“二加二等于多少?”当一个机敏的应聘者回答“经理说多少就是多少”时，他马上就被录用了。又如，一家公司招聘会计，第一个问题就是：“愿意不愿意做假账?”只有回答“愿意”的人才可能被录用。有趣的是，在抽象的言谈中，人人都慷慨激昂地表示要“讲真话”，但是一进入与自己利益相关的具体语境中，“讲真话”就转变为人人避之如瘟疫的愚蠢行为，而“听话”“顺从”和“讲假话”则成了最高的美德。

巴金的感慨是，讲真话是不容易的，可是更难做到的是不讲假话。他在《卖真货》一文中这样写道：“我听人讲话，常常看他的动作，揣摩他的心思，回忆他以前讲过的话，再把它们同他现在讲的连起来，我便

① 巴金：《真话集》，110页，北京，人民文学出版社，1986。

得出了结论：假话多于真话。老实说，从人们的嘴里，从电台的播音，从报刊的报道，从到处的广告，还有，还有……我一直在怀疑究竟有多少真话！”[①] 上海的另一位文化人顾准也在他的《商城日记》（1959，10～1960，1）中痛心疾首地写道：“公开说谎，已成风气。”[②] 虽然巴金和顾准言说的是一个已经过去的时代，然而在当今时代中，讲真话就变得轻松了吗？我们的回答是否定的。事实上，讲假话、办假事的幽灵仍然到处游荡着。

且不说到处泛滥的假冒伪劣商品和假币、假账、假发票、假名片、假文凭、假离婚、假检讨、假身份证、假处女膜等，甚至人们在从事高尚的科学研究活动时，也常常会无奈地面对假著作和假论文；在从事超功利的审美活动时，也常常会尴尬地面对假山、假城和假造的名胜古迹。几乎在所有的旅游胜地，人们都发现了同样的题词，如“天下第一峰”“天下第一泉”“天下第一洞”等。不用我们置评，它们自己就已经把自己给否定了。由此可见，讲真话难，在任何时候都不讲假话更难，简直可以说是“难于上青天”！乍看起来，讲真话似乎是对人们的最低要求，实际上不妨说它是最高要求。但不管如何，真话却是城市精神的基础，一旦抽去这个基础，生命和精神就会黯然失色。所以，巴金说：“人只有讲真话，才能够认真地活下去。”[③]

我们再来看“慕真理”。所谓“慕真理”就是仰慕和追求真理。众所周知，真理隐藏在现象的深处，并不是通过我们的感官就能把捉住的。追求真理，不光需要巨大的勇气，更需要缜密而艰苦的思索。据说，法国化学家拉瓦锡因为在大革命中从事保皇活动，被革命法庭判处死刑。作为科学家，他临死前最萦怀的是他正在进行的汗的研究，他请求法庭宽以时日，让他完成这一研究，但当时法庭的副庭长却这样回答他：“共

① 巴金：《无题集》，62页，北京，人民文学出版社，1986。
② 顾准：《顾准日记》，58页，北京，经济日报出版社，1997。
③ 巴金：《探索集》，97页，北京，人民文学出版社，1986。

和国不需要学者。”[1] 我们也知道，法国化学家拉普拉斯曾把自己的著作《天体力学》赠送给拿破仑。拿破仑批评说：“拉普拉斯先生，有人告诉我，你写了这部讨论宇宙体系的大著作，但从不提到它的创造者（即上帝——引者）。”拉普拉斯以殉道者的口吻回答道：“我用不着那样的假设。”[2] 这些例子表明了科学家追求真理的思想勇气和忘我精神。

当然，在人们追求的真理中，既有自然科学方面的真理，也有人文社会科学方面的真理。但不管哪一种真理，都需要用生命和鲜血去追求。然而，在我们生活的城市里，浮躁的情绪到处蔓延，追求真理的激情却急剧地消通。在市场经济的氛围中，人们热衷于谈论的是利益、交易、功用和价格，而不是真理和奋斗。真理已经被放逐了，即便它还存在，也不过是在那些再也无人问津的、尘封的文本里；再也听不到真理这个词了，即便这个词偶尔还能透进耳膜，也细小得简直就像从外星球飘过来的声音，而且多半是人们对不合时尚的迂夫子的调侃。理性再也不愿意履行真理的守护者的职责了，它早已忘怀昔日的尊严，心甘情愿地蜕变为单纯的计算理性。

是的，我们在大众传媒上目睹了长盛不衰的“考研热”，然而，又有多少研究生把倾心学术、追求真理作为自己“考研”的第一动机呢？不，第一动机几乎只可能是其他的动机，诸如出国镀金、留在沿海的大城市、觅一份高酬而轻松的工作、找一个理想的伴侣等。“追求真理”这句口号至多不过是表格上、宣誓里和言谈中的装饰品，除此之外，它还有什么意义呢？是的，我们也亲身经历了“文化热”“国学热”或其他学术研究的热潮，见到了大量新出版的刊物和论著，然而，遗憾的是，其中低水平的重复是如此之多，以至于完全有理由怀疑，有多少研究者的第一动机是追求真理和推进学术？事实上，触目可见的不是学术上的推进，而是学术上的应景。所谓“学术上的应景”，就是使学位、职称等非学术因

---

① W.C. 丹皮尔：《科学史》，262 页，北京，商务印书馆，1979。

② W.C. 丹皮尔：《科学史》，259 页，北京，商务印书馆，1979。

素上升为第一动机。于是，学术和真理一起被边缘化了，更不用说学术活动中经常出现的抄袭现象了。总之，利益取代了真理，计算取代了思考，现象取代了本质，纸币取代了真金。一切都飘浮起来了，连真理也失去了自己的重量！但我们能容许这样的现象长久地继续下去吗？我们能设想一种真理缺位的城市精神吗？显然不能。

最后，我们再来看“见真诚”。所谓“见真诚”就是人们在行为中处处透显自己的真诚。这里说的“见真诚”是发自内心的真诚，而不是在照相机或摄像机面前故意摆出来的“秀”。其实，这种所谓“真诚秀”本身就是不真诚的产物。只要真诚还是一种外在的形式，它离开我们就始终是遥远的！

在中国传统的价值观念中，真诚发自人之为人的尊严。所谓“人无信不立”“言必信，行必果”云云，都暗示出真诚和人的尊严之间的本质关系。西方哲学家康德倡言“人是目的”，也无非是启示我们：一个人不仅要自尊自爱，也要尊重他人的人格。要言之，真诚不是摆在外面的形式，而是理性内在的命令。

然而，在现代社会中，特别是在我们生活的城市里，浓郁的商业气氛却日益使真诚成为一种过时的时尚。真诚从价值理性的内在命令渐渐蜕变为计算理性的交易手段。也就是说，人们之所以表现出自己的“真诚”，或者是为了使对方放松警惕，无戒心地和自己交往，从而获得可观的利益；或者是为了确保自己不受他人的欺骗，从而在交往中不受损失。这是何等可怜的“真诚”呀！然而，更不可思议的是，还有不少人现身说法，表明他们以“真诚”待人得到了多少回报和好处。比如，因为他们做生意讲究诚信，所以生意越做越大。这里的潜台词无非是：他们是为了使自己的生意越做越大才真诚待人的。也就是说，他们的真诚从不发自内心，它不过是他们赚钱的一种手段。如此而已，岂有他哉！有些服务人员的微笑是如此吝啬，以至于它们只持续到消费者付完钱为止。显然，对于他们来说，多余的微笑乃是奢侈的，甚至是浪费的，因为它们是得不到回报的。

当这种形式化的“真诚”在生活中变得如此普遍时，连真正的真诚也蒙受了不应有的猜忌。当一个人不图任何回报、纯粹出于理性的命令做好事时，常常会使其他人感到困惑，他们会用瞧外星人的目光瞧他，试图解开他内心的秘密。反之，当人们自愿对做好事的人进行回报时，通常的回报方式就是给钱。仿佛金钱就是真诚的最高象征，没有金钱在场，真诚就会黯然失色！人们是如此之缺乏想象力，以至于除了金钱，他们觉得不再有任何东西可以表达真诚。多么可怜的人们呀，就在他们以为自己是最高尚的时候，他们仍然是低贱的！我们这里说的“见真诚”，就是要回到真正意义的真诚上去。这种真诚源自理性的命令，它既不在现实中索取回报，也不在想象中索取回报；它既不能用金钱加以度量，也不愿意把自己还原为金钱。真诚就是真诚，它只是良知和理性的产物。

上面，通过“求真地志学”，我们考察了求真的三个不同的维度，即“讲真话”“慕真理”和“见真诚”。这三个维度并不是相互分离的，实际上它们是相互渗透、相互贯通、相互支援的，从而体现出求真的全幅内容。我们很难想象，没有这种求真的观念，城市精神何以组建起来?!

另一种忏悔

正如我们在前面已经指出过的那样，忏悔源于求真。但在通常的意义上，忏悔似乎只与个人对自己以往的过失或罪责的反思有关。无论是西方哲人奥古斯丁和卢梭的《忏悔录》及作为西方基督教日常生活中的忏悔行为；还是俄罗斯文学家列夫·托尔斯泰写下的《我的忏悔》及他通过《复活》中的聂赫留朵夫所显露出来的忏悔情绪，都关涉个人对自己的生命经历的重新认识。我们不妨把这种忏悔称为“个体生命之忏悔”。也就是说，这种忏悔乃是个人心中与良知结伴而行的求真观念与已经逝去的个体生命经历之间的一场隐蔽的或公开的对话。然而，应该注意，还存在着另一种更重要的忏悔。这种忏悔植根于对民族乃至整个人类的生存经验和意义的关切，我们不妨称之为“群体生存之忏悔”。后一种忏悔常常与前一种忏悔难分难解地纠缠在一起，但只要我们的思想与形而上学的原始经验保持着密切的关系，我们就能解读出另一种忏悔。比如，当一个德国人在回忆第二次世界大战时的情景并发出“千年易过，德国的罪孽难消”的感慨时，他正置身于另一种忏悔之中。

就中国传统文化而言，既然缺乏个体意识和权利意识，因而难以把求真的观念汇集起来，使之向忏悔意识敞开。当然，我们可以在传统文化的文本中触碰到一些忏悔意识的碎片，但它们恐怕永远不过是碎片而已。中国人既缺乏“个体生命之忏悔”，也缺乏“群体生存之忏悔”，特别是当后一种忏悔同时关涉个体自身的罪责时，他们总是千方百计地加以回避或掩饰。在我们生活的城市里，能自觉地担当起后一种忏悔，亦即另一种忏悔的人几乎屈指可数。这从每天都在生产出来的、数量可观的传记、日记和回忆录一类的作品中尤其可以见出来。在这类作品中，主人公总是无例外地被描述为完美的，至少是天真无邪的人。如果有任何恶的意向和事件存在，那总是在主人公的周围发生的。而那些主人公的崇拜者也通过所谓“技术性的处理”，抹去了他们的崇拜对象可能在历史上留下的罪恶。于是，我们终于明白了，传记、日记和回忆录从来不塑造人物，而只塑造神祇！在这类作品中，不要说忏悔意识，恐怕连容纳谦虚意识的空间都没有！

在这类作品中只有极少数是例外。比如，巴金在《序跋集》跋中对自己的叙旧做了如下的评价：“不隐瞒，不掩饰，不化妆，不赖账，把心赤裸裸地掏了出来。”① 巴金是这么说的，也是这么做的。他在《说真话之四》一文中写道：“回顾我这一生，在这十年中我讲假话最多。讲假话

① 巴金：《真话集》，60页，北京，人民文学出版社，1986。

是我自己的耻辱，即使是在说谎成为风气的时候我自己也有错误，但是逼着人讲假话的造反派应该负的责任更大。”[1] 在这里，巴金勇敢地担当起自己应负的责任。在顾准的《商城日记》中，也能读到他对自己的痛切的自嘲：“我基本上学会了唾面自干，笑靥迎人的一套，渐渐也能习为自然，这是我气质的变化。”[2] 与巴金比较起来，顾准更多地停留在另一种忏悔中。在他的日记中，我们经常可以读到这样的段落：“强迫劳动，慢性饥饿与死亡，是大跃进必不可少的产物，也是新的人口问题的解决之方。”[3] “历史要重写的。谎话连篇，哀鸿遍野，这一段历史如何能不写?”[4] 凡此各种，都属于“群体生存之忏悔”。在这样的段落中，我们才能看出一个伟大的灵魂与民族生存意义之间的本质联系。试问，如果我们努力加以打造的城市精神缺乏这种源于求真和良知的博大的忏悔意识，那它又何以立足于尘世之中呢?

总之，问题不在于形式和表面，而在于内容和实质。只有当我们的思考进入到求真与忏悔意识的层面时，我们正在言谈的城市精神才可能得到真正的奠基。

---

① 巴金：《真话集》，112 页，北京，人民文学出版社，1986。

② 顾准：《顾准日记》，15 页，北京，经济日报出版社，1997。

③ 顾准：《顾准日记》，19 页，北京，经济日报出版社，1997。

④ 顾准：《顾准日记》，74 页，北京，经济日报出版社，1997。

“硬扶贫”与“软扶贫”

众所周知，由于历史、现实和地理方面的种种原因，中国市场经济的发展呈现出不均衡的态势，地区与地区之间、家庭与家庭之间、个人与个人之间在生活上的差距逐渐拉大。假如我们确立一定的经济标准（如人均收入标准）加以衡量，那么，没有达到标准的地区、家庭和个人就处在贫困状态之下。为了缩小贫富之间的差距，使社会稳定地向前发展，扶贫，特别是农村中的扶贫就上升为一个重要的问题。当然，中国社会在向市场经济转型之前，也存在着扶贫的问题，但在目前的情况下，由于社会处于急剧的转型过程中，扶贫问题就显得更为突出。

按照我们的看法，存在着两种不同类型的“扶贫”：一种是“积极的扶贫”，即通过扶贫，使受益的地区获得自己独立发展的动力和起点；另一种是“消极的扶贫”，即把扶贫理解为“救济”或“消灾”，这种扶贫形式不但没有帮助受益的地区获得发展的动力，反而助长了它们的依赖心理和懒汉的心理。毫无疑问，我们主张的是“积极的扶贫”，而“积极的扶贫”又可以细分为以下两种形式：

一种是“硬扶贫”，即硬件上的扶贫。它又可以进一步划分为以下三种具体的形式。一是“金钱扶贫”。比如，某个贫困地区要发展经济，急需一笔贷款。某家银行或信用社贷款给它了，它在经济上就获得了新的发展的起点。显然，我们在这里说的“金钱扶贫”，乃是促进贫困地区的生产和经济发展意义上的扶贫，而绝不是消费领域里的补助型的扶贫。事实上，后一种扶贫是起不了什么作用的。二是“物资扶贫”，即向急需发展的贫困地区提供其十分需要的紧缺物资。同样地，这里说的“物资”主要也是“生产性的物资”，而不是“消费性的物资”。三是“人才扶贫”，即为贫困的地区输送紧缺人才，以帮助它们因地制宜地发展自己的经济。

另一种是“软扶贫”，即软件上的扶贫。它又可以进一步划分为以下三种具体的形式。一是“政策扶贫”。我们经常发现这样的情形：有时候，某个地区、家庭或个人处于贫困的状态下，只是因为某些规则束缚了大家的手脚，而那些制定规则的部门，由于受到长期以来的计划经济观念的影响，常常陷入单向度的思维方式中。我们这里说的“单向度”与德国哲学家马尔库塞在《单向度的人》(1964) 中强调的“单向度”的意思是不同的。后者主张，在西方社会中，人只具有肯定、认同外部世界的单向度思维，缺乏批判、否定外部世界的第二个思维向度。而在我国长期以来的计划经济传统观念的影响下，许多部门形成了管、卡、压式的单向度的思维方式，缺乏开拓性的、灵活的、肯定并积极地扶植下属部门的创新意识的思维方式。这种中国式的单向度的思维方式集中表现在各种以管、卡、压为主旨的规则的制定中。“政策扶贫”就是要改变这种管卡压式的、单向度的思维方式，为贫困地区、家庭和个人的发展提供政策上的方便和保证。二是“点子扶贫”。许多事实表明，一个好的点子往往能改变整个贫困地区的面貌。我们发现，一些贫困地区由于不熟悉市场的情况和信息的变动，常常“捧着金饭碗讨饭”。一旦一个好的点子给它们指出了发展和用力的方向，它们的面貌就会发生巨大的变化。三是“教育扶贫”。一方面是对贫困地区急需的人才进行短期的培训，这是应景式的“教育扶贫”；另一方面是扶植其基础教育，如赞助其“希望工程”，这是长远的“教育扶贫”。

综上所述，扶贫应该是积极的，而不是消极的；扶贫的着眼点应该是使受益地区的经济获得发展的机会和起点，而不仅仅是在消费的领域里进行救济或供养这些地区；而在“积极的扶贫”中，应该把“硬扶贫”和“软扶贫”有机地统一起来，特别是“软扶贫”的意义和作用尤其应该引起我们的充分重视。

人才的“硬引进”与“软引进”[①]

在市场经济生活的背景下，人才引进，无论对人才离开的单位来说，还是对人才进入的单位来说，都是一个敏感的问题。弄得不好，不但人才的积极性不能得到很好的发挥，而且也会造成单位与单位、人与人之间的紧张关系。在我们看来，人们对人才引进问题的理解普遍存在误区。只有从根本上改革人才引进的观念，才有可能走出这样的误区，不仅使人才的作用得到最好的发挥，也能“化干戈为玉帛”，使单位与单位、人与人之间的紧张关系得到缓解，从而出现“三赢”，即人才引进方、输出方和人才本身皆大欢喜的局面。

为了便于读者理解以往人才引进观念上存在的弊端和我们提出的新的人才引进观念的意义，这里创制了两个新概念——“人才的硬引

① 本文原载《解放日报》，2003-09-10。

进”和“人才的软引进”，通过对这两个概念的差异的分析，我们将倡导一种更为合理和有效的人才引进模式。

“人才的硬引进”

何谓“人才的硬引进”？所谓“人才的硬引进”，就是用优惠的，甚至最优惠的条件（如高级住宅、高额课题经费和实验室等），把某人从他所在的单位“挖”过来，为了使他安心于新单位的工作，也把他的家属、小孩一起“挖”过来，并为家属安排好工作，为小孩落实好学校。对于这个被引进者来说，他的流动仿佛是太阳系的运动；对于接受单位来说，每个这样的人才的引进都称得上是花费巨大的系统工程；而对于人才被“挖”走的单位来说，不但对人才的离去表示无奈，也对“挖”人单位暗度陈仓的做法感到恼怒。我们不妨把这种不惜工本地把人才、家属和子女一起搬迁过来的引进模式称作“人才的硬引进”。

显然，“人才的硬引进”有其合理的因素，尤其是当被引进的人才是某个领域的顶尖专家，当他心情愉快地在新单位工作，并接连不断地创造出新的业绩的时候，人才引进单位的收获无疑是巨大的。然而，我们也应该清醒地看到，这种人才引进模式存在着巨大的风险：一是引进单位可能“看走了眼”，缺乏对被引进人才的真实水平的了解。换言之，一旦引进了名不副实的所谓“人才”，引进单位也只能“打落牙齿吞进肚里”，更不要说资源上的浪费了；二是被引进的人才与引进单位原有的人才之间常常会出现摩擦。后者会像希腊神话中的“百眼巨人”一样盯着前者，如果前者在一段时间内不能做出令人信服的成绩，这种摩擦就可能升格为紧张关系。当然，前者也可能做出一定的成绩，但如果他的性格不善于与新单位的同事相处，类似的紧张关系也会出现。于是，人才极有可能再来一次“乾坤大挪移”，跳槽到别的单位去。这样一来，原来的引进单位也就等于“吃了空心汤团”，成了人才流动中的一块跳板。

三是“人才的硬引进”几乎无一例外地是以巨额费用的支出作为前提的，而任何一个单位可以用于人才引进方面的费用都是有限的，十分宝贵的。也就是说，任何人才引进方面的疏忽或失误，都会给引进单位造成难以估量的损失。

尽管“人才的硬引进”仍然是人才流动中的一种常见的模式，但也是一种高支出、高风险的模式，必须谨慎而准确地使用这种模式。

“人才的软引进”

何谓“人才的软引进”？所谓“人才的软引进”，也就是人才本身不脱离原来所在的单位，只是通过短期的、一次性的或定期的、多次性的合作，到另一个单位去工作。短期的或定期的工作结束后再返回到原单位。换言之，只有人才自身的流动，而这个人的户口、他的家属和子女都不随之而动。比如，A 大学每年邀请 B 大学的一位知名教授讲学两周或一个月；或者 C 公司邀请 D 公司的一位专家合作完成一个项目的研究等。我们不妨称这样的人才引进模式为“人才的软引进”。

不用说，“人才的软引进”具有更多的合理因素：其一，它实际上也是对引进人才的真实水平的一种测试。假如经过一个时期的合作，发现对方“名不副实”，我方也不会有实质性的损失；其二，它要求对方在短期合作中把自己最拿手的东西施展出来，这样一来，我方在人才的引进和使用中就获得了最大的收益。其三，“硬引进”一个专家的费用，在“软引进”中可以引进数十位专家，因为短期的合作并不需要支付极为昂贵的费用。其四，由于“软引进”是一种最轻松的、不触动人事关系的人才引进方式，所以很容易邀请到一些顶尖专家，甚至国外的专家，进行愉快的合作，而对引进方、输出方和被引进者三方来说，都不会有任何实质性的压力，也大大地简化了引进的过程和手续。当然，人们也许会提出，“软引进”只能使用人才，而不能占有人才，甚至不能使人才归我方所有，不免有些遗憾。

或许可以说，人才本身是一个抽象的概念，只有使用中的人才才是具体的、有效的。打个不恰当的比喻，一个富有的人即使拥有许多珍贵的书籍，但如果他很少使用，甚至从不使用它们，那么他的占有又有什么意义呢？事实上，人才的价值正体现在被使用的过程中。在这个意义上可以说，“硬引进”着眼的是对人才的抽象占有，而“软引进”着眼的则是对人才的实际使用。

人才引进观的根本性变革

为了更有效、更合理地使用人才，我们的人才引进观或人才流动观必须有一个根本性的变革，这一变革的实质是从“人才的硬引进”为主的模式转变为“人才的软引进”为主的模式，换言之，是从对人才的抽象占有的重视转向对人才的实际使用的重视。

首先，人才引进观的根本性变革是时代的要求。在某种意义上，当今的时代乃是信息时代，是知识爆炸的时代。任何一个人才可以发挥作用的时间变得越来越短暂，如果人才本身缺乏知识更新的强烈要求的话，他自己的存在就会迅速地被边缘化，甚至被淘汰。在生活中，经常发生如下的情况，即一个单位千辛万苦，经过长期的努力，好不容易以“硬引进”的方式，从其他单位“挖”过来一个人才，结果遗憾地发现，这个人的知识结构早已老化，无法再以学术带头人的方式发挥作用了。生活实践一再表明，“硬引进”是以人才的占有为目标的、奢侈的、僵硬的人才引进模式，它是计划经济体制下的“人才单位所有制”在新的历史条件下的曲折反映。

其次，在市场经济的背景下，人才的引进要讲究实效，而不是追求虚名。大家都心照不宣的是，有的单位搞“人才的硬引进”，尤其是引进某些已无实际工作能力的院士，无非是为了增加统计表上的数字，以壮观瞻。在这样的动机的支配下，人才引进成了一种纯粹的形式主义的举措。与此相反，“人才的软引进”注重的永远是实效，亦即根据引进方的实际需要，有选择地、短期引进一流人才，为自己的发展增添新的动力。

最后，即使非得以“硬引进”的方式引进一些必不可少的紧缺人才，最好也要先通过“软引进”的方式对人才进行一个阶段的考察，这样就不容易“看走眼”。比如，不少大学都把博士后看作“人才的软引进”的一种方式。博士后须工作两年，完成出站报告。如果某位博士后的工作非常出色，就可以进一步考虑“硬引进”的问题，把他留下来。总之，准确的“硬引进”也常常要以“软引进”作为自己的前提。

综上所述，对人才引进问题的思考，应该从对人才的抽象占有的重视转向对人才的实际使用的重视，以便为人才潜能的充分发挥提供合适的舞台。换言之，决不能把人才引进与“人才的硬引进”这种简单化的人才引进模式等同起来，应该看到“人才的软引进”这一更富于灵活性的、具有广阔前景的人才引进模式。事实上，只有新的、更灵活的人才引进思路和模式才能为当代中国社会新一轮的发展提供强大的动力。

重“占有”，还是重“使用”[①]

在生活中，我们常常发现这样一种有趣的现象：一个人花了一大笔钱买了一台功能很先进的电脑，心里十分高兴。可是，他只是使用电脑的打字功能，至于电脑所拥有的其他功能，他都懒得去实践。显然，对于他来说，这台电脑不过是“一架豪华的打字机”而已。他的高兴只在于他占有了这样一台高级的电脑，至于如何去“物尽其用”，那就完全不在他所考虑的范围了。

人们也许认为，这个人的做法不过是生活中偶然出现的现象，不值得大惊小怪。但仔细地考量下去，就会发现，这种“重占有而轻使用”的现象在我们的周围俯拾皆是。比如，几乎所有的图书馆都强调自己拥有多少藏书量，并为此而感到骄傲。可是，它们却很少考虑，

① 本文原载《解放日报》，2004-03-18。

自己图书的使用率的高低。其实，就像永远不可能被发现的古墓中的文物实际上等于不存在一样，永远不被使用或使用率极低的图书也会失去自己的存在价值。在这里，这些图书馆普遍重视的是占有或拥有多少图书，而很少去关心图书实际上被使用的情况。又如，不少单位从国外引进了非常先进的实验室设备，它们的领导也为拥有这样的先进设备而到处炫耀，可是，他们却很少关心这些设备的使用情况，更不要说做出种种努力去提高它们的使用率了，以致有些设备花了大量的维护费，一年下来却没有多少人去使用，甚至有的设备在日晒雨淋中很快就报废了。在这里，我们看到的也是这些单位的领导的“重占有而轻使用”的倾向。再如，许多单位的领导沾沾自喜的是自己拥有或占有了多少人才，以便他们在填写各种统计表时，会油然而生一种快感。可是，他们很少考虑，如何结合自己单位的发展战略，使自己所拥有的每一个人才的潜能得到充分的发挥。相反，他们或者使这些人才处于不被关注、不被使用的边缘状态下，或者把他们置于复杂的人事关系中，以致有的人才发出了“此处不用爷，自有用爷处”的感慨，卷起铺盖走人了。

从上面罗列的现象可以发现，在现实生活中，“重占有轻使用”绝不是偶然的现象。我们认为，这种现象之所以普遍存在，其历史原因在于，中国是一个小农经济的汪洋大海的国家，而小农意识的一个特点就是“重占有而轻使用”。不难发现，在不少农家的院子里，或城市居民楼的过道上，堆放着大量杂物，如破椅子、破脸盆、旧箱子、旧衣服等。虽然这些杂物已经完全失去任何用处，但它们的主人们仍然视之如珍宝，甚至不允许别人去碰一下。当然，这种“重占有轻使用”现象的普遍存在也有其心理上的成因。一般说来，当人们要失去一个东西时，就会重视它的价值；而当他们占有或拥有一个东西时，他们就会轻视它的价值，甚至完全不考虑如何去使用它。比如，有的人买了很多书，却从来不去阅读。在他看来，既然自己已经占有了这些书，那么什么时间去阅读都无所谓，但结果常常是，什么时间也不再去阅读了。这就像果戈理笔下的地主玛尼罗夫，他的书房里总是放着一本书，在这本书的第 14 页上夹着一张书签，而这本书他从两年前就开始读了，但这张书签永远夹在第 14 页上。显然，对于他来说，这些书只是纯粹的摆设。据说，有的人十年前买了一包书，至今竟连包也没有拆开！反之，如果有人从别人那里借了一本书，限时限刻要还，他就会很快地读完这本书。也就是说，人们仿佛天然地具有这样的逆反心理，即只使用自己无法占有的东西，一旦占有了什么，他们也就失去了使用它们的兴趣和热情！

然而，这种从传统因袭下来的“重占有轻使用”的现象到了应该彻底改变的时候了。在市场经济的背景下，物的各种功能不断地被发现出来，在某种意义上，物的僵硬的实体性已经溶解在其功能性中了。因此，重要的不再是一个单位抽象地或在数量上占有多少物和人才，而是实际上是否有效地使用它们，真正做到“人尽其才，物尽其用”。当然，在重使用的同时，既要尊重所使用的人的人格，时时牢记康德关于“人是目的”的箴言；也要尊重所使用的物的物性，处处不忘海德格尔关于“让物泰然处之”的教导。

声音领域里的霸权主义[①]

一般说来，人们总是习惯把“霸权主义”理解为一个政治术语。把这样一个术语运用到琐碎的日常生活中去，似乎有矫情之嫌，其实不然。有些生活现象唯独使用大字眼才能道出其神韵。君不见，霸权主义意识不正在日常生活中到处蔓延吗？广告中的“凉霸”“超霸”“小霸王”；酒家中的“女皇”“帝王阁”“南霸天”；周围环境中的“车匪路霸”“流氓恶霸”“地方一霸”等，不都是霸权主义意识存在的明证吗？但笔者以为，仅仅认识到这些，还远未领略到霸权主义的厉害。比如说，声音领域里的霸权主义就几乎还没有引起人们的足够的重视。

什么是“声音领域里的霸权主义”呢？那就是一部分人似乎觉得有充分的权利，通过自己的行为或用具，在公共生活的空间中发出对

① 本文原载《深圳特区报》，2002-09-08。

他人的生活造成消极的影响的噪声，而他人除了无奈地接受这种声音的“暴力”外，几乎无计可施。近年来，由于许多城市的建筑物和街道都处在拆迁、重建、扩展的过程中，以致城市简直成了工地的代名词。日夜不停的风镐钻孔的声音和水泥搅拌、浇注的声音，成了其他一切声音的基础和背景。在这种声音霸权的支配下，甚至连最美妙动听的音乐也失去了引诱力。一个新建成的生活小区，由于售房上的时间差，最先搬进去的居民，可能在长达几年的时间内，不得不做好心理准备，去承受连续不断的房屋装修所引起的此起彼落的噪声。除此之外，人们还不得不接受其他人自觉地或不自觉地强加给他们的噪声。

下面就是笔者在声音霸权主义的威胁下度过的、许许多多“灰色日期”中的一天。凌晨五点多，附近公路上驶过的重型卡车的隆隆声和偶尔因路口的交通堵塞引起的汽车喇叭声已经把笔者从熟睡中惊醒了；六点多，还在迷迷糊糊之际，楼下空地上又飘来了老年人晨练的乐曲声，这是每天安排好的节目。也许这些老年人认为，所有其他人的听觉都和他们一样衰退了，他们总是把音量调得很高；七点半左右，才起床不久，马路对面一家中学的高音喇叭已经开始广播了，不管你是否愿意接受，校长的训词或晨操的乐曲声已经进入你的耳鼓；八点左右，楼下住户的装修工作又开始了，锯木机和手提电钻发出的巨大吼声足足可以把聋子吵醒！即使我把全部门窗都关起来，在耳朵里塞上棉花，也无济于事。好容易挨到中午时分，楼下的声音渐渐平息下去了，但隔壁一幢楼三楼的一个厨房里，一个男高音却送出了他自己认为美妙，而别人绝对不可能认为美妙的歌声。分贝之高，连楼下的草木都为之震颤！这位歌手的习惯就是每天中午在厨房里歌唱，他强迫周围的邻居成为自己的听众。中午十二点半左右，歌手终于累了。然而，难得的宁静刚开始降临，附近一幢楼里又传出了磨地板的巨大噪声！这种噪声断断续续延伸到傍晚，走廊上又传来了邻居们高分贝的谈话声。在每个生活小区里，总有这样一些邻居，欢喜在公共空间里旁若无人地高声谈话，他们把这种行为方式理解为自己的神圣不可侵犯的权利。晚饭后，暮色渐渐变浓了，当已经被折磨得精疲力竭的听觉神经渐渐地松弛下来的时候，附近一幢楼里的一个小男孩又开始在阳台上练习吹唢呐。这是他每天傍晚的功课，他永远以同样稚拙的声音吹同一个曲子，不管我是否喜欢都得接受。当那个小男孩终于完成了自己的作业的时候，楼下住户的立体音响又启动了，间或伴随着少男少女们唱 KTV 的声音、高分贝的谈笑声和搓麻将的声音，直到深夜甚至凌晨！

为了求得片刻的宁静，笔者曾请求晨练的老人、附近中学的负责人、邻居们放低自己的声音，但他们却像看外星人似地注视着笔者，并理直气壮地质问我："这是我们的自由，关你什么事！"仿佛制造噪声是他们天赋的权利，仿佛笔者根本没有资格去干预他们的所谓"自由"。笔者不无遗憾地发现，尽管各个城市已经制定出相应的法规，限制汽车喇叭的鸣叫，但总的说来，还没有制定出系统的、限制声音霸权主义的法律条文；人们也没有把保持公共空间的安静理解为自己应尽的义务。令人沮丧的是，直到我们的生存成了"在噪声中的生存"，我们才开始认识到宁静的珍贵。然而，在西方人的生活中，这种义务早已化为每个人的自觉行动。事实上，宁静不正是生活质量的一个基本的方面吗？尤其对于喜欢思考的人来说，还有什么比宁静的生活环境更为宝贵的呢？该是自觉地起来遏制声音领域里的霸权主义的时候了！

向管理要交通[1]

近半年多来，上海的交通问题又成了市民谈话的主题。如何使道路保持畅通，如何使出行不再成为负担，不但市府领导十分重视，市民们也都在献计献策，这自然是十分可喜的现象。按照我的看法，要使排堵变得更为有效，就应该破除单向度的思维方法，向管理要交通。

什么是单向度的思维方法呢？那就是看问题只认一个角度，看不到其他角度的重要性和必要性。比如，许多人认为，改善城市交通，要靠修路和建路。这个看法当然有它的道理，但它无法解释下面的现象：上海的马路从改革开放前的1400余条已经增加到目前的2700多条，几乎翻了一番，但为什么一部分马路的使用率非常低，而另一部分马路又堵得水泄不通呢？这就启示我们，虽然修路和建路可以在一

① 本文原载《文汇报》，2003-01-20。

定的程度上缓解城市交通，但并不能完全解决交通问题。何况，城市空间的有限性决定了道路扩展的界限。所以，如果必须引入第二个向度来思考交通问题的话，这个向度就是管理。如何通过更为有效的管理措施使道路畅通起来，这也就是我们所说的“向管理要交通”的真正含义。

假如说修建道路、更新车辆、发展轨道交通等主要涉及硬件，那么，提高管理质量、完善交通法规、提升市民的交通意识等则主要涉及软件。一言以蔽之，城市发展已经把一个重大的问题推到我们的面前，即如何从后发国家的城市的粗放型的交通管理方式升格为国际文明大都市的科学型的交通管理方式。这种升格不光体现在基础设施和硬件的更新上，更重要的是体现在整个城市交通管理的理念的根本性转换上。在我看来，新的城市交通管理的理念的确立，不能不反思以下三层关系。

一是车与车之间的关系。这里既涉及各种不同性质的“车”，如地铁、轻轨、集卡、普通卡车、公共汽车、电车、小汽车，甚至摩托车、助动车、自行车、黄鱼车等车辆在时间和空间中的关系，也涉及每一种相同类型的车辆之间在时间和空间中的关系。其实，任何车辆都兼有两种相反的功能：当它们在路面上行驶时就构成交通，而当它们在路面上保持静止时就构成堵塞。路面空间的有限性决定了每一个时段在路面上行走的车辆的有限性。也就是说，必须调整车与车之间的关系，以便在每一个时段让适量的车在相应的路面上行走。不久前在北京路、南京路等主要街道上出现的“车库停车数量”电子指示牌，就是从管理的角度处理车与车之间关系的一个新的尝试。事实上，只要一部分行驶着的车辆能就近进入车库，道路堵塞的可能性就会下降。然而，按照我的看法，这样的措施真正要生效，就需和其他相关的措施一起实行，如合理地设计停车库的方位和车位的数量、适度降低停车收费、确保车库进出口所在道路的畅通等。

二是路与路之间的关系。平心而论，从前几年起已经开始实行的无线电路况报告，在一定程度上缓解了道路的堵塞，但仅仅停留在这样的管理措施上还是远远不够的。比如，上海城区有不少火车道口，每当火车通过时，道口附近的车辆就排起了长队。其实，这样的情况完全可以通过相应的管理措施而得到缓解。比如，把每天火车经过的时间段做成电子警示牌，悬挂在通向道口的附近的马路上，使行驶着的车辆及时得到信息，从而绕开火车道口。又如，对修路、改变道路的性质等情况也应当合理地进行安排。举例来说，以前从大柏树通向凉城新村有三条路——汶水东路、纪念路和万安路。前一个时期，万安路刚由双行道改成只能从凉城新村驶向逸仙路的单行道；紧接着，纪念路又开始封闭修路。于是，汶水东路就成了从大柏树通向凉城新村的唯一通道，从而造成了严重的堵车现象。其实，只要管理部门在时间上稍做调整，即先修纪念路，待完工通车后再把万安路改成单行道，从而始终保持有两条路通向凉城新村，堵塞就可得到缓解。再如，地铁、轻轨、公共汽车站在空间和时间上的衔接，高峰时间道路中间的隔离带的调整，限制某些车辆在某些路段的行驶时间等都是解决路与路之间的关系的一些重要措施。

三是车与路的关系。众所周知，除了行驶路线固定的公共汽车或电车外，其余车辆都可以根据实际的路况对自己的行驶路线做出相应的调整。也就是说，大量车辆的行驶路线具有偶然性或可调整性，这就为交通管理提供了一个广阔的空间。假设在早晨上班高峰时间，一辆出租车在汶水东路水电路口，沿着水电路向广中路方向行驶，它或者可以通过转弯车道驶向广灵四路上高架，或者可以一直驶到广中路再上高架。由于广中路的高架经常封闭，为了保险起见，它一般倾向于从广灵四路上高架。然而，当它沿着水电路上的转弯车道到达广灵四路路口时，才发现，这里堵得很厉害，但它已经无法变道了，只好硬着头皮成为堵塞的参与者和牺牲者。然而，也许那一天广中路高架并没有封闭，也很通畅。所以我在想，为什么不能在汶水路水电路口设一个电子指示牌，把广灵四路和广中路高架的信息及时告诉驾驶员，以便他能对自己的行驶路线做出准确的选择呢？事实上，收音机里的路况报告常常是“远水不解近渴”，驾驶员更需要了解的是附近马路的路况。

总之，车与车、路与路、车与路之间的关系实际上都汇聚到人那里。人既是各种车辆的驾驶者，也是所有道路的修建者，更是所有的交通规则的制定者。在像上海这样的现代化大城市的交通管理上，人们的思路应该从单向度式的、“头痛医头”的反映论走向多管齐下、系统布局的控制论，从而使这个城市更富有科学的精神和生命的活力。

重视“另一类基础设施”的建设[①]

近几个月来，由次贷危机等原因引发的美国金融海啸，不仅对美国本国的经济产生了灾难性的影响，也导致了欧洲、日本，甚至世界范围内的普遍的经济衰退。毋庸讳言，中国经济也在相当程度上受到了冲击。面对这一严峻的形势，中国政府临危不乱，迅速制定出相应的对策，其中一项重要的对策就是加大对基础设施的投资和建设。毋庸讳言，这项对策具有极为深远的意义，它不仅可以为中国经济将来的发展和腾飞创造相应的物质条件，也可以提供大量的就业岗位，缓解经济普遍衰退情况下劳动力资源的闲置，从而拉动内需，刺激消费，以促进经济的复苏。

本文主张，应该从新的思路出发来理解并推动“基础设施”的建设和发展。人们通常把

① 本文原载《文汇报》，2009-02-25。

基础设施理解为确保国家或地区的经济活动和其他社会活动得以展开的物质设施和公共服务系统。显然，这一传统的理解方式是偏颇的。在本文看来，实际上存在着两类不同的基础设施：一类就是我们通常理解的"具有物质生活功能的基础设施"。如交通设施（机场、铁路、公路、港口、河道等）、通信设施（邮电、网络、快递、电话等）、服务设施（水电、煤气、供暖、环卫等）、医疗设施（医院、器械、防疫、急救、养老院等）、体育设施（运动场所、健身房、设备等）。显然，这一类基础设施对于人们的日常生活，乃至整个社会的健康运转是必不可少的。另一类则是还没有引起人们普遍重视，甚至还没有进入人们视野的基础设施，本文称之为"具有精神生活功能的基础设施"。如教育设施（托儿所、幼儿园、各类学校、培训基地等）、文化设施（剧场、影院、图书馆、艺术展览馆等）、科技设施（科技馆、博物馆、模型商店、实验场馆等）。显而易见，对于现代文明社会来说，这一类基础设施也是不可或缺的。

比较起来，这两类基础设施的共同点是，它们都需要建造相应的物质载体，都需要提供相应的物质设备，且它们对于现代文明社会的建设来说，都是不可偏废的。可是，它们之间也存在着差异，主要表现为：第一类基础设施是为人们的物质生活服务的，因而是消费性的。而第二类基础设施则是为人们的精神生活服务的，它可以提升人们的精神境界和情操，因而是建设性的。不少国家的经验启示我们，现代化事业要取得成功，一定要充分重视对第二类基础设施的建设。目前，世界经济正处于普遍衰退的时期，我们应该变危机为机遇，利用这个时期，大力建设第二类基础设施，从而为中国经济发展中的结构转型和腾飞准备物质和精神的条件。

就教育设施的投入和建设来说，总体上还是远远不够的。比如，在偏远的山区，中小学在数量上严重不足，有些小孩每天上学、放学要步行几小时。在这些地区，应该建造一些寄宿学校，也要使中小学的分布点在结构上变得更为合理，以确保义务教育的可操作性。又如，托儿所、幼儿园、中专、技校类职业学校和职业培训基地在大城市里不但严重缺乏，而且分布点也不合理。再如，高等院校一般都集中在沿海的大城市，而内地则严重缺乏。总之，教育设施建设中的滞后不但不能为我国的现代化建设提供充分的人才资源，也进一步加大了沿海地区和内地之间的差距。

就文化设施的投入和建设来说，总体上也是远远不足的。首先，最好的剧场、影院、图书馆、艺术中心等大多集中在大城市里，而它们的利用率常常很低。比如，对于图书馆来说，真正值得夸耀的并不是它的藏书量有多少，而是它的图书每年的被利用率有多高。其次，广大农村和偏远的城镇仍然普遍缺乏足够的文化场馆和相应的文化资源，而大量低级趣味的文化产品则乘虚而入，对城镇农村居民，尤其是青少年的精神世界产生了负面的影响。最后，无论是城市，还是农村都缺乏相应的、具有实验性质的文化设施，从而为传承一些濒临灭亡的传统文化剧目和试验当代艺术的新的表现手法留下相应的空间。于是，一些民间艺术流落街头，或者只能在公园的凉亭里自娱乐自乐，自生自灭。

就科技设施的投入和建设来说，也存在着很大的差距。近年来，各种迷信现象，如看手相、看面相、算命、驱鬼、辟邪等到处蔓延，即使是某些先富起来的农村，为了表示感恩，首先建立起来的也是寺庙和道观，而不是科技馆和实验室。这些现象表明，我们的科普工作做得还很不够，还未对老百姓的日常生活和思想观念产生重大影响。而作为科普工作载体的博物馆、科技馆等场所的建设仍然是一个迫在眉睫的问题，尤其在农村是如此。

综上所述，在应对世界经济普遍衰退的过程中，我们一定要用更合理、更有效的方式来用好我们的资金，特别是要重视对“另一类基础设施”的投入和建设。

注意新闻报道中的形式主义倾向

每年年底、年初的时候，各大报纸总会争先恐后地发表“十大新闻”“十大问题”“十大热点”之类的报道。比如，2006 年 1 月 28 日的《文汇报》在第二版上同时发表了以下三则新闻：“2005 年上海十大科技新闻”“2005 年上海十大文化新闻”和“2005 年上海十大法治新闻”。这三则新闻放在一起，十分夺人眼球。

看到这样的报道，脑子里很容易产生这样的疑问：“十大……新闻”这样的提法表明，入选的每个新闻都应该是有很大影响的。但令人感到奇怪的是，为什么 2005 年在上海的科技、文化和法治这三个领域中，不多不少地各有十大新闻？难道这些领域中的大新闻的数量都是预先设计好的，不能多一个，也不能少一个。更令人费解的是，在每个领域里，如上海文化领域，每年都会评出十大新闻，如“2005 年上海十大文化新闻”“2004 年上海文化十大新闻”

“2003年上海文化十大新闻”……难道在上海文化的发展中，连每年可能出现的大新闻都是按计划分配好的。

众所周知，凡是稍有哲学常识的人都知道，事物的发展是不平衡的。不光在上海文化的领域里，不可能每年都会不多不少地出现十大新闻，就是在上海科技和上海法治的领域里，或任何其他领域里，也不可能每年都会不多不少地出现十大新闻。事实上，“十大新闻”的“十”作为量词已经成为撰写年度新闻报道的人普遍崇拜对象，成为某种形式主义的、必定如此的东西，成为“一刀切”的东西。仿佛人们以年度作为时间单位来谈“新闻”“问题”或“热点”，就非得把“十大”作为量词似的。其实，这种对“十”的崇拜是缺乏任何理论根据的。

我们还是举“2005年上海文化”这个例子。假如在2005年中，上海文化只出现了五个大新闻，为什么就不可以实事求是地写“2005年上海文化五大新闻”呢？一定要凑足十大新闻，也就不得不把一些小新闻“提升”为大新闻。反之，假如2005年上海文化界意外地出现了十二个大新闻，为什么就不可以实事求是地写“2005年上海文化十二大新闻”呢？一定要压缩到十大新闻，那就只能把某些大新闻降低为小新闻了。

尽管“大”“小”概念的含义具有某种相对性，比如我们可以说“小象”，也可以说“大老鼠”；可以说“一个小山包”，也可以说“一只大馒头”，然而，在通常的情况下，把老鼠与象、馒头与山包作为同样规模的东西并列在一起，一定是很滑稽的。同样，为了凑足“十大新闻”，把一些没有影响的小新闻拔高为大新闻，或为了不超过“十大新闻”的限制而把某些大新闻贬低为小新闻，都是很滑稽的。

总之，新闻报道，包括年度新闻报道在内，都应该坚持实事求是的态度。求真，乃是新闻报道的灵魂。有多少大新闻，就报道多少大新闻，没有必要把“十大”形式化，并顶礼膜拜！

媒体批评何以自律[①]

近年来，媒体的批评变得越来越热闹了，尤其是对受众比较关心的那些文化现象，不同的媒体往往做出迥然各异的解释和评价。这应该说是好的现象，因为有差异存在，才会有文化多样性的存在；有文化多样性的存在，才会有思想的活跃、碰撞和创新。

然而，平心而论，在很多场合下，媒体的批评给受众留下了浮躁、喧嚣和单纯炒作的印象。比如，张艺谋导演的影片《英雄》开演以来，几乎成了各种媒体轮番“轰炸”的目标。赞扬它的媒体把它看作国产片发展中的里程碑，而否定它的媒体则把它理解为张艺谋艺术生涯中的滑铁卢。当然，巧妇难为无米之炊。不能否认，影片《英雄》自身存在着一些引起争论

① 本文原来的标题为“媒体批评如何走出自己的怪圈”，原载《文汇报》，2003-03-23。

的因素，然而，有些媒体的批评是否在这里也起了推波助澜，甚至兴风作浪的作用呢？我们的回答是肯定的。

尤其令人担忧的是，有些媒体的批评显得有点“匪气”或“霸气”，特别是在一些小报上，经常出现“审判某某某”“某某某出局”这样的文章标题，这类文章甚至在内容上也随意地对被批评的对象使用“弄虚作假”“欺世盗名”这样的大字眼。当然，只要名实相副，这样的大字眼完全是可以用的，但如果名过于实，或在不了解事情真相的情况下任意下判断，或随意地侵犯对象的隐私，进行人身攻击等，那就显出“霸气”来了。

其实，这种“霸气”在媒体批评中的出现并不是偶然的。我们早已指出，近年来，在从计划经济向市场经济转型的过程中，一些负面的因素也竭力利用社会制度，尤其是法律制度上的不完备，乘虚而起。这种“霸气”在社会生活中的蔓延，就是一个典型的例子。比如，在一些餐饮街的鳞次栉比的饭店中，经常可以见到这样的店名——“皇后”“帝王阁”“王中王”“王上王”，有的甚至干脆采用“南霸天”这样的店名；在商品的商标中，也经常可以见到这样的名字——“厨帝”“凉霸”“小霸王”“超霸”；在有些地区，也经常可以见到“车匪”“路霸”“菜霸”“鱼霸”“乞霸”（乞丐帮的头领）“厕霸”等；甚至在学术界也存在着某些“学霸”，在他们的职权范围内，垄断学术资料、职称晋升和学术评估等资源。显而易见，这种“霸气”也渐渐地渗进媒体的批评中。

毋庸讳言，媒体掌握着话语权和社会舆论的导向权，因而在当代社会的精神生活中起着极为重要的作用。所以，我们应当清醒地认识并遏制媒体批评中的这种不良倾向的蔓延。

媒体批评陷入的怪圈

如果我们把目前媒体批评中出现的“霸气”放在一定的历史跨度中

加以考察，就会发现，作为媒体批评的一个极端的“霸气”，常常和它的另一个极端——“泄气”构成一个有趣的怪圈。

众所周知，在十年浩劫中，在以“四人帮”为代表的文化专制主义的淫威下，当时的媒体批评的“霸气”是有目共睹的。它主要具有以下三个特征：一是政治化，即上纲上线，把媒体批评直接转化为政治制裁；二是道德化，即把法律应予保护的个人隐私夸大为所谓“生活作风问题”，把媒体批评直接转化为道德评判；三是情绪化，即攻其一点，不及其余，把媒体批评直接转化为宗派（或“小山头的”）情绪的发泄。

“文化大革命”后，在清算这种文化专制主义的过程中，媒体的批评又滑向另一个极端，即完全“泄气”，除了在辞典中还有“批评”这个词以外，在现实生活中几乎已经很难找到与这个词真正相对应的媒体行为了。在这个时期，媒体批评具有以下三个特征：一是匿名化，即不仅行批评者通过采用笔名而实际上处于匿名的状态下，而且被批评的对象也在所谓“一些学术著作”“有的影视作品”这样模糊的提法中被匿名化了，以致读那个时期媒体批评的文本，既不知道行批评者是谁，也不知道被批评者是谁；二是形式化，即批评成了一种单纯的形式，甚至成了它的对立面——恭维的一种独特的表现形态，一些媒体指出某个被批评的对象的“微瑕”，仿佛只是为了印证它们的恭维是多么真诚；三是边缘化，即用文化生态的多样性作为借口来驱赶媒体批评，一直把它放逐到最不容易引起受众注意的边缘状态中。

近年来，在经历了长时期的疲软状态后，媒体批评似乎又渐渐地从“泄气”滑向“霸气”。为什么会发生这样的现象呢？除了我们上面分析过的社会转型过程中的负面因素的作用外，还有一个重要的原因，即贫乏而不起眼的批评内容需要用震撼视觉或听觉器官的“霸气”的语言来支撑。与“文化大革命”时期不同，当前媒体批评中的“霸气”主要表现出以下三个特征：一是修辞化，即倾向于用耸人听闻的大字眼来评论十分平常的文化现象；二是细节化，即很少批评对象（如一部电视连续剧）的思想倾向，而只注重对其细节（如剧中人物的服饰、行为是否得体）的分析；三是商业炒作化，即在媒体批评中，政治上的、意识形态方面的动机弱化了，但商业炒作的成分却强化了，甚至批评本身也成了商业炒作中的一个筹码。从上面的论述可以看出，媒体批评常常会陷入“一放就霸气，一收就泄气”的怪圈之中。

媒体批评何以自律

媒体批评如何走出自己的怪圈，即如何摆脱那种“霸气”和“泄气”交替出现的格局呢？事实上，这个问题不光关涉媒体批评的方式和技巧，更重要的是，关涉媒体自身的文化形象，即媒体在当今的文化生活中如何安身立命的问题。

在通常的情况下，媒体批评会受到两种力量的驱迫：一种力量是内在的，即尼采所揭示的权力意志。一般说来，任何媒体都会有这样的欲望，即希望自己比其他媒体搞得更好，而这种欲望正是寻求支配的权力意志的具体表现。实际上，“霸气”和“泄气”都是这种权力意志的外露，这里的差别仅在于：前者是肯定性的外露，后者则是否定性的外露。另一种力量是外在的，即媒体在话语世界中所拥有的支配性的力量。在某种意义上甚至可以说，媒体之为媒体，就是因为它们拥有这样的力量。这种合法的、强大的力量也会助长媒体去追求并实现话语霸权。所以，在这样的情况下，媒体更应该注重自律，积极而谨慎地使用自己的批评权。具体说来，媒体批评应该确立以下三种意识。

一是法律意识。媒体批评必须清醒地意识到，任何批评都是在当今法律的基础上进行的。诚然，随着实际生活的发展，某些不合理的法律条文也会得到修正，甚至废弃，但在相应的法律条文仍然有效的情况下，媒体批评必须在它们的基础上展开。媒体的批评权并不是无限的，事实上，每一个公民所拥有的神圣不可侵犯的权利（如人权、财产权、劳动权、知识产权、隐私权等）构成了媒体批评的界限。要言之，只有当媒体批评对每个人的合法权利表示尊重的时候，它才可能获得每个人的尊重。

二是责任意识。我们很难把责任意识划定在某个确定性的范围内，实际上，对于媒体批评来说，责任意识无处不在，但最重要的责任意识体现在社会生活的领域里。媒体并不只是一个赢利性的商业机构，诚然，在市场经济导向的社会中，这个功能对于媒体来说，也是不可或缺的。换言之，媒体在发布文化信息，包括进行文化批评的时候，也不得不考虑收视率、收听率、销售量和利润等因素，然而，对于它们来说，更重要的是社会责任以及它们关于这种责任的自觉意识，因为媒体的特殊性正在于它们对社会舆论的导向和对人心的引导。如果某个媒体把自己等同于普通的商业机构，其文化批评就无法沿着正确的轨道向前发展。

三是平等对话的意识。显然，蕴含在“霸气”中的核心观念是不平等的意识。然而，人们必须清醒地意识到，即使是拥有合法话语权的媒体，也不应该以不平等的方式来行使自己的话语权。正如马克思所说的，真理是由争论确立的，历史的事实是在矛盾的清理中被陈述出来的。只有平等的、对话式的批评，才能铺就通向真理的道路；也只有摆事实、讲道理、坚持以理服人，正确地对待并行使自己的批评权，媒体批评才能走出自己的怪圈，有效地遏制自己的“霸气”，得到受众的普遍的信赖和尊重。

从 SARS 防范引发的思考[①]

2002 年 11 月，当 SARS 病例刚出现时，不要说患者本人没有把这种疾病当回事，就连医务人员、医疗研究所，乃至政府的有关部门，对其严重性也缺乏足够的认识。随着 SARS 的迅速蔓延及感染人数和死亡人数的增加，普通老百姓，尤其是政府各级部门才引起高度重视，并采取了一系列应急措施，对 SARS 患者进行治疗，努力切断它可能蔓延的各种渠道，从而基本上控制住了整个疫情。

毋庸讳言，SARS 的爆发本身是一件坏事，但如果我们能举一反三，认真地总结并吸取其经验教训，那么它同时又可以转化为一件好事，从而使我们能够以更自信、更有效的方式面对今后可能出现的各种突发事件和灾祸。笔者认

① 本文原来的标题为“SARS 带来的三大观念的冲击”，原载《解放日报》，2003-06-10。

为，为了有效地防范各种突发事件和灾祸的发生和蔓延，普通老百姓，尤其是各级政府应该有一个观念上的转变。这一转变主要表现在以下三个方面。

确立风险意识

在日常生活中，人们的身体和思维被无数琐细的事务所牵引，就像蜘蛛一样，忙忙碌碌地编织着各自的网，完全无暇跳出自己的生活之网，去观察并思索正在自己周围演绎的各种重大的事件，特别是那些可能不期而至的巨大的灾祸和危险。人们对理性、秩序和未来的生活有一种盲目的依赖，普遍匮乏最起码的风险意识。

其实，对风险的认可和防范不应当像流星一样划过我们脑际的、边缘性的意识，而应当成为我们的日常意识，成为我们思想盛宴上的常客。因为当代社会不仅本质上就是风险社会，而且每个人总是无例外地与风险结伴而行。风险不是从外面出其不意地侵入我们的生活之中的，而是内在于我们自身之中的。在某种意义上，它们就是我们思维方式、行为方式和生活方式的产物。这似乎有点耸人听闻，但事实正是如此。

德国当代社会学家乌利希·贝克撰写了一系列论著来研究风险问题，在《从工业社会到风险社会：生存问题、社会结构与生态启蒙》一文中，他指出："在已经升入今日地平线的未来的巅峰之上，工业文明被转变成为一种全球风险社会的'世界之怀'。"① 贝克认为，在我们这个原子核、化学和基因技术的时代，风险的性质也发生了质的变化，切尔诺贝里无处不在，核污染"在人人面前都是平等的，在此意义上，这是'民主的'。地下水中的硝酸盐成分在元首的水龙头里也不会止步。"② 尽管人类社会已经制定了种种法律、政策和规范来回应可能降临的风险，然而，

① 梁展选编：《全球化话语》，66页，上海，上海三联书店，2002。
② 梁展选编：《全球化话语》，65页，上海，上海三联书店，2002。

已经建立起来的风险逻辑基础正在遭到颠覆或搁置。”① 原因在于，原子核、化学、基因等先进技术所引起的生态环境的污染，正如战争、无节制的开发所造成的自然灾祸一样，都是人类自己决策的结果。追随着贝克的思路，英国当代社会学家安东尼·吉登斯也深入地探讨了当代社会的风险问题。他注意到一种更令人焦虑的状态，即人们对风险降临的警告也漠然视之，甚至把这样的警告视为调侃的对象：“警告已成了陈词滥调，它让人如此熟悉，以致成了反事实性的日常生活；可是像所有的风险警报一样，这一警告也可能确实是真的。”②

与计划经济时代的一潭死水似的生活不同，市场生活表现出更多的偶然性或未确定因素。然而，人们主要是从肯定的意义上去理解偶然性的，如寄希望于福利彩票中蕴含的偶然性，幻想“一夜暴富”，却很少关切否定意义上的偶然性，如意外事故、破产、家庭变故、染上致命的疾病等。事实上，在全球化时代，各种风险，如核污染、恐怖主义袭击、自然灾害、社会冲突、流行病无时无刻不在窥探、侵袭着我们的生活。只有确立起自觉的风险意识，才能从容地应对突然降临的种种灾祸。

确立预防意识

中国古代的智慧早已启示我们：“凡事预则立，不预则废。”这里所说的“事”，不光是指日常生活中的肯定性的事态，也包括否定性的事态，如对各种突如其来的灾祸的预防意识。尽管中国古人也批评过那种“杞人无事忧天倾”的过度防卫心态，但“居安思危”和“防患未然”的预防意识无疑是中国古代文化意识中的一个亮点。

然而，在当代中国社会中，这种预防意识却日益淡化。如果说，人们对个人和家庭生活中可能出现的各种意外情况还多少有一些预防意识

---

① 梁展选编：《全球化话语》，55页，上海，上海三联书店，2002。

② 安东尼·吉登斯：《现代性的后果》，151页，南京，译林出版社，2000。

和保险意识的话，那么，他们对周围环境中可能出现的意外情况就太缺乏“防微杜渐”式的关切了。这次SARS的肆虐引发了全民“卫生热”，但为什么在SARS爆发前就不能出现同样的“卫生热”呢？事实上，谁都知道，在人类的历史上，爆发过多次大面积的传染病，离我们比较近的是1918年的大流感、20世纪80年代被发现的艾滋病、近年来在非洲流行的埃博拉病毒、脑膜炎等。为什么我们会对在我们周围演绎着的这些重大事件熟视无睹呢？为什么非得让一种严重的传染病在我们身边蔓延，并当它无情地夺去一个个同胞的鲜活的生命时，我们才以异乎寻常的方式关心起自己的卫生来呢？

我们知道，对任何传染病的防范都包含着两个方面：一是预防，即防止传染病通过各种可能的途径蔓延开去；二是治疗。在某种意义上，预防比治疗更重要，因为预防越成功，作为治疗对象的患者就越少。在现实生活中，对像SARS这样严重的急性传染病的预防尚能引起我们的充分重视，但对普通流感、肝炎、肺结核等传染病的预防意识却非常弱。在学校里，只要班里有一个同学得了感冒，大家就会不由自主地追随他(她)。虽然普通流感不属于隔离对象，但为什么不对患者的行为方式进行合法而有效的制约呢？同样地，对其他各种可能发生的意外事件我们也要有充分的预防意识。比如，不久前报载，贵州某地大雨后山体滑坡，殃及睡梦中的200位民工。看了这样的报道，不禁疑窦重重：贵州是山体滑坡经常发生的地方，为什么民工宿舍会建在可疑的山体下，而且为什么有关方面对大雨后可能产生的滑坡现象没有任何预防意识呢？

也有另一些现象使我们受到鼓舞。比如，在日本东京地铁的投毒事件和韩国地铁的火灾发生后，上海地铁管理机构采取了拆除地铁站上部分商业用房，以利人群迅速疏散等措施，这就体现出一种对人民的生命和财产高度负责的预防意识。又如，遍布上海各处的便利商店与110的联网，也有效地阻止了某些抢劫行为的实施。由此可见，对各种可能突然降临的灾难和恶性事件确立普遍的预防意识是何等重要！

确立应急意识

在风险意识和预防意识之外，之所以还要强调应急意识，一方面，正如中国谚语所说的：智者千虑，必有一失。不管我们对各种可能发生的事件或灾难做出如何周密的思考和预防，总有可能会发生出乎我们意料的事情；另一方面，即使是我们意料之中的事情发生时，这些事情的具体起因和展开过程也会与我们原来的估计出现偏差，甚至较大的距离。在这样的情况下，应急意识是必不可少的。

应急意识主要通过以下的措施表现出来：一是建立应急指挥中心，规定其相应的权力及权力的界限；二是制定紧急状态下的法律、政策和居民的行为规范，特别是澄清谣言，防止各种故意的、恶性案件的发生；三是紧急调集和培训应急专业人才。比如，这次SARS爆发时，急需呼吸科方面的医生，但有的城市这方面的人才只占全部医务人员的百分之三左右，这就急需从其他城市调集人才。同样紧缺的呼吸科护士则需要有相应的地方进行紧急培训；四是设定应急物资调配的“红色渠道”，以确保相应的应急物资有充分的供应。

除了上面提到的应急措施的筹划外，应急意识还应该筹划各种演习。犹如军事演习对于部队的协同作战来说是绝对必要的，“应急演习”对于防范各种突发事件来说也是绝对必要的。在这次SARS肆虐之初，不少医务人员也被传染，这表明他们对传染病的防范也缺乏准确的观念和严密的措施，也有一些护士甚至不会准确地使用呼吸机。所有这些问题，都应该在应急演习中加以克服，以便在真的突发事件发生时，提高处理问题的有效性。总之，我们应该自觉地确立风险意识、预防意识和应急意识，以便从容地应对各种事变和灾难。

如何面对偶然性[①]

记得德国哲学家黑格尔曾经说过：哲学是黄昏到来时才起飞的密纳发的猫头鹰。也就是说，对已经发生的事情，尤其是那些与人类的生存活动密切相关的重大事件，哲学的职责不是遗忘它们，把它们像蛛丝一样抹去，而是对它们进行深刻的反省，从中记取经验和教训，以便人类能够以更合理、更健康的方式生活在世界上。对偶然性的遗忘、对意外和风险的漠视，便是我们应该从哲学的高度上加以总结的重大的经验教训之一。

印度洋的地震和海啸引发的思考

从 2004 年 12 月 26 日至今，印度洋的地震

① 本文原来的标题为“偶然性、风险社会与全球伦理意识”，是本人在凤凰卫视“世纪大讲堂”上所做的演讲，原载《文汇报》，2005-09-25。

和海啸成了人们日常生活中的第一话题。强烈的地震和海啸几乎在片刻之间夺去了十多万人的生命，毁坏了无数的房屋和财产，还留下了可怕的疾病和瘟疫的阴影。这个令人恐怖的潘多拉盒子在打开时是如此之突然，以致所有的当地人和来自国外的观光旅游者都缺乏任何心理上的准备。

据传媒报道，当海啸中的第一波海浪到达时，浪头并不怎么高。波浪退去时，在沙滩上留下了许多鱼。当时在沙滩上休闲的人们，包括那些正在尽情嬉戏的儿童，做梦也没有想到，这正是强烈的地震和巨大的海啸降临前的先兆。他们不但没有被波浪惊退，反而奔向海边，争先恐后地捡拾起那些活蹦乱跳的鱼来。然而，就在这个时候，几乎高达10米的第二波海浪以排山倒海之势扑面而来，把正在海边拣鱼的人们卷入了大海的深处。

另据传媒报道，一对前往普吉岛旅游的外国夫妇，被店主安排在离海滩很近的一处木屋中居住。他们在木屋中休息时，突然发现墙壁上爬满了蟑螂。当时，他们并没有意识到，这是巨大的灾难降临前的先兆，他们只是从居住卫生的角度出发，要求换房。同样对这一先兆茫然无知的店主同意了这对夫妇的请求，把他们换到山上较高的木屋里，从而无意中拯救了这对夫妇的生命。第二天，这对夫妇起床后发现，昨天一度住过的木屋早已在上涨的海水中消失得无影无踪。

这两个例子表明，人们对海底地震和海啸发生的先兆缺乏任何知识上和心理上的准备。这场意外的事故和灾难引起了全世界人民的震惊和同情。2005年1月5日中午12时，全欧洲4.5亿人为在印度洋地震和海啸中的受难者集体默哀三分钟。无论是穷国还是富国，无论是普通的民众还是走红的明星，无论是儿童还是老人，都慷慨解囊，向劫后余生的人们伸出了援助之手。然而，在这种举世同悲的肃穆气氛中，仍然可以分辨出一些不和谐的声音——有的观光者怀着幸灾乐祸的心态拍摄受难者的遗体，也有的人利用网站诈骗赈灾款，更有甚者，竟然干起了拐卖受难者子女的罪恶勾当，简直天理难容！

印度洋的地震和海啸也使我们联想起亚洲地区 1997 年的“金融风波”和 2003 年的“SARS”事件。所有这些事件的发生都是偶然的，但它们对亚洲人的生活却造成了难以估量的严重后果。它们迫使我们去深思下面的问题：人们应该如何面对偶然和意外？换言之，当巨大的灾难不期而至的时候，人们应该做出什么样的反应？不用说，当我们开始思考这些问题时，我们已经不知不觉地踏进了哲学思考的领地。

必然性神话的崩溃

长期以来，人们都生活在必然性的神话中。在肖前等人编写的《辩证唯物主义原理》中，我们可以轻而易举地找到这种必然性神话的经典性表述：“必然性和偶然性这两个对立面，在事物发展中的地位和作用不是等同的。必然性是事物发展过程中居支配地位的、一定要贯彻下去的趋势，它决定着事物的发展前途和方向。偶然性则相反，它不是事物发展过程中居支配地位的趋势，一般说来，它对整个事物的发展只起着加速或延缓以及使之带有这样或那样特点的影响作用。”① 从这段话中可以看出：必然性在事物发展的过程中始终居于支配的地位，而偶然性对事物的发展只起着“加速或延缓以及使之带有这样或那样特点的影响作用”。也就是说，偶然性永远是轻飘飘的、边缘化的。它只是枝节，只是泡沫，只是完全可以被遗忘的东西。

人们是如此漠视偶然性，以致竟造成了这样的思维定式：谁谈论偶然性，谁就是在炫耀自己的无知。正如加拿大学者伊恩·哈金在《驯服偶然》一书中所指出的：“贯穿整个理性时代，偶然（chance）一直被称为平庸之辈的迷信。偶然、迷信、庸俗、愚蠢是一回事。有理性的人对

① 肖前等主编：《辩证唯物主义原理》，261 页，北京，人民出版社，1981。

这些东西是不屑一顾的，因为他们有能力用各种无情的定律将混乱掩盖起来。他们坚称，世界或许常常是偶然的和随意的，但那只是因为我们不了解其内部工作的必然机制。”① 长期以来，人们的观念一直处于必然性神话的支配下，仿佛外部世界和人们的全部日常生活都是按照必然性展示出来的。谁谈论偶然性，谁就等于承认自己是白痴。这种可怕的偏见使偶然性成了任何时候都必须被驱逐出去的幽灵。

其实，早在古希腊时期，必然性神话就开始萌发了。柏拉图划分出两个不同的世界：一个是静止的理念世界，他称之为“可知世界”；另一个是变动不居的感性世界，他称之为“可见世界”。在他看来，前一个世界乃是确定性的、真理的世界，后一个世界则是充满偶然性的、虚假的世界。显然，柏拉图对两个世界的区分已经开了排斥偶然性的先河。

西方哲学史的研究者常常把柏拉图作为唯心主义者与同时代的唯物主义者德谟克里特对立起来，实际上，他们的共同点远胜于他们的差异之处。崇拜必然性就是这两位哲学家的共同特征。第欧根尼·拉尔修在叙述德谟克里特思想时，曾经写道：“一切都由必然而产生，旋涡运动既然是一切事物形成的原因，这在他就被称为必然性。”② 不用说，德谟克里特的这一见解已经埋下了完全遗忘偶然性的思想基础。

众所周知，近代西方哲学的肇始人笛卡尔之所以把“我思故我在”看作第一真理，其根本动机就是追求知识的确定性，而这本身就蕴含着对不确定性、随意性和偶然性的排斥。这一基本思路通过康德、黑格尔、胡塞尔等人贯彻下来，形成了根深蒂固的必然性神话。无独有偶，自近代以来，从伽利略、牛顿、拉普拉斯到爱因斯坦等自然科学家，也参与了对必然性神话的制造。正如法国生物学家莫诺所指出的：“一切宗教，差不多一切哲学，甚至一部分科学，都是人类孜孜不倦地做出努力以坚

---

① 伊恩·哈金：《驯服偶然》，2页，北京，中央编译出版社，2000。

② 北大哲学系外哲史教研室编译：《古希腊罗马哲学》，97页，北京，生活·读书·新知三联书店，1957。

决否认自身出现的偶然性的明证。”[①] 显而易见，牛顿式的严格决定论思想蕴含着对任何偶然性的排斥。于是，科学、宗教和哲学上崇拜必然性的倾向相互强化，成了人们观念上的最高法则。然而，传统的必然性神话的合法性一再受到有识之士的挑战。

第一个向必然性神话提出挑战的是伊壁鸠鲁。他提出了关于“原子偏斜运动”的著名观点，肯定了偶然性在原子运动中的根本作用，从而打开了必然性神话的第一个缺口。后来，马克思在其《博士论文》中明确地指出：“德谟克里特注重必然性，伊壁鸠鲁注重偶然性。”[②] 在他看来，伊壁鸠鲁强调偶然性的潜在意义是肯定了自我意识和自由意志的作用。

第二个向必然性神话提出挑战的是法国哲学家帕斯卡尔。他认为，日常生活就是由一连串偶然的事件组成的，它们在历史上起着十分重要的作用。他在《思想录》（1656—1658）中说：“克利奥巴特拉的鼻子；如果它生得短一些，那末整个大地的面貌都会改观。”[③] 又说：“克伦威尔要蹂躏整个的基督教世界，王室被推翻了，而他自己的王朝则是永远强盛的；只是有一小块尿沙在他的输尿管里形成了。就连罗马也在他的脚下颤抖；然而这一小块尿沙既经在那里面形成，于是他就死了，他的王朝也垮台了，一切又都平静了，国王又复辟了。”[④] 第一段话的意思是：埃及女皇克利奥巴特拉长得非常漂亮，以致当时罗马的统帅恺撒、安东尼等人都围着她而旋转。如果她的鼻子生得短一些，亦即长得难看一些，世界历史或许就不是这个样子了。第二段话的意思是：在英国革命中，克伦威尔起着非常重要的作用，但是，一个偶然的事件——他输尿管里的结石造成了他的死亡，从而改变了当时整个英国的政局。

第三个向必然性神话提出挑战的是英国哲学家休谟。休谟在《人类

---

① 雅克·莫诺：《偶然性和必然性》，33页，上海，上海人民出版社，1977。

② 《马克思恩格斯全集》，第40卷，205页，北京，人民出版社，1982。

③ 帕斯卡尔：《思想录》，79页，北京，商务印书馆，1985。

④ 帕斯卡尔：《思想录》，84页，北京，商务印书馆，1985。

理解研究》（1748）中写道："人心由物象的这种前后连续，并不能得到什么感觉或内在的印象。因此，在任何一个特殊的因果例证中，并没有任何东西可以提示出能力观念或'必然联系'的观念来。"① 他认为，所谓必然性的观念完全是缺乏基础的，它只是人们主观上进行联想的心理习惯，是充满偶然性和随意性的，从而从根本上颠覆了以必然性神话为核心的传统形而上学。

与此类似，在自然科学的范围内，德国物理学家波尔茨曼和美国物理学家吉布斯也通过把偶然性、概率和统计方法引入物理学而从根本上动摇了以牛顿、爱因斯坦为代表的传统自然科学的必然性神话。于是，正如控制论的创立者维纳所指出的："偶然性就不仅成为物理学的数学工具被接受下来，而且成了物理学的一个不可分割的组成部分。"② 在他看来，不但宇宙是偶然的，而且全部日常生活也是偶然的。"人和其他一切机体一样，生活在一个偶然性的宇宙中，但是在自然界中人具有独一无二的优越性，即具有生理上，因而也是智力上的机制，使他能适应激烈变化的环境。"③ 维纳认为，人既不能否认偶然性，也不能逃避偶然性，但可以利用自己理智上的优势来适应以偶然性作为本质特征的外部世界和日常生活。

从上可知，人们的观念长期处于必然性神话的支配下，这使他们的思想完全向偶然性封闭，从而导致了他们学习能力的下降、了解新信息的敏锐性的下降和神经系统的反应能力的下降。在某种意义上，印度洋的地震和海啸也参与了对必然性神话的解构。它启示我们，世界是充满偶然性的，日常生活是充满意外和风险的。如果人们对哲学和科学发展中所昭示的这一重大的真理缺乏足够的认识，他们就有可能在现实生活中遭受巨大的挫折。

---

① 休谟：《人类理解研究》，58页，北京，商务印书馆，1981。

② 诺伯特·维纳：《维纳著作选》，7页，上海，上海译文出版社，1978。

③ 诺伯特·维纳：《维纳著作选》，45页，上海，上海译文出版社，1978。

偶然、风险和意外

外部世界和日常生活中的偶然性随处可见。法国生物学家莫诺曾经在他的名作《偶然性和必然性》(1970)中举过这样一个例子:“假定勃朗医生到一位危急病人那里出诊去了。与此同时,承包工琼斯已出发紧急修理附近一座大楼的屋顶。当勃朗医生走过大楼的时候,琼斯正好一个不小心把榔头掉了下来。榔头落下的(决定论的)‘弹道’正好同医生走的路线相交,于是医生的脑袋就被砸碎而死于非命。”我们说,他是偶然的牺牲品。难道还能有别的说法适用于这种无法预见的事件吗?在这里,偶然性显然是本质的东西,是完全独立的两条因果链所固有的,而在它们的交叉点上造成了意外事故。”①

在莫诺看来,这一个案表明了偶然性构成日常生活的本质,这与前面我们曾经提到的休谟关于感觉经验知识缺乏必然性的见解完全是相呼应的。所以莫诺认为,“这种事件仍然属于‘本质上的’偶然性这个范畴。当然,除非我们回到拉普拉斯的宇宙中去,在那里,从浑沌初分的时刻起,就决定了勃朗医生要死于琼斯的榔头之下。”② 由于把偶然性理解为日常生活的本质,莫诺甚至引申出如下的结论,即整个人类的诞生也完全是偶然的:“我们人类是在蒙特卡洛赌窟里中签得彩的一个号码。当人们看到一个人刚从赌场里赢了钱而摇身一变成为百万富翁时,我们感到惊讶,同时又觉得好像梦幻般地不真实,产生这种感觉是很自然的,没有什么可奇怪的。”③

美国科学家玻姆在《现代物理学中的因果性与机遇》(1957/1984)一书中结合统计方法,更细致地探索了偶然性的问题。他举例说:“例

① 雅克·莫诺:《偶然性和必然性》,85页,上海,上海人民出版社,1977。
② 雅克·莫诺:《偶然性和必然性》,86页,上海,上海人民出版社,1977。
③ 雅克·莫诺:《偶然性和必然性》,108页,上海,上海人民出版社,1977。

如，两辆汽车相撞。如果其中有一个司机早十秒或晚十秒发车，或者他曾停下来去买过香烟，或者他曾减慢速度以避开一只碰巧横过马路的小猫，或者由于无数个类似理由中的任何一个，这件事故甚至就不会发生；即使驾驶盘稍微转过去一点，也会要么根本防止事故，要么完全改变事故的特征：也许更轻一些，也许更严重一些。"① 毋庸讳言，从个别的事故看，一切都是偶然的。然而，当人们从统计学的角度看问题，"例如，一个具体地区里事故的总数，一般逐年变化不大。而且若有变化，则所发生的变化常常显示出一种有规律的趋势。并且这种趋势能随事故所依赖的特定因素的改变而有规律地变化。"②

当然，在玻姆看来，这样的规律并不是对传统的所谓必然性规律的回复，而是通过统计学中的概率来表明其经常出现的趋势，但这种发展趋势却不是必然的，即不是必定如此的。如果人们一定要用"必然性"的概念，那就应该区分出两种必然性：一种是"硬的必然性"（hard necessity），即在任何情况下必定如此，人们只能在演绎逻辑和数学推理中见到这种无任何例外的必然性；另一种是"软的必然性"（soft necessity），也就是概率，即在大多数情况下如此，但并不是必定如此。事实上，人们在自然科学和日常生活中谈论的"必然性"只能是这种"软的必然性"。

总之，偶然性或不确定性已经成为当代学者的共识。美国哲学家罗蒂在其《偶然、反讽与团结》（1989）一书中这样写道："20 世纪的重要思想家们纷纷追随浪漫主义诗人，试图跟柏拉图决裂，而认为自由就是承认偶然。……更普遍地说，他们都极力避免哲学中冥想的气味，避免哲学中把生命视为固定不变的、整体的企图。他们如此做，都是因为他们坚持个体存在的纯粹偶然所致。"③ 在他看来，无论是语言、自我，还

---

① D. 玻姆：《现代物理学中的因果性与机遇》，29 页，北京，商务印书馆，1999。

② D. 玻姆：《现代物理学中的因果性与机遇》，30 页，北京，商务印书馆，1999。

③ 理查德·罗蒂：《偶然、反讽与团结》，41 页，北京，商务印书馆，2003。

是自由主义社会本身，都是偶然的。人们只有对这一点有充分的认识，才能试着去理解 20 世纪哲学的本质特征。耗散结构理论的创建者普利高津在其《确定性的终结》（1996）一书中指出："人类正处于一个转折点上，正处于一种新理性的开端。在这种新理性中，科学不再等同于确定性，概率不再等同于无知。"① 他认为，伽利略和牛顿通过传统物理学理论展示出来的那个"时间可逆的确定性宇宙图景"已经千疮百孔，偶然性、不确定性、时间的不可逆性才是宇宙的本质。

就偶然性在人类社会中的表现来说，它表现为人们对"风险"的普遍关注。德国社会学家贝克在其《风险社会》（1986）一书中写道："我说风险，道德是指完全逃脱人类感知能力的放射性、空气、水和食物中的毒素和污染物，以及相伴随的短期和长期的对植物、动物和人的影响。它们引致系统的、常常是不可逆的伤害，而且这些伤害一般是不可见的。"② 在贝克看来，风险社会是一个灾难性的社会，在其中，异常的情况有成为屡见不鲜的情况的危险。而随着全球化进程的加速，"从总体上考虑，风险社会指的是世界风险社会。"③ 因为生态上的破坏是不受国界限制的，如横贯数个国家的河流污染、核泄漏对大气的污染、农药的普遍使用甚至使南极企鹅的身上也出现了过量的滴滴涕等。贝克指出，风险并不是一种突然降临到人类社会中的灾难，它是人类自己决策和行为的结果。尤其是化学（改变分子结构）、核物理（改变原子结构）、生物工程（改变基因结构）这样的科学的出现，以及人类在追求现代化进程中对外部世界的征服和改造，使人类社会面临着许多无法预知的风险。世界被抛入到偶然性的坩埚中，它将来会变成什么模样，甚至它是否还能存在下去，人们都很难预测了。

---

① 伊利亚·普利高津：《确定性的终结》，5 页，上海，上海科技教育出版社，1998。

② 乌尔里希·贝克：《风险社会》，20 页，南京，译林出版社，2004。

③ 乌尔里希·贝克：《世界风险社会》，24 页，南京，南京大学出版社，2004。

就偶然性在个人身上的表现来说，人们通常称它为“意外”（unexpected situations）。正如俄国小说家陀思妥耶夫思基所说的，人并不是固定在那里的、被动的钢琴键，人是有自由意志的，人的一生几乎漂浮在各种意外的事件中。笔者认为，对于个人来说，意外有三种不同的类型：第一种是“积极的意外”。比如，当大仲马笔下的爱德蒙·邓蒂斯在达尔夫堡中陷入绝望时，突然遇见了法利亚长老，后者启发了他，使他重新获得了生活下去的动力和勇气。第二种是“中性的意外”，即当意外降临时，对某个人来说，既没有直接和益处，也没有直接的坏处。第三种是“消极的意外”。比如，1997 年亚洲的金融风波、2004 年年底印度洋的地震和海啸等。

由此可见，既然外部世界和日常生活都充满了偶然性，所以，无论是当代社会，还是社会生活中的个人，都不得不与风险、意外结伴而行。在这个意义上，人们越是自觉地意识到风险和意外的存在，也就越是深入地理解了当代生活的本质。

坦然面对偶然性

在当代社会生活中，无论是政府、团体，还是个人，要做到临危不乱，坦然面对偶然性，就应该确立以下三种意识。

一是确立风险意识。贝克告诉我们：“风险意识的核心不在于现在，而在于未来。在风险社会中，过去失去了它决定现在的权力。”① 也就是说，人们不能从过去推论未来，仿佛过去没有发生过的风险或意外，未来也一定不会发生。问题倒是在于，未来并不受制于过去，也并不受制于人们观念中根深蒂固的必然性、决定论或确定性。未来是一个不可能完全被测知的黑箱，偶然性、不确定性和随机性构成了它的本质。所以，

---

① 乌尔里希·贝克：《风险社会》，35 页，南京，译林出版社，2004。

只有当人们超越传统的必然性和决定论的观念，以足够丰富的想象力去设想未来的时候，他们的风险意识才可能被确立起来，并被实质性地启动。而在全球化背景下的当代社会中，没有这种自觉的风险意识，人们就会在他们遭遇到的各种偶然和意外面前惊慌失措。

二是确立学习意识。生活和实践一再启示我们，无论是自然界、人类社会，还是个人遭际中的偶然、风险和意外，都或多或少、或强或弱地有其先兆。前面提到波浪把鱼带到沙滩上、木屋中突然出现许多蟑螂等，都是地震和海啸发生的先兆。只有确立认真的学习意识，努力掌握各种风险和意外发生的先兆，才有可能在实际生活中弱化甚至避免风险和意外造成的损害。拉兹洛所说的“恐龙综合征”（恐龙由于神经系统反应迟钝，无法对来自环境的各种意外做出迅速的反应）乃是恐龙缺乏学习能力的结果。如果人类听凭自己的学习意识衰弱下去，从而使其神经系统对各种意外缺乏敏锐的感知能力，人类也会患“恐龙综合征”。记得维纳曾经说过：“人类的强大仅仅是因为他们利用了生理构造所提供的天赋的适应能力和学习能力。”① 所以，人们完全可以通过学习获得种种相关的知识，从而提高自己回应偶然、风险和意外的能力。

第三，确立全球伦理意识。既然全球化已经使风险成为全球性的，因此，面对各种偶然和意外，确立全球伦理意识也就变得十分必要了。这里的核心问题是：一方面，人类应该立足于全球的根本利益，深刻地反思自己的决策和行为可能造成的后果；另一方面，当种种危机、灾难和意外发生的时候，不同地区和国家的人们应该伸出援助之手，应该表现出高尚的伦理意识。正如维纳所指出的：“坦率地说，我们是注定要灭亡的行星上遇难船只中的旅客。然而即使在行将沉没的船上，人类的尊严和人类的价值不一定消失，相反必须得到更多的重视。我们将走向深渊，但即使在临死的时刻我们也应该保持人类的尊严。”②

---

① 诺伯特·维纳：《维纳著作选》，45页，上海，上海译文出版社，1978。

② 诺伯特·维纳：《维纳著作选》，26页，上海，上海译文出版社，1978。

爱情、性欲和道德[①]

《廊桥遗梦》《马语者》和《再见钟情》这类小说都是以中年人的爱情或婚外恋作为题材的。从题材上来看，以前的不少小说也都有所涉及，可见并不是完全新的东西。但比较起来，以前的小说主要涉及未婚男女或至少一方未婚的青年之间的爱情纠葛，而上面三部小说都把已婚的中年人之间的爱情波澜，即婚外恋作为主线来写，这就把这方面的题材的重要性提升到前所未有的高度上。

为什么中年人的婚外恋会引起普遍的关注？我觉得主要有以下几方面的原因：一是中国当代社会正处在从计划经济向市场经济转型的过程中，计划经济的一个特点是“人才单位所有制”，人都像螺丝钉一样被固定住了，市场经济使人的流动变得很频繁，如下海、跳槽、出国

---

① 本文原载《文学报》，1996-12-17。

等，这就为已婚中年人的相互交往提供了多得多的机会，从而使婚外恋上升为一种值得注意的社会现象。二是流行的观念认为，“结婚是恋爱的坟墓”。这样一来，恋爱似乎成了未婚青年或离婚青年的专利，而已婚的中年人的恋爱则成了“一个被遗忘的角落”。事实上，已婚的夫妇仍然有一个爱情不断深化的问题，失去爱情动力的婚姻关系是很容易解体的。换言之，婚外恋是很容易发生的。所以，一旦这个敏感的主题被作家捕捉，并通过小说的形式表达出来，必然会引起许多人的共鸣。三是中年人是家庭的支柱，他们的婚外恋必定会“牵一发而动全身”，至少使两个家庭、三代人的日常生活陷入危机之中。这种感情上的纠葛比未婚青年男女的恋爱具有丰富得多、深刻得多的内涵，从而也更能激起人们对这一主题的关切。

中年人的婚外恋涉及爱情、性欲和道德之间的错综复杂的关系。就爱情与性欲的关系而言，如果我们排除柏拉图式的恋爱方式，爱情总是蕴含性欲的，但爱情却不能等同于性欲。在我看来，真正的爱情不仅包含着道德的和审美的因素，更重要的是包含着对对方人格上的尊重，甚至不惜为对方牺牲自己的一切。而性欲则是一种宣泄欲、占有欲，这种欲望很容易转化为复仇欲或破坏欲。在现实生活或文学作品中，这两者常常不能被正确地区分开来：见异思迁、喜新厌旧被包装为“追求爱情”。事实上，只有当作家能够深刻地认识这两者的差异时，才能写出真正的爱情。此外，就爱情与道德的关系而言，也不能把爱情理解为摆脱一切道德因素的纯粹的感情关系。众所周知，感情与理性、道德观念比较起来是一个十分不确定的、易变的因素。如果爱情完全建筑在感情的基础上，它的毁灭就会像产生一样快。在我看来，真正的爱情必然蕴含着一种高尚的道德观念，必然敢于承担应当承担的道德责任。在这个意义上可以说，缺乏高尚的道德观念的爱情实际上仍然只是一种伪装的性欲。优秀的文学作品应当处理好这三者的关系，既不停留在抽象的道德说教中，也不把单纯的性欲拔高为爱情。

此外，我认为，在解读这类作品的过程中，我们的注意力不应当仅仅停留在中年人的婚外恋上。好的作品总会向读者展示出丰富的生活画面，正如《金瓶梅》的价值不是在对性的描写上，而是在对当时的生活世界的真实面貌的揭露上一样，我们在读这类作品时，也应当扩大我们的视野。又如《再见钟情》的作者对西方法律制度的批评、《马语者》的作者对人与自然和谐的向往都加深了我们对西方社会的生活世界的理解。

建筑的共性与特色

在 2010 年的世博会上，上海的城市建筑将以何种风貌和形象展现于国际观光者的眼前?这确实是一个值得深思的问题。按照笔者的看法，一个城市的建筑形象是与它对自己的未来发展的定位联系在一起的。

众所周知，上海的发展方向是国际大都市。作为未来的国际大都市，上海的建筑形象既应体现出一般国际大都市的共性，也应体现出自己与众不同的特色。要言之，应该在这两个端点之间建立必要的张力。就共性而言，大面积的广场和绿地、巨大的购物商场、熙熙攘攘的步行街、耸立的电视塔、雄伟的桥梁、比肩的高楼、纵横交错的高架公路、四通八达的地铁网络、藏品丰富的博物馆和图书馆、气势恢宏的艺术场馆、寓意深刻的雕塑群像等。为了使城市居民的生活变得便利、舒适、温馨，而不失高雅的情趣和品位，这些标准化的建筑恐怕都是不可或缺的。就特色而言，上海的建筑应该有可供识别的标志，犹如大本钟（俗称大笨钟）于从伦敦、歌剧院之于悉尼、埃菲尔铁塔之于巴黎、希尔斯大厦之于芝加哥、自由女神像之于纽约、华盛顿纪念塔之于华盛顿特区等。此其一。

上海的建筑形象要形成自己的特色，就应该在历史与现实之间保持必要的张力。一方面，上海建城已有700多年的历史，应该具有负载历史传承的建筑物或建筑群体。像豫园、外滩、淮海路、玉佛寺、龙华寺、人民广场这样的建筑群落和街道广场，与老歌剧院之于法兰克福、凯旋门之于巴黎、古竞技场之于罗马等比较起来，似乎还缺乏应有的历史重量；另一方面，在后现代主义的艺术思潮已经席卷全世界的情形下，作为未来的国际大都市，上海也应该拥有自己负载最前沿的艺术思想和构思的建筑群体，从而挑战国际观光者的想象力，使他们除了惊叹以外再也没有别的事情可做了。此其二。

上海的建筑形象也应该在整体与局部、局部与局部之间建立必要的张力。首先，在不同的建筑物、建筑群落之间既要保持差异性、多样性和各自的独立性，又应该在建筑物外墙的色彩、建筑风格差异上的视觉限度等方面，建立某种默契，使观光者的视觉不会陷于离散而失去归依；其次，在建筑物与空间（广场、停车场、大面积的绿地和森林）之间也应该建立起一种均衡乃至互补的关系，犹如中央花园和时代广场之于纽约的摩天大楼、风格别致的米兰广场之于庄严的米兰大教堂、宽敞的红场之于莫斯科东正教教堂群落；最后，应该重视城雕在不同的建筑群落中的点缀作用，从而充分显示出城市整体建筑的活力和动感。此其三。

总之，建筑是凝固的音乐。它从一个角度展示出上海人的艺术品位和精神风貌。

建筑空间的人性化

据说正在建造中的久置大厦将采用种种措施克服高层建筑可能引起的环境污染，并将引入人本化、智能化、生态化等新理念，尤其是通过空中花园的建设，强化绿色景观，给人以爽心悦目的感觉。所有这些别具创意的理念和措施，听来都是令人欣慰的。

近几年来，常常听到人们这样说："上海长高了。" 其实，所谓"长高了"，也就是出现了一大片鳞次栉比的高楼大厦，尤其是浦江两岸新崛起的摩天大楼群，其设计之大胆、气势之磅礴、风格之迥异，即使与纽约曼哈顿的建筑群比较起来，也难分轩轾！然而，在实际生活中感受到高层建筑的负面价值的人，却以鄙薄的口气称它们为"水泥森林"。且不说当今的高层建筑所引起的环境的"石化"，就是一般城市里砖石建筑的蔓延，也早已使德国敏感的历史学家施宾格勒陷入深深的忧惧之中。他认为，历史上不少种族的文明都源于生机盎然的乡村，但最后却毫无例外地在城市的“石化”环境中耗尽了自己的生命。斯宾格勒的忧惧也许并不适用于今天的生活，但淡化“石化”环境的压抑感，使建筑空间具有更浓重的人文气息，却是当代建筑师、设计师和管理者追求的重要理念。按照我的看法，建筑空间的人性化似乎还应考虑下面一些因素。

其一，中国建筑物的设计通常有一个未曾言明的前提，即所有的建筑空间都是提供给身体健康的成年人使用的。毋庸讳言，在一般情况下，身体健康的成年人总是使用各种建筑空间的主体，因此，建筑空间的设计充分考虑到他们的基本需要并没有什么错误。然而，如果彻底地贯彻人性化的理念，就必须考虑到人群中的“弱势群体”，如儿童、老年人，尤其是残疾人对建筑空间的使用。在西方国家，一般的公共建筑都设有残疾人的泊车专位、电话专位、厕所专位、电梯专位和其他相应的、必要的设施。平心而论，上海作为一个开放性的、国际化的都市，在城市生活，包括建筑如何人性化方面也学得很快，但细心的观光者一定会发现，在这方面也存在着许多盲点，有待于不断地改进并提升自己。

其二，在建筑空间中增加绿色景观是对的，但却大可不必走向另一个极端，即用绿色去驱逐并代替所有其他的颜色。否则，就难免有矫情和媚俗之嫌了。就像人们不喜欢“文化大革命”中的“红海洋”一样，他们也不会喜欢现在“绿海洋”。事实上，自然界本身并不限于绿色，它是五彩缤纷的，我们又何苦把自己囚禁在单纯的绿色调之中呢？我们应该根据不同的建筑空间的功能和美感来设计相应的色彩，切不可陷入绿色崇拜！

其三，归根到底，建筑空间及其设施不过是硬件，它们的人文内涵和信息是通过“软件”，即管理者自身的素养而传达出来的。假如管理者行为懒散，言语粗野，在为观光者服务的时候也是漫不经心的，再加上内部环境杂乱无章，那么最富于创意的建筑空间也会黯然失色。在这个意义上或许可以说，真正使建筑空间人性化的，还是这些空间的管理者。

教育新见

哲学教育三题议[1]

记得法国哲学家笛卡尔曾经说："……应当相信，一国文化和文明的发展，全视其国的哲学繁荣与否而定。一个国家如果生下了真正的哲学家，那乃是它的最大的特权。"[2] 尽管真正的哲学家寥若晨星，但他们的诞生却与一个国家的哲学教育状况有着莫大的关系。笔者认为，成功的哲学教育一定会调动各方面的资源，努力处理好以下三个方面的关系。

狭义的哲学教育与广义的哲学教育

我们这里说的"狭义的哲学教育"主要是指学校，尤其是大学教育中包含的哲学教育，"广义的哲学教育"除了学校里的哲学教育外，

① 原载《文汇报》，2007-02-11。

② 笛卡尔：《哲学原理》，4 页，北京，商务印书馆。

还包括社会上各种渠道的哲学教育，如来自家庭、朋友、社会学术团体、大众传媒、互联网等的哲学教育。比较起来，前者是学院化的，后者是社会化的；前者是系统性的，后者是分散性的；前者是理想主义的，后者是现实主义的。就最后一点差别而言，它常常使上面提到的这两种哲学教育方式处于冲突之中。比如，狭义的哲学教育总是把这样的理想灌输给学生，即哲学乃是追求真理的事业，而广义的哲学教育则通过现实生活中的许多个案启发受教育者：生活是错综复杂的，在有的情况下，如在“文化大革命”期间，不仅追求真理、坚持真理是非常困难的，甚至连讲真话也是十分危险的。

在这个意义上可以说，狭义的哲学教育与广义的哲学教育之间的关系也就是理想主义与现实主义的关系。如果人们在哲学教育中脱离现实生活，只谈学院化的“理想”，这样的哲学教育只能是苍白的。反之，如果人们在哲学教育中无原则地迎合现实生活，只考虑“适应”，不考虑“超越”，只赞同“媚俗”，不赞同“批判”，那就会牺牲哲学教育本身所蕴含的追求真理、追求独立思想的本性。这就启示我们，成功的哲学教育必须自觉地把狭义的哲学教育与广义的哲学教育、理想主义的哲学教育与现实主义的哲学教育有机地结合起来，两者不可偏废。

哲学教育阶段和目标的定位

就狭义的哲学教育来说，以往之所以收效不大，甚至引起人们的普遍厌倦的心理，归根到底，是因为人们没有对哲学教育的不同阶段和培养目标做出正确的定位。

我们知道，在目前的教育制度中，学生从高中阶段起开始学习哲学。进了大学后，假如他们选择了哲学专业，还要完成本科生、硕士生和博士生的学习阶段，其中一小部分人可能还会经历博士后的阶段。在这些不同的阶段上，哲学教育如何体现出差异，是一个极为重要的问题。我们认为，在高中阶段，哲学教育应该定位在如何引起高中生对哲学的兴趣上；在哲学本科生的阶段上，应该定位在如何使大学生成为哲学一级学科方面的通才；在哲学硕士生的阶段上，应该定位在如何使硕士生成为哲学下面的某个二级学科的通才；在哲学博士生的阶段上，应该定位在如何使博士生成为某个二级学科中的某个研究方向上的专才；在哲学博士后的阶段上，应该定位在如何使博士后成为某个二级学科中某个方向上的某个问题研究的尖端人才。总之，应该根据不同的阶段和学生的不同的年龄特征，对哲学教育的不同阶段做出相应的定位。

同时，也应该对哲学教育的培养目标做出明确的定位。人们以往总是受到如下的培养目标的影响，即希望能够培养出一大批富有创新思想的哲学家。其实，历史和实践一再证明，在哲学教育的受众中，能够成为真正的哲学家的永远是极少数人。事实上，绝大多数受到哲学教育的学生是缺乏天赋的，他们至多只能获得一定的哲学修养，却不可能在哲学研究的领域里获得创造性的成果。要言之，能够成为真正的哲学家的永远是极少数人。认识到这一点，就不会对哲学教育的培养目标寄于过高的期望，而会把这一过高的期望值降下来，做出正确的定位，从而使哲学教育的资源得到最合理的使用。

哲学教育中的科学精神和人文精神

我们这里说的“科学精神”主要是指蕴含在自然科学研究中的精神导向，如注重实验和观察、尊重事实、尊重自然规律、追求真理等；“人文精神”主要指蕴含在人文科学研究中的精神导向，如珍惜生命、维护人权、尊重人格、提倡民主、倡导公正、追求自由、保护弱势群体等。

众所周知，在当代生活中，自然科学及其应用性的成果——技术起着非常重要的作用，它们也给予当代的哲学教育以重大的影响。然而，在当代的哲学教育中，片面地贯彻科学精神是不够的，因为自然科学研究主要关注事实，不探索隐藏在事实中的价值。比如，就人体克隆来说，生命科学作为自然科学的分支之一，只探讨它是否可能以及何以可能的问题，但并不深入追问：假如人体克隆获得成功，它将给整个人类的生存和发展带来什么样的影响和后果。价值问题主要是人文科学探索的对象。由此可见，要使受教育者在思想观念上得到均衡的发展，就必须在科学精神和人文精神之间建立必要的张力，而这正是当代哲学教育无法回避的课题。综上所述，成功的哲学教育必须正确地处理好上述三方面的关系，以便最大限度地利用哲学教育方面的资源，为人类造福。

对“创造教育”的前提性反思①

“创造教育”是个大问题，人们可以从不同的角度出发对它进行探讨。本文探讨的角度不是“创造教育”本身，而是使其得以可能的一般前提。从表面上看，这一探讨角度似乎超出了讨论的范围，实际上却是从最本质的维度出发去接近问题本身。下面，我们将从四个不同的角度来阐发我们的见解。

1. 传承与创造

众所周知，教育本身蕴含着如下的悖论：一方面，教育的基本目的之一是使前人创造的文化传统得到后人的认同和继承；另一方面，教育总是激励后人怀疑、批判，乃至超越这一传统，从而进行新的创造。所以，在任何教育活动中都必须谨慎地处理好传承与创造的关系。美国著名科学哲学家托马斯·库恩（Thomas S. Kuhn）通过对科学史的深入考察，主张在以认同、继承传统为特征的“收敛式思维”（the convergent thinking）与以批判、超越传统为特征的“发散式思维”（the divergent thinking）之间建立“必要的张力”（The essential tension）。这一影响深

① 本文原载《中国教育报》，2000-11-15，《新华文摘》，2001（2）全文转载。

远的见解对于我们全面地理解教育的功能提供了重要的启发。它告诉我们，在任何教育活动中，必须保持好传承与创造之间的“生态平衡”，如果只讲创造，不讲传承，其结果只能导致文化激进主义或文化虚无主义的蔓延。

如何准确地看待传承与创造的关系呢？按照我们的观点，传承是创造的基础。因为任何创造活动都不能凭空进行。如果对前人已经表述过的观点一无所知，又如何超越前人，进行新的创造呢？新中国成立以来，由于政治运动频繁，文化传统屡屡被中断，学术规范屡屡遭到破坏。“文化大革命”后，教育事业刚开始复苏。在这样的背景下，发展教育，重要的不是空言“创造”，而是要认认真真地把国内和国外文化传统中有价值的东西接纳过来，扎扎实实地做好学术规范的制定和教育体制的改革工作，以便使我国的教育尽快与国际接轨。如果连传承方面的基础性工作还没有做好，就大谈特谈“创造教育”，岂不是在沙漠上建造高楼？当然，对创造要加以激励，但必须注意这种激励的适度性和时效性。

目前，当不少人都在奢谈“创造教育”的时候，我倒想泼一点冷水：千万不要以为进行创造就像从地上拔起一棵小草那么容易，千万不要使创造这个词成为一个无意义的词；应该对创造这个词有敬畏之心，应该充分认识创造性劳动之艰难。事实上，一个当代人，作为人类数千年文明成果的继承者和当代精神生活的参与者，即使要说出一句与古人和其他当代人完全不同的话，也是异常困难的，更不用说创造了。现在新闻传媒正在不断地炒作这样的概念，如“世纪之交”“千年之交”“跨世纪”“新世纪”“创造”“创新”等，实际上，以耶稣诞生为起点的纪年法，本来就是人自己制定出来的，又何必倒过来去膜拜它？难道所有伟大的历史事件和人类的全部创造活动都发生在世纪之交或千年之交？其实，世纪之交或千年之交的每一天都与其他的日子一样平淡无奇。因此，在我们看来，与其坐而论道，奢谈“创造教育”，不如切切实实地在教育改革中做几件实事，至少在全国范围内任何地方不要再拖欠教师的工资！

2. “为谁创造”和“创造什么”

如果人们撇开健康的道德观念，抽象地谈论“知识”，那么这种“知识”极有可能流于异端邪说或阴谋诡计；同样，如果人们撇开健康的政治观念和道德观念，抽象地谈论“创造”，那么这种“创造”也极易流于破坏和毁灭。

比创造更为根本的一个问题是：为谁创造？假定我们通过所谓“创造教育”培养了一批富有创造才能的“尖子”，而由于我们在科研条件、工资待遇、用人制度、人际关系处理等方面尚不尽人意，而这些在市场经济的背景下成长起来的“尖子”又较多地受到“赚钱”（make money）观念的影响，那么结果就会与我们的愿望相反，大部分“尖子”将流向国外，为他人去创造财富。我们教育制度的一个困境在于：我们能培养创造性的人才，但往往无法使用这些人才。诚然，我们也承认，有些创造性人才从国外学成归来，但一方面，毕竟已有一大批相当出色的人才永久性地居留在国外；另一方面，国内社会经济生活方面的任何动荡都会导致优秀人才的大量外流。所以，不采取各种措施解决好“为谁创造？”的问题，奢谈“创造教育”又有什么意义呢？

比创造更为根本的另一个问题是：创造什么？有人也许会认为，提出这个问题毫无意义，有不同创造专长的人自然会在不同的领域里创造不同的东西，这还用讨论？其实，这种流行的见解仍然是用抽象的方式来理解人类的创造活动。殊不知，人类创造活动的性质取决于它发自人类的何种本能。著名心理学家弗洛伊德（S. Freud）在他的名著《文明及其他的不满》（*Civilization And Its Discontents*）中指出，人类具有两种本能：一种是“生命的本能”（the instinct of life），在这种本能的支配下，人类的创造活动是沿着建设文明的方向展开的；另一种是“死亡的本能”（the instinct of death），也可称为“破坏的本能”（the instinct of destruction ）或“侵犯性的本能”（the aggressive instinct），在这种本能的驱使下，人类的创造活动表现为对文明的破坏和毁灭。所以，决不能落入抽象的幻觉中，以为只要创造都是好的。历史与实践一再告诉我们，象征破坏者的魔鬼靡菲斯特菲勒斯总是与象征建设者的浮士德博士做伴。众所周知，人们之所以把希特勒称为“邪恶的天才”，是因为他虽然有创造的才能，但却把这种才能运用到对人类文明的破坏中去了；我们也知道，在高科技发展的同时，“智能犯罪”的比率也在不断上升，这种犯罪方式的特点就是把创造性思维运用于非法的活动。试想，如果我们在教育中不注重正确的政治观念和道德观念的引导，不激励受教育者的“生命本能”，不遏制他们的“死亡本能”，抽象地谈论“创造教育”又会产生什么样的结果呢？

3. 培养“服从意识”，还是“独立意识”

毋庸讳言，任何真正的创造都是以怀疑、突破前人或同时代人的权威性见解为基础的，因此，在服从意识盛行的地方，特别是在对权威性见解顶礼膜拜的地方，创造思维和创造行为是不可能出现的。只有独立意识才是激励创造思维和创造行为的真正的土壤。然而，独立意识并不是等到受教育者成为成年人时才突然从外面灌输给他的，而应该从小就加以培养。在这个意义上，儿童教育的成功与否就成了真正的创造教育的前提。

可是，我们遗憾地发现，我们的儿童教育在这方面并不成功。在儿童教育中，无论是教师还是家长，都把“听话”“守规矩”和“文静”作为儿童的美德，而把“好提问或好提不同意见”“好动”和“顽皮”作为“坏儿童”的标准。在这种根深蒂固的服从意识的熏陶下，儿童都被修剪成一棵棵冬青树，看上去整整齐齐、文文静静。然而，这种倡导服从意识的教育方式却为外在形式而付出了沉重的代价，它从小就遏制了儿童的独立意识和创造旨趣，因为无数次的经验教训使他们形成了这样一种思维定式：每当他们听话和服从时，各种资源和奖励就会源源不断地涌向他们；每当他们试图独立地行动并坚持自己的见解时，各种惩罚措施就会落到他们的身上。在这种思维定式盛行的地方，“创造教育”又怎么发挥自己的作用呢?

在以培养服从意识为主导性动机的儿童教育模式中，必定会倡导一种同情弱者的道德观念，因为一般说来，弱者总是服从强者的。儿童接受的大部分寓言故事（或森林里的故事）都演绎着这样的主题——同情弱者（常常指弱小动物，如兔子、山羊等）和反对强者（常常指狼、鳄鱼等）。这种教育模式潜移默化地把这样的道德主题植入到每个儿童的心灵中，使他们长大以后形成另一种思维的定势，即站在弱者的立场上反对强者。因此，只要在他们的生活中出现一个强者，他们就会不择手段地把强者拉下来“烫平”。人们把这种思维和行为方式称之为“东方式的嫉妒”，其实这种嫉妒深深地植根于儿童教育之中，它敌视一切独立意识、竞争意识和创造意识。因此，不深入地反思并改革儿童教育模式，不完成从“服从意识”向“独立意识”为主导的教育思想的转变，“创造教育”就只是一句空话。

4.“因教施教”，还是“因材施教”

谁都不会否认，在教育活动中，教师是实施教育的主导性力量，而教师以什么样的方式施教，直接决定着“创造教育”的成败与否。

正如艺术上存在着“为艺术而艺术”的现象一样，在教育上也存在着“因教施教”的现象。所谓“因教施教”也就是为教育而教育，教师既然承担了教育工作，也就不得不实施这项工作。在这种理解方式中，职业上的考虑被置于中心的位置上，而其他动机，包括激励创造的动机在内，都被边缘化或搁置起来了。在“因教施教”现象的深层原因中起作用的乃是市场原则，即教师把教育理解为自己谋生的一种手段。诚然，现代教育无法回避这一点，但教师应该清醒地意识到，教育同时又是一种超越市场原则的活动，因为它的根本使命是培养人。事实上，只有当教师普遍地意识到教育具有超越市场经济的价值时，“创造教育”才具有可能性。

要充分认识教育活动的特殊性，就必须重新反思“教师是人类灵魂的工程师”这个流行的说法。在我们看来，与其说这个说法给了教师过多的荣誉，不如说是过多的耻辱。把人称为“螺丝钉”或“零件”，把社会活动称为“工程”，把教师称为“工程师”，这是科学主义在社会生活，特别是教育领域里的泛滥。其实，每个人，也包括所有受教育的人，都有自己的个性。教师应当根据他们的不同个性，实行“因材施教”。孔子的学生问老师什么是仁，孔子根据每个学生的不同特点，对仁的含义做出了不同的解释，这就是“因材施教”。只有“因材施教”，才可能激发起每个受教育者的创造性。如果每个教师都像“工程师”对待“零件”一样去对待受教育者，不但不可能激发起他们的创造热情，反而会把他们已经萌发的创造热情扼杀掉。所以，决不能说教师是人类灵魂的工程师，而应该说教师是人类灵魂的导师。

综上所述，我们应当淡化“创造教育”的意念，强化教育改革的理念。从实际情况出发，制订出切实可行的教育发展计划，强调德才兼备、因材施教的教育方针，批判地继承古今中外一切优秀的文化遗产，严格执行学术规范，从而真正激发起受教育者的创造热情。

未成年人思想道德教育的前提[①]

努力做好未成年人的思想道德教育工作，已经成为全社会的共识。问题的关键在于，如何才能做好这项工作？我们的看法是，这不是一个简单的、操作性的问题，而是一个前提性的理论问题。在通常的情况下，人们都习惯把未成年人作为思想道德教育的对象或受众，甚至把他们理解为可以任意摆弄的魔方。正是这种理解方式暗含着以往的教育方式必定会失败的根本性的原因。我们认为，人们在思想前提上必须有一个“哥白尼倒转”，即只有把未成年人理解为一个积极地行动着的主体，并努力使教育者的思想适合于受教育者的实际状况，这种教育才有可能达预期的效果。

① 本文原载《探索与争鸣》，2004（7），中国人民大学复印资料《思想政治教育》，2004（11）全文转载。

尊重未成年人的基本权利

在家长和中小学教师的眼光中，未成年人由于还未满18周岁，因而并不享有公民的独立的权利，他们只不过是监护的对象。在这里包含着一个致命的误解，即没有公民的独立的权利就等于什么权利也没有。这样理解显然是错误的。尽管未成年人应该在家长和中小学教师的监护下成长，但这并不意味着这些监护者有权利蔑视未成年人的生命权、人格尊严权和其他应有的权利。

然而，在实际生活中，未成年人的这些基本权利却常常得不到应有的尊重。比如，有的中小学教师在课堂上对一些学生进行侮辱性的体罚；也有的家长发现子女的成绩不够理想，就对他们进行有辱人格的责问和训斥。更为普遍地存在着的现象是：无论是中小学的教师，还是未成年人的父母，在对有关未成年人的问题做出任何决定之前，几乎很少去倾听他们的意见和建议。在这里，我们一再发现，教育者和受教育者、监护人和受监护人之间并不是平权的。事实上，只要这种不平等的关系仍然存在着，只要教育者或监护人还不懂得应该去尊重未成年人所拥有的基本权利，不管人们进行何种思想道德的教育，都不会获得有效的结果。众所周知，在西方国家的法律环境中，任何家长或教师对未成年人进行谩骂或体罚，都会失去监护人或教育者的资格，甚至受到法律的惩处。

在我们看来，只有坚定不移地维护未成年人应有的基本权利，思想道德教育才有可能收到预期的效果。否则，就只会强化监护人和受监护人、教育者和受教育者之间的不平等关系。

尊重未成年人的兴趣爱好

常言道：兴趣爱好是最好的老师。实际上，兴趣爱好也是通向创造性思维的桥梁。很难理解，如果一个人对他自己学习或研究的对象毫无兴趣，竟能获得巨大的成功。虽然未成年人的创造性思维和能力还有待训练和提高，但像爱护自己的眼睛一样地爱护和尊重未成年人的兴趣爱好，应该成为家长和中小学教师的行为准则。

然而，在现实生活中，由于应试教育制度和社会评价系统的误导，无论是家长，还是中小学的教师，都把考进重点中学和大学作为自己全部思维方式和行为方式的出发点。于是，他们对未成年人的兴趣爱好常常简单地加以否定，甚至粗暴地加以践踏。比如，有些未成年人对人文社会科学感兴趣，但在家长的逼迫下或教师的诱导下，只好放弃自己的兴趣，去报考自己并不怎么喜欢的专业。又如，有些未成年人希望利用周末和节假日来发展自己的兴趣，但望子成龙十分心切的家长却强令他们去听各种辅导课或做各种模拟考试的试题，以致有的未成年人不无感伤地说："我们没有童年，也没有过去。"事实上，当他们长大以后，除了回忆起未成年时拼命做试题和参加各种考试外，不再有任何富于童趣的回忆了。他们仿佛生下来就成了成年人，所谓"未成年人"，对于他们来说，只是一个无意义的、遥远的符号。

诚然，我们也承认，未成年人的兴趣爱好有时候并不是十分确定的，它们具有一定的可塑性，然而，尊重并准确地引导他们的兴趣爱好，却是家长和中小学教师义不容辞的责任。事实上，任何思想道德教育只有以尊重未成年人的合理的兴趣爱好为前提，才有可能收到事半功倍的效果。

尊重未成年人的生理特征和心理特征

与成年人比较起来，未成年人无论在生理上，还是心理上都有自己的特点。以往的思想道德教育由于对成年人与未成年人之间在生理上和心理上的差异没有进行充分的考虑，因而对未成年人的教育常常达不到预期有效果，甚至还造成了一定的负面的影响。

正如我们在前面已经指出的那样，由于应试教育制度和社会评价系统的误导，家长和中小学的教师都把未成年人考取重点中学和大学看作至高无上的目标，为了达到这样的目标，他们不但把“德智体全面发展”的教育方针偷偷地改变为“智片面发展”的教育方针，而且完全不顾未成年人生理上和心理上的承受力，给他们施加种种精神上、肉体上的压力，甚至无情地剥夺了他们的休息时间，强迫他们无休止地做辅导作业和模拟试题。以致有的未成年竟以逃学、自杀，甚至杀害父母的方式进行对抗。

更令人感到震撼的是，所有这些不顾未成年人的生理特征和心理特征的做法都是以家长和中小学教师的“善良的愿望”为出发点的。然而，这些自以为有着“善良的愿望”的成年人应该记住：一方面，正如西方的谚语所说的，“通向地狱去的道路往往是用善良的愿望铺成的”；另一方面，这种所谓“善良的愿望”实际上正是家长和中小学教师的虚荣心。希望自己的孩子或学生考取重点中学或大学，为自己挣面子，正是这些成年人的隐蔽的动机。事实上，任何思想道德教育如果不充分考虑到未成年人的生理特征和心理特征，都难以取得有效的结果。

综上所述，只有先行地澄明思想前提，坚定不移地维护和尊重未成年人的基本权利、兴趣爱好和生理、心理上的特征，思想道德教育才会真正地被未成年人所接受。

未成年人的法制教育和道德教育

在科学发展观的指引下，促进未成年人的全面发展，是我们这个时代赋予成年人的一项重大的历史使命。这里说的“科学发展观”是指：无论是家庭、学校，还是社会，在制订未成年人的发展蓝图时，都应该从实际出发，做到以下四个“充分考虑”：一是充分考虑未成年人的身心特点和接受能力；二是充分考虑市场经济对未成年人的基本价值导向；三是充分考虑计算机和互联网对未成年人的日常生活的影响；四是充分考虑我国目前的相关法律条文对未成年人的行为可能产生的约束力。这里说的“未成年人的全面发展”是指：未成年人应该在德、智、体三方面综合发展。在应试教育的语境中，“智”的发展自然而然会受重视，我们这里不讨论；就“德”（主要由思想教育、法制教育和道德教育三方面构成）和“体”而言，虽然相对地受到忽视，但比较起来，最受忽视的是“德”育中的法制教育和道德教育，似乎形成了未成年人全面发展的瓶颈。所以，我今天主要谈未成年人的法制教育和道德教育的问题。

一方面，我们应当利用各种方式，加强对未成年人的基础性的法制教育。我这里说的“基础性的法制教育”主要指：第一，从相关的法律条文出发，把未成年人的可能的行为分为两大类，即“合法的”和“非法的”，教育未成年人在实施任何行为之前，必须先思考，自己的行为是合法的，还是非法的，教育他们只能实施合法性行为；第二，确立未成年人的人格尊严。不仅家长、教师和社会要尊重每个未成年人的人格，不能用体罚、有辱人格的指责性言辞或其他任何粗暴的方式对待他们，而且也应充分尊重他们自己的兴趣和爱好。同时，教育他们相互尊重人格，包括尊重师长、家长、朋友等；第三，重视对未成年人进行交通法规方面的教育。交通法规是约束每一个人行为的最基本的法规。我们无法设想，一个随时会违反交通规则的人可能会严格地遵守其他法规。作为优秀演员，牛振华的突然去世使我们感到惋惜，但造成他英年早逝的原因——酒后驾车却表明他的法律意识又是何等的淡薄。

另一方面，我们也应当利用各种机会，加强对未成年人的基础性的道德教育。我这里说的“基础性的道德教育”主要指：第一，教育并培养未成年人的求真精神。所谓“求真精神”包含着以下三方面的内容：一是讲真话；二是追求真理；三是为人真诚。这三方面的内容应当成为未成年人道德教育中的根本的要求。试想，假如一个未成年人已经满嘴谎话，我们还能指望他成年后有志于真理之追求并与他人真诚地相处吗？第二，教育并培养未成年人的“求信意识”。所谓“求信意识”也包含着以下三方面有内容：一是维护信念或理想；二是保持信任；三是讲究信用。众所周知，中国古人已经倡言：“人无信不立”，假如一个未成年人没有任何确定的信念或理想（请读一下马克思在17岁那年写下的《青年在选择职业时的考虑》一文），假如别人对他或他对别人都缺乏任何信任感，假如他在日常生活，尤其是经济生活中没有任何信用观念，那么，他怎么可能作为一个真正的人挺立在世界上，并与他人和谐地相处呢？第三，教育并培养未成年人遵守社会公德。这也是他们今后作为成年人走向社会的必要的道德意识上的准备。

最后，我们还想强调一点，即未成年人法制教育和道德教育成败的关键系于成年人。这不但是因为未成年人的教育方案是由成年人来制定的，而且因为未成年人通常是以成年人的行为方式作为自己的榜样的。所以，“打铁先得自身硬”，成年人应该先对自己的行为方式，即肢体语言进行深刻的反省，并把它们提高到足以对未成年人产生积极的、有效引导的高度上。

知人之明与自知之明[①]

对于教师，尤其是担任班主任工作的教师来说，要做到因材施教，首先就需要有知人之明。事实上，每个学生都有自己的个性，教师只有把握他们在个性上的差异，才能有效地进行教育。孔子的学生向老师请教什么是“仁”，孔子并没有做出同样的答复，而是根据每个学生的不同个性，有侧重地阐明了“仁”的含义。在这个意义上可以说，只有知人，才能有效地施教。

其次，教师对学生的评价应该实事求是。那位班主任老师写评语的出发点也许是好的，但在用词上未免有绝对化的倾向。如“原本你可以学得很好”中的“很好”，“处处落后于班级同学”中的“处处”，“下学期在老师、同学面前出现一个全新的你”中的“全新”，都有绝

① 本文原来的标题为“老师应有知人之明”，原载《文汇报》，2000-11-14。

对化之嫌。所以，那位学生在信中以自己在“吹竖笛”“写小诗”“主持主题班会”等方面的不平凡的表现，来反驳班主任老师对他所下的“处处落后于班级同学”的评语。

最后，教师不应该以成年人的标准去要求学生。那位班主任老师在评语中把“好动”作为那位学生“处处落后”的根本原因，显然是不妥的。实际上，除了医学上所讲的“多动症”，学生，特别是小学生一般都是好动的，要他们像成年人一样整天静静地坐在那里，本来就是不可能的。何况，也不能笼统地说“好动”一定是错的。倒是那位学生对“好动”这个词的含义做了明确的限定，即“我有时上课爱做小动作”。但令人担忧的是他在信中写下的最后一句话：“我一定要多加努力，改正缺点，做一个像成年人一样的小学生。”如果小学生都“像成年人一样”，这样的教育是成功的吗？

此外，学生，尤其是小学生，希望老师对他们的优缺点做出实事求是的评价，完全是正当的。况且，现在学生的一个特点是有较强的权利意识和希望自己得到他人认可的“承认意识”。但在这样的特点中，也潜伏着一种不健康的倾向，即缺乏自知之明。

那位学生自诩有不少“闪光点”，自夸吹竖笛的水平“在班级中是数一数二的”，甚至以“小天鹅”自居；另一位小学生写《我爱我的十种理由》，特别是第三条“我诚实”、第四条“我善良”、第六条“我好学”、第九条“我创新”等，完全看不到自己的缺点，不免给人留下傲慢无知的印象。这种傲慢由于年龄小而显得更为触目。

当然，我们不能要求小学生就完全做到有“自知之明”，但至少教师和家长应该诱导他们正确地看待自己，本着“有则改之，无则加勉”的精神，虚心地接受他人（包括老师）的批评。

缩短两代人之间的心理距离[①]

按理说，父母和子女共处于一个家庭空间之中，他们的心理距离应当是最近的，但读了近日来《文汇报》发表的“我对父母无话可说”等四篇文章后，我们却得出了相反的结论。我们发现，在父母和就学的子女，尤其是学习成绩中等或较差的子女之间，存在着很大的心理距离。这种心理距离使父母和子女之间在精神上的沟通变得十分困难，从而不仅使成长中的青少年的身心健康受到严重的损害，而且极有可能酿成一系列的家庭悲剧和社会悲剧。这个问题应该引起全社会的热切关注。

那么，如何缩短父母和子女之间的心理距离呢？必须看到，在父母和子女的关系上，父母通常是主导性的方面。也就是说，只有当父

① 本文原来的标题为“缩短与子女之间的心理距离”，原载《文汇报》，2001-12-12。

母深刻地反思自己的思维方式和行为方式，主动地、平等地与子女进行沟通时，这种心理上的距离和对立才会渐渐地消除。我们认为，父母至少应当在以下三个方面做出自己的努力。

遏制自己的虚荣心

乍看起来，父母督促自己的小孩努力读书，都是为了使他们今后能够有一个良好的发展前景。事实上，不少家长在批评、责怪自己的小孩时，也大多是以此为理由的。然而，大量的心理分析的结果表明，当父母责怪自己的小孩不争气的时候，还有一个非常重要的原因没有说出来，甚至不少父母还没有意识到这一点。这就是父母的虚荣心。我们知道，做父母的在左邻右舍和单位里都会有一些十分熟悉的同龄人，大家都有子女，因此一定会相互攀比。假如自己小孩的成绩十分优秀，父母就会沾沾自喜地谈他们；反之，假如自己小孩的成绩很差，父母就会觉得自己很失面子、很失败。因此，当他们回到家里时，往往会找出种种理由，对孩子进行惩罚。他们在责怪，甚至打骂自己的孩子时，往往是从为孩子将来好这样的合理的理由出发的，他们也深信自己正是这么想的，实际上，他们不愿意看到，甚至也不愿意想到，他们惩罚小孩的真正出发点乃是自己的虚荣心。只有无条件地遏制这种虚荣心，父母才能正确地对待自己的孩子。

降低过高的期望值

许多观察和调查表明，现在的父母对自己的子女的期望值普遍地存在着过高的现象。一方面，日趋激烈的市场竞争使父母本身的心理负担不断加重，尤其是当他们渐渐失去年龄上和学识上的优势，不幸成为竞争的失败者的时候，往往会自觉或不自觉地把家道中兴的重任转移到子女的身上去，从而形成对子女的很高的期望值。另一方面，绝大多数的子女都是独生子女，也就是说，没有兄弟姐妹能够分担他们所承受的心理压力。这双重的因素使父母的期望值和子女的心理压力都居高不下，甚至达到了临界点。

毋庸讳言，父母应该把这种过高的期望值降下来，应该清醒地意识到，在任何社会中，特别优秀的、杰出的人才永远是极少数，认为自己的子女必定属于这个“极少数”的行列，并以此来要求他们，是没有理由的；同样地，认为自己的子女应该无条件地模仿少数杰出的青少年的行事方式，也是缺乏理据的。父母应该从子女的实际情况出发，抛弃“拔苗助长”的观念，形成“以平常心对平常事”的心境和思路，从而确立起适度的期望值。父母一旦把不切实际的、过高的期望值降下来，化解了“恨铁不成钢”式的怨恨，他们和子女之间的情绪就不会对立起来，心理上的距离也就被缩短了。

放下家长的架子

在许多父母的教育理念中，隐藏着这样的思维定式，即自己是子女的监护人，因而有权对子女下命令，进行训斥或羞辱。文化素养比较差的父母甚至经常把“你真笨”“你没有希望了”“你给我滚出去”这样的口头禅挂在嘴上，从而严重地损伤了子女的自尊心和自信心。如果我们从更宽泛的意义上来理解“虐待”这个词，这难道不是一种心理上的虐待行为吗？事实上，父母是无权以这样的方式对待自己的子女的。从法律上看，虽然他们抚养子女，从而拥有对子女的监护权，但是他们同时也必须尊重子女的人格和自尊心。

父母们必须清醒地意识到，在人格和自尊心上，他们与子女之间完全是平等的，因此，他们决不应该居高临下地训斥或羞辱自己的子女，而应该放下自己的架子，以朋友的方式，和子女展开平等的对话。在这样的对话中，父母应该确立起自己的“听德”，即耐心地倾听子女的言说和倾诉；也应该学会“换位思考”，即不要把成年人的年龄特征和思考方式强加给子女，而应该从子女的年龄特征和思考方式出发去想问题，从而对子女的思维和行为获得一种“同情的理解”。不言而喻，如果在父母和子女之间经常能开展这样的对话，那两代人之间的关系就会变得非常融洽。

语文教学的形式化倾向[①]

随着对外开放和文化交流的发展，西方的教学理论，尤其是考试方式，正潜移默化地影响着我国的教育事业，尤其是中学语文教学工作的开展。众所周知，西方的托福考试是一种高度形式化的考试，考生只要在可供选择的答案——ABCD中打勾就行了。这种考试方式的优点是：一方面，由于其高度的形式化和规范化，老师批阅卷子比较容易；另一方面，学生通过这样的考试也比较容易搞清楚语法上的细微差别，如词组的固定搭配、某些词的习惯性的使用方式等。这种考试方式从20世纪70年代末传入后，国内各学科的考试都纷纷起来模仿。不用说，中学语文教学也深受其影响。

然而，人们显然忘记了，汉语与西语之间存在着重大的差别：前者是拼音文字，后者则

① 本文原载《新民晚报》，1995-09-11。

是图画形的文字，具有象声、象形、指意等各种特征，因而也具有丰富的人文内涵。毋庸讳言，把汉语像西语一样做高度形式化的处理必定会导致其人文内涵的失落。另外，这种考试方式极易使学生把注意力集中到汉语语法的某些细节上，如某些词在用法上的多样性、不同的修辞手法等，使学生把相当一部分的精力投入到对历届托福式的考试试题的研究中，牛角尖越钻越深，从而导致如下的结果。

一是邯郸学步，反而连路也不会走了。不少学生把注意力放到语法上，他们甚至能够把汉语语法上的某些细节讲得头头是道，甚至连大学教授也自愧不如。然而，他们只要一落笔，便感到脑袋里一片空白，什么东西都写不出来。即使有东西写出来，也是破句连着破句，难以卒读。

二是关注细节，失了全局。出于形式化考试的需要，教师在教学中讲解课文时，常常把学生的注意力引向语法细节和表达的技巧，忽略了把整篇课文所要表达的精神传递给学生，从而使学生的兴趣集中在边缘化的形式和技巧上，在感情上缺乏对所学的课文的总体精神的沟通、把握和认同。结果是捡了芝麻，丢了西瓜，最需要学的东西反而没有学到。这正如俄国寓言家克雷洛夫笔下的“参观者”，当他参观了动物园后，津津乐道地与别人谈论动物园里的各种小动物，甚至包括细小的蠓虫，但当别人问他是否见到动物园里的大象时，他竟回答说没有见到！

三是留意于写作的框架和技巧，忽略了对实际生活的观察和体验。在诸如《母爱》《责任》这样的语文考题中，为什么学生写出来的作文几乎都是大同小异的？因为他们的头脑都被一些来自范文的框架和形式束缚住了，他们把写作变成了用先验的框架去套题目的形式化的游戏，而不再细心地去观察和思考周围的生活。这样一来，他们写出来的东西自然也就缺乏真诚的感情的流露，缺乏感染人、打动人、激起他人共鸣的力量，而只是给人一种隔靴搔痒、矫揉造作的感觉。

总之，只有深入地反思这种形式化教学方式和考试方式的种种弊端，淡化形式和技巧，重视内涵和精神，我们的语文教学才会出现新的转机。

邯郸学步与语文教学[①]

在《庄子·秋水》中，有一个“邯郸学步”的有趣故事。说的是燕国少年到赵国的国都邯郸去学习、模仿赵国人如何走路。结果，不但没有学会赵国人走路的方式，反倒把燕国人走路的方式也忘了。于是，只能“匍匐而归”了。尽管这个故事有点夸张，我们却可以悟出个中真理，即只注重外在形式上的模仿的学习是不会有什么效果的。从这个有趣的故事，联想到当前中学语文教学的失误，不免感慨系之。

众所周知，中学语文教学是基础教育的重要内容之一。虽然传统的语文教学深受传统意识形态的影响，但在一般情况下，学生只要小学（亦即高小）毕业，就能用流利的汉语来书写日常生活中的各种不同的文体了。然而，当前的中学生之于语文教学，却颇有“邯郸学步”

① 本文原载《现代教育报》，2005-02-25。

的味道。他们记住了一大堆形式化的、无用的东西，而对日常生活中常用文体的写作，比如写信、拟通知、起草申请报告、撰写理论文章等，却茫然无知。更令人难以相信的是，中学语文教学的失误影响深远，以至于有的博士生撰写论文竟然不知道如何准确地使用标点和分段，也不知道如何区分“的”“得”“地”，甚至无法用流利的汉语句子来表达自己的思想。这样看来，语文教学的失误和“邯郸学步”的结果实在没有什么区别。那么，中学语文教学作为基础教育的重要内容之一，为什么会陷入困境呢?

首先，应试教育作为教育领域里的根本性的制度安排，决定了中学语文教学的根本目的是在各类考试，尤其是升学考试（其中最重要的是初中升高中、高中升大学的考试）中获得高分。既然中学语文教学完全是围绕考试而旋转的，它就必定会把自己的主要精力放在对最简便的、最容易批改分数的考试形式的设计上。所以，“文化大革命”后，自从TOFEL、GRE这样注重量化的考试方式传入后，很快就成为中学语文考试的标准化的形式。但能对这样的考试形式应付裕如的人，并不表明他们真正弄懂了语文教学中教师讲授的种种内容，也并不表明他们实际上具备了卓越的表达能力和写作能力。

其次，正是应试教育制度把考分和高升学率作为检验任何教学活动是否成功的唯一标准。这就造成了中学语文教学内容与实际生活需要之间的严重脱节。一个在中学语文考试中总是如鱼得水、获得高分的学生，也许能够背出十余种不同的修辞手法，但他唯一的缺点是不会写文章，不会准确地表达自己的思想。所以，在这样的教学基础上，产生以下种种怪事：本科生不了解求职申请怎么写、硕士生不知道感谢信怎么起草、博士生不懂得调查报告如何撰写等。

最后，也正是应试教育制度从根本上改变了学生们的学习动机，从而也改变了他们学习中学语文知识的动机。如果说，中学语文教师的权威取决于他猜考题准不准的话，那么，中学生的聪明则取决于他是否善于考试，是否经常能够在各类考试中取得高分。在这样的环境下，“如何学语文知识”变质为“如何学考语文知识”，只要考试得了高分，就一切都好。这种流行的评价方式遮蔽了中学语文教学质量的急剧退化和总体上的失误。一言以蔽之，中学语文教学就像“邯郸学步”。乍看起来，教师教得轰轰烈烈，学生学得手忙脚乱。实际上，学生不但没有弄清语文这门基础课的真谛，反倒把原来已经学到的东西忘得干干净净了。

那么，中学语文教学如何走出自己的困境呢？笔者认为，从总体上看，中学语文教学应该注重教学的实质，而不是在教学形式和考试形式上做文章。

第一，应该重新反思中学语文教学与实际生活之间的关系。也就是说，语文教学的目的不是为了使中学生在考试中获得高分，而是为了使他们掌握实际生活中经常要使用的各种文体及其写作方法。总而言之，中学语文教学的内容必须在实际生活中有用，教学必须为生活服务。如果语文学习变成了“邯郸学步”，那又有什么意义呢？

第二，应该把中学语文教学理解为继承优秀传统文化遗产的基本途径之一。所以，在中学语文教学中，应该充分考虑到中学生记忆力突出的生理特征，要求他们背诵历代文选中的优秀作品，不一定要求理解每个字，只要掌握这些作品的大意就可以了。通过这样的教学方式，传统文化就在中学生的心灵中扎下了根基。

第三，培养中学生在语文方面的改错功能。如果把一篇满是错误的文章给一位中学生，他能把全部错误都发现并加以改正，表明他已经具有一定的语文方面的素质。

综上所述，中学语文教学应该改弦更张，从而从根本上提升中学生的语文水平，提升中国基础教育的综合水平。

语文教学必须改弦更张①

经常听到用人单位反映，有些大学毕业生的文字能力太差。其实，何止大学毕业生，在硕士生、博士生中间，文字能力很棒的也不多见。有的博士生甚至连“的”“得”“地”这三个字怎么使用也分不清楚，文本中的破句和错句就更多了。众所周知，虽然传统的语文教学并不完善，但一般的小学毕业生在文字表达上已经有相当的基础。对比之下，为什么今天的语文教学效果如此之差？值得我们加以深思。

据我们所知，当今的语文教学之所以收效甚微，与不断地被强化的应试教育制度有着千丝万缕的联系。一旦教语文和学语文的第一动机都是为了使学生在相应的语文考试中获得高分，而不是为了在日常生活中准确地、有效地

① 本文原来的标题为“逐步淡化‘应试教育’的语境”，原载《现代教育报》，2005-02-25。

使用语言，于是，对于教师来说，如何按照西方国家首创的 TOFEL、GRE 等考试方式，使语文考题形式化、使答案标准化，就成了他们追求的目标。而为了达到这个目标，把语法作为主要的考查对象是最省事的，也是最易于出考卷和批阅考卷的。对于学生来说，既然学习语文知识的目的是为了考好这门课，所以他们感兴趣的只是做历年来的语文考题和猜测考题。这样一来，能否准确地猜测和解答语文考题，竟成了评价语文教师和学习语文的学生是否优秀的唯一标准。至于究竟如何在日常生活中准确地运用语言知识，反倒成了一个边缘化的、无足轻重的问题。正是应试教育制度所造成的这种颠倒，产生了我们上面提到的种种怪现象。

显然，要真正地提高学生的语文水平，就必须深入地反省以应试教育制度为核心的教学思路，确立以提高素质和实际使用为中心的语文教学的新思路。在我们看来，这一新思路主要体现在以下三个关键性的措施中。

第一个措施是，在小学和中学的语文教学中，引导学生熟读乃至背诵历代文选中最有代表性的范文。由于受年龄的限制，有些小学生和中学生也许还不能完全地理解这些范文的含义，但在我们看来，这没有什么关系。随着年龄的逐渐增长，他们会越来越深入地理解这些范文的内容的。重要的是，通过对这些范文的阅读和熟记，学生们自觉地认同并继承了中华民族悠久的文化传统。至于大学生和研究生，应该引导他们深入阅读孔、孟、老、庄等经典作家的代表性的文本，以提升他们的文化素质。古人说：“读破万卷书，下笔如有神。”学生们与历代文选的对话越深入，他们在语文学习方面的基础就越扎实。不用说，这个措施之所以特别重要，是因为它的立足点不仅是提高学生的语文知识和文字能力，更重要的是，使学生自觉地与中华民族的优秀文化传统认同，从而在语文学习中始终站在制高点上，而不坠落下来。

第二个措施是，从小学语文教学开始，一直到中学和大学，采用由易到难的方式，使学生逐步掌握日常生活中经常会遭遇到的、各种实用文体的写作。如字条、借条、收条、启事、通知、书信（包括求职信、感谢信、申诉信等）、电报、总结、投诉、诉状、小说、诗、歌曲、申请书、调查报告、理论文章、新闻报道、报告文学等。总之，应该从各种不同的实用文体中遴选出优秀的文本，编写出相应的教材和范例，使学生掌握的语文知识能在实际生活中得到准确的、有效的使用。这一措施之所以重要，因为它涉及语文教学的根本目的究竟是什么的问题。也就是说，语文教学的根本目的不是为了在相应的考试中获得高分，而是为了普遍地提高学生的语文素质和文字能力，以便在实际生活中准确地、有效地使用相应的语文知识。毋庸讳言，在语文学习中，掌握一定的语法知识是必要的，但更为重要的是，让学生了解和掌握各种实用文体，语法教学应该渗透于实用文体的教学之中。实际上，与实用文体分离开来，孤立地、抽象地对学生讲解语法是无意义的。这就像黑格尔在批判康德时所指出的，在岸上学游泳是学不会的，应该在游泳中学习游泳。

第三个措施是，在语文教学的整个过程中，始终不忘记培养学生具备识别错误的能力。我们这里说的“识别错误的能力”，是指学生在阅读任何一种汉语文本时，能够迅速识别它在文体、语法、句法、段落、用字和中心思想等方面可能存在的问题或错误。人们通常也把这种能力称之为“编辑功能”，即把一篇满是错误的文本交给一个学生，他能迅速地识别出其中存在的种种问题或错误，并提出相应的修改意见。这个措施之所以重要，因为它是考查学生是否真正地掌握语文知识、是否能准确地使用这些知识的基本标准。

综上所述，我们应该淡化应试教育制度对语文教学的影响，认真借鉴传统语文教学中的成功因素，把提高素质和培养实际使用能力理解为语文教学的首要动机。事实上，也只有把目的和动机端正了，才能培养出文化素质高、文字能力强的毕业生，把中华文化代代不息地传承下去。

"学历史"，还是"学考历史"[①]

不久前，笔者赴外地去参加一个学术活动，邀请单位安排与会者去参观"文化大革命"中留下的一处遗址。在观看图片展时，一位同去的人文学科的女研究生，指着华国锋的彩色照片，充满好奇地问我："他是谁?"我虽然尽我所能地回答了她的问题，但那件事却一直深深地印在我的脑海里，赶不走，也抹不掉。

使我感到震惊的是，从"文化大革命"结束到现在，不过二十多年，不少青年人就已经把那段往事遗忘了，甚至连当时叱咤风云的华国锋是什么人也搞不清楚了。平心而论，中华民族是一个有强烈的历史意识的民族，前人为我们留下的汗牛充栋的历史著作就是一个明证。然而，在今天，为什么青年人的历史意识竟变得如此之淡薄？他们不但对古代历史缺乏应有

① 本文原载《文汇报》，2002-07-30。

的了解，甚至对刚刚发生过的历史事件也缺乏足够的知识。这种历史意识空前淡漠的现象究竟是什么原因造成的？在思考这个问题时，我自然而然地联想起中学里的历史教育。实际上，在青少年的历史意识的确立和历史知识的积累上，中学里的历史课起着奠基性的、举足轻重的作用。

为了解开心中的疑惑，我有意识地调查和询问了一些中学生，终于找到了谜底。众所周知，大约从20世纪八九十年代开始，中学里的历史考试也像英文考试一样，普遍地采取了托福试题的方式。毋庸讳言，这种高度形式化的考试方式十分有利于老师确定标准答案和快速地批阅试卷，但采用这种方式付出的代价也是十分高昂的，因为它把充满情趣和智慧的历史教育变为枯燥无味的"记忆测试"，没有为培植学生的历史兴趣和激励学生的自由思考留下任何空间。于是，在占支配地位的应试教育的话语框架中，学生"学历史"的热情和兴趣荡然无存了，剩下来的、唯一能引起兴趣的事情是：在历史考试中如何获得高分。也就是说，"学历史"实际上已经转化为"学考历史"。所谓"学考历史"，也就是说，学习历史的全部目的就是为了通过历史考试。考试就是一切，其他都是微不足道的！

正是这种转变使下面的现象得以发生：中学生们普遍地视历史课为"沉重的十字架"，为了通过考试并取得高分，他们能做的事情就是：或者把同学中记得最认真的笔记本借过来抄，在某些学校里甚至发生了优秀生的笔记本常常被偷的怪事；或者在历史考试前按照考试的要求死记硬背。考试一结束，考过的内容就被彻底忘记，而刚刚用过的历史教科书几乎不会被任何一个中学生珍藏起来，它们或者被馈赠给低年级的学生，或者流向废品回收站。

无论是对上历史课的教师来说，还是对中学生来说，唯一重要的是在记分栏里留下来的那个抽象的阿拉伯数字——考分，它是一个性命攸关的数字，部分地决定着学生总成绩在年级里的排名，也在一定程度上关联着历史课教师的声誉和职称的晋升。除此之外，如果还留下什么的话，那就是中学生对历史课的厌倦。仿佛给中学生开设历史课，目的就是为了使他们永远失去对历史的任何兴趣和激情。这种“历史厌倦症”的蔓延使当代中国青年人变得如此肤浅，以致他们的全部存在就在他们的皮肤上，甚至也不是皮肤上，而是在服装上！

记得一位法国学者曾经说过这样一句名言：Everything is history（一切都是历史）。确实，历史是涵盖一切的。对于一个民族来说，忘记过去，也就意味着不能正确地迈向未来；对于任何个人来说，如果他缺乏必要的历史意识和历史知识方面的深厚的学养，他就会失去自己的文化之根，变成无根的浮萍。从互联网上，我们经常可以找到关于年轻的明星们的一些笑料，如炒得沸沸扬扬的“军旗装事件”、不知“卢沟桥事变”为何物等。这些笑料在相当程度上印证了中学历史教育的某种失败。

我觉得，我们有必要对整个应试教育制度，尤其是对中学历史教育中存在的流弊进行深入的反思。我们必须明白，重要的不是考分，不是记住历史上那些泡沫化的、失去了任何意义的“死东西”，而是激发起学生学习历史的责任、兴趣和热情，而是引导学生关注历史上的“活东西”，即那些对当代生活有实质性意义的内容。与此同时，我们也应该编写出真正适合于中学生年龄特征的、易于为他们所接受的历史教科书。这样的教科书应该熔凝重与情趣为一炉，集知识与智慧为一体，真正能开启学生的历史兴趣，从而使历史课不再成为中学生的负担，而是成为他们的心灵自由漫游的热土。

高考：真实与梦幻交响乐[①]

像往年一样，1966 年的初夏，对于高三毕业班的学生说来，是充满期待、挑战与焦虑的。我曾经就读的光明中学坐落在淮海路、人民路交接的地方。虽然这里是闹市中心，但在这幢外观优雅的法式建筑里，高三年级的学生们的心却全系在走廊上张贴着的、全国各地高校的招生启事上。作为 66 届高中毕业生，尽管我对哲学已有了一定的兴趣，但我并不想报考哲学系，我的志愿是报考医科大学，因为家里的经济情况使我不得不做出这样的选择。我有一个姐姐、三个弟弟，都在读书，姐姐已在华东纺织工学院就读，我的母亲操持着家务，全靠父亲的工资养活全家。作为大儿子，我希望早一点走上工作岗位，以缓解父母的经济压力。然而，这个高考的梦刚开始做，就像肥皂泡一样

① 本文原载《社会观察》，2007（4）。

破灭了。史无前例的“文化大革命”开始了，全国所有的大学都停止了招生，命运似乎已经永远把我们阻隔在大学的围墙之外了。还会有奇迹发生吗?

1968 年 9 月，在经历了“文化大革命”造成的最初的无政府主义状态后，我们终于离开了学校，走上了工作岗位。在“四个面向”（面向边疆、面向农村、面向工厂、面向基层）的热潮中，班里不少同学报名去黑龙江支援边疆建设。我没有报名，因为我不愿给父母造成更大的经济负担。幸运的是，我被分配到上海电力建设公司第一工程处，成了一名电力设备安装工人。进入单位才一个月，我就被安排到四川渡口，参加 502 电站的建设。那个地方真远，坐两天火车到重庆后，还得再坐三天汽车才到达渡口。作为电力建设工人，我们住的是用芦苇席编织起来的临时宿舍，吃的是从外面运进来的一捆捆海带，很少尝到新鲜的蔬菜。当然，更难吃到猪肉和鲜鱼。生活条件非常艰苦，但对我们这些年轻人来说，更可怕的是精神生活的贫乏，我们似乎被放逐到世界外面去了。除了《渡口日报》，这里几乎见不到任何其他的报纸，见不到像样的图书，当然更谈不上图书馆了。于是，我只好一遍遍地“啃”自己带去的《新华字典》。有一次，当我从一位朋友那里借到《康熙字典》时，兴奋极了。我怎么也想不到，正是对这些字典的阅读，使我对文字学，以及文学产生了浓厚的兴趣。尽管我后来并没有走上治文字学的道路，但对语词意义和源流的分析，却成了我以后从事哲学研究的重要方法。显然，在那样的条件下，大概只有外星人才会去谈论“高考”和“上大学”这样的话题。

好在一年后我就回到了上海，但不断地去外地建造发电厂，使我成了一个“漂泊的荷兰人”。高桥地下热电站刚完工，我就被派往江苏望亭；望亭电站刚收工，我又前往金山石化厂，去参加金山热电厂的建设。有趣的是，到了 20 世纪 70 年代初，大学的门又慢慢地向青年人敞开了，但那时招收的学生被称作“工农兵学生”，他们不用参加高考，只要基层单位推荐就行了。作为一个工人，虽然我很难获得被推荐的机会，但我心中又萌发了进大学深造的愿望。事实上，我早已厌倦这种漂泊不定的生活，我希望自己能够安顿下来，认认真真地学点什么。有一次，在施工中，我右手手腕骨折了，在家里休息了四个月。由于我家就在上海图书馆附近，我天天到那里去看书。其实，当时连图书馆里也没有什么书，书架上空空的，很多书作为“封资修”的东西被封存起来了。在这四个月中，我不知不觉地把《马克思恩格斯全集》读了一遍。虽然读得一知半解，但我对人文社会科学却产生了浓厚的兴趣，也使我进大学深造的愿望变得更为强烈了。

然而，令人心酸的是，我的这个美丽的“大学梦”再一次在现实生活中被撞碎了。一方面，单位里的某些领导把上大学的推荐名额作为培植自己亲信的一种方式，由于我给他们提过意见，他们便千方百计地阻挠我、刁难我，不让我获得这样的机会；另一方面，“零分英雄张铁生”的报道也使我对“工农兵学生”产生了强烈的怀疑和抗拒的心理。这一次的打击对我来说是十分沉重的，我的“大学梦”完全破灭了。我决定向命运妥协，安于现状，把日子混下去算了。

可是，奇迹还是降临了。“四人帮”倒台后，邓小平于1977年恢复了高考招生制度，长期以来隐藏在我心中的“大学梦”又开始苏醒了。然而，在打算报名的日子里，我不禁犹豫起来：一来，我身边找不到任何高考复习资料，况且我的兴趣已经转向人文社会科学，我应该报什么志愿呢？二来，那时我已有女朋友，正准备结婚。如果考进大学，今后分配到外地怎么办？三来，我快30岁了，这么大的年龄上大学行吗？在我女朋友（现在的妻子）的坚决支持下，我打消了种种顾虑，毅然决然地填写了报名表。有趣的是，当时我对复旦大学情有独钟，我在志愿栏里依次填写了复旦大学的四个系：新闻系、中文系、哲学系、历史系，并在备注栏里写上：“除了复旦大学这四个系，其他大学其他系都不去。”当时我的想法是，要读就读自己喜欢的大学和喜欢的专业，否则宁可继续当工人。

读者也许会问：为什么我把“新闻系”作为第一志愿呢？因为我在工地上当了五年工人后，被抽掉到第一工程处的政宣组工作。我的主要任务是为电站建设摄影和写新闻报道。由于复旦大学新闻系对考生的要求特别高，我未能成为新闻系的学生。那么，为什么我把“中文系”作为第二志愿呢？由于当时单位里的业余生活十分枯燥，我渐渐迷上了文学创作，经常与一些志同道合的同事一起切磋。然而，遗憾的是，中文系的门槛依旧太高了，我也未能挤进去。那时，第一工程处正在金山热电厂施工。录取通知书下达时，朋友们奔走相告，为我感到骄傲，据说整个金山地区只有两个人接到录取通知书，录取的比例竟是 40∶1。当我知道自己被复旦大学录取，心里很高兴，但进哲学系又使我有一种怅然若失的感觉。

其实，我在中学时代就对哲学发生了兴趣。那时，我和几个要好的同学经常去福州路淘旧的哲学书。当我读了艾思奇主编的《辩证唯物主义　历史唯物主义》后，对书中讲到的相对真理与绝对真理的关系发生了强烈的兴趣。当时正值“文化大革命”初期，林彪在《毛泽东语录》的“再版前言”中把毛泽东思想称作“顶峰”，我不明白：既然真理是相对的，怎么会有“顶峰”呢？我在班里的学习会上说出了自己的疑问，结果遭到了工作组的打击，说我在毛泽东思想上有观点问题。在遭到这样的打击后，我不但对“文化大革命”失去了信心，也对哲学产生了怨恨。进入哲学系后，我才渐渐明白，我怨恨哲学是没有理由的，哲学是一门真正的富有挑战性的学问。每当我坐在写字台前，凝视着窗外复旦园里的大草坪，伴着铁观音散发的清香和新书的墨香，渐渐地陷入哲学深思的时候，我觉得，我是世界上最幸福的人。

对于我们这代人来说，高考真是一个说不清道不明的话题！

名牌大学要开设名牌课[①]

名牌大学要开设名牌课，这可以说是不言而喻的事情，为什么还要专门提出来进行讨论？道理很简单，因为在现实生活中，由于各种原因，名牌大学与名牌课之间发生了分离。这实际上是名牌大学信誉危机的一个典型的表现。如何走出这个危机？笔者认为，名牌大学应该采取种种措施，名副其实地开好名牌课。

名牌课的衰退

一位回国观光的知名学者在访问一些名牌大学时，接触到了不少教师。在接触的过程中，他发现，这些教师谈话的中心大多是如何搞科研，如何出书，对自己承担的教学工作却谈得非常少，甚至完全不关心。尤其当这位学者了

① 本文原载《文汇报》，1985-10-15。

解到，一些名牌高校的名牌课由于老教授的退休或去世而逐渐减少时，感慨地说：“名牌课是名牌大学的立身之本，长此下去，后果严重。”

显然，这位学者的担忧并不是空穴来风。由于我们在教学制度上的不完善和宣传上的片面性，在大学本科生和研究生中出现了一股“学位热”，而在大学教师中则出现了一股“科研热”和“出书热”。大学老师搞科研和著书立说当然并不是坏事，甚至还应大力倡导，但问题在于，不应该把科研、著书和教学尖锐地对立起来，不能视科研为泰山，视教学为蝉翼，否则，就有本末倒置之嫌了。高校毕竟与科研单位不同，它的首要任务是教学，是培养学生。当然，教学离开科研也是不行的，至少在内容上是无法更新的，但科研应以教学为基础，应积极地为教学服务。特别是名牌大学，应当下大力气抓好教学，尤其是抓好名牌课的建设，这确实是意义深远的大事。

名牌大学贵在名牌课

众所周知，在每个名牌大学里都会出现这样的盛况：当一些学术上有深湛造诣的教授开课时，教室里通常会挤得水泄不通，甚至连窗台上、过道里都会站满了人，其中有些听众会不远万里而来。当人们谈论名牌大学时，在相当程度上谈的是名牌课。事实上，名牌大学也正是由名牌教授和名牌课构成的，然而，我们不无遗憾地发现，近几年来，一些名牌大学的名牌课在质和量上都有下降的趋势，特别是在一些著名的教授退休或去世后，名牌课出现了难以为继的局面。当然，与此同时，也有一些新的名牌课冒出来，但由于缺乏有力的扶植和鼓励，往往处在自生自灭的状态中。这种局面的出现当然与许多因素有关，但在名牌高校的领导和教师中普遍存在的“重科研，轻教学”的思想倾向似乎也难辞其咎，而这种思想倾向的存在又与教师职称晋升中片面重视科研成果的做法有关。极少数教师甚至把教学工作仅仅理解为完成规定的工作量，缺乏对教学工作的责任心和全身心的投入。于是，出现了“备课匆匆忙忙，讲课马马虎虎，辅导随随便便”的现象，长久下去，名牌课势必名存实亡。

保持名牌课的活力

我们认为，抓名牌课的建设则应有抢救感。为此，我们提出如下三点建议。

首先，必须在思想观念上高度重视名牌大学的名牌课的建设。名牌大学的领导应该对自己学校的名牌课开设的历史和现状做一个深入细致的调查，在掌握具体情况的基础上，确定名牌课开设和发展的战略，把名牌课建设作为教学中的一项中心工作来抓。

其次，努力为各系的名牌课配备较强的教学梯队，并在经费、资料及其他问题上向名牌课的教师倾斜。对教学责任心强并对名牌课的开设有重要贡献的教师应予重奖，反之，对开课不认真的教师则要及时进行调整，以确保名牌课拥有最优秀的师资队伍。

最后，名牌课的开设不但要求有教学大纲，而且要求教师认真备课，不断地把通过科研获得的、前沿性的、创造性的见解充实到讲课内容中去，从而做到常讲常新，与时俱进，以保持名牌课的活力。

语言新趣

漫谈汉语的歧义

与西方语言，特别是语法上十分严格的法语和德语比较起来，汉语在使用中具有更大的不确定性。如果从积极的方面看，这种不确定性可以被理解为灵活性；但如果从消极的方面看，它就只能被理解为模糊性或歧义性了。我们在这里主要考察汉语的消极的方面。这种消极的方面在汉语的句子、词组和语词中都有自己的表现。

我们先来考察句子的歧义。某市 1999 年“高中毕业会考适应性调研测试”中有这样一道题：“‘（妻子）晚餐还多做了两个丈夫喜欢的菜’一句有歧义，请写出你的两种不同的理解。”有关方面提供的标准答案是：“（1）（妻子）晚餐做的菜，两个丈夫都喜欢吃。（2）晚餐妻子做了丈夫喜欢吃的两个菜。”这道别出心裁的试题引起了争论。据说有关方面承认，由于把注意力集中在语言和语法上，没有考虑到在人情、法理上可能对学生产生的误导。①

如果我们撇开出试题者的这种买椟还珠式的形式主义态度，姑且从试题的表达方式去看，这个句子确实存在着歧义，关键在“两个”这个数量词上。如果“两个”是修饰名词“菜”的，那就成了“两个菜”；如果是修饰名词“丈夫”的，那就成了“两个丈夫”。这种歧义的存在是显而易见的，由此可以看出汉语这种把语词比较随意地叠加起来的语法结构的灵活性和模糊性，也可看出汉语的名词由于缺乏西语中名词的单复数区分而比较容易发生的歧义性。“（妻子）晚餐还多做了丈夫喜欢的两个菜”这句话在西语中就不会发生歧义。如在英语中，我们只要看“丈夫”这个词是 husband 还是 husbands，“菜”这个词是 dish 还是 dishes 就行了。

在这里，令人不解的倒是出试题者竟把“两个丈夫”作为第一个标准答案。实际上，“两个丈夫”甚至更多的丈夫，只有在一妻多夫制的社会中才是现实的，而在当今社会中出现的概率是相当小的。由于法律禁止重婚，一个女人只有在违法的情况下才可能同时有两个丈夫。当然，也可能出现另一种情况：妻子的前夫来访问，妻子同时做菜给“两个丈夫”吃。但在这种情况下，“两个丈夫”的提法在法理和逻辑上也是说不通的，因为前夫已经与妻子解除法律关系，他可能成为其他妻子的丈夫，但却不再是这个妻子的“丈夫”了。与“两个丈夫”比较起来，似乎更应该把“两个菜”作为第一标准答案，因为这种现象在生活中倒是常见的。显然，出试题者的思维方式有点外星人的味道，他们仿佛从来没有在地球上居住过。

又如，在当代生活中，人们可以在各种场合下见到这样的祈使句——“不准抽烟!”但我们几乎从来没有深思过，“抽烟”有两种不同的状态：一种是抽点燃着的烟；另一种是抽未点燃或已经熄灭的烟。后

---

① 文凡：《一个妻子两个丈夫?》，载《文汇报》，1999-01-28。

一种状态听起来像神话，但在生活中却是经常可以碰到的。有人可能是出于习惯，也有人可能是出于无奈——用嘴巴含着烟，但一下子又找不到火柴；有人把这种状态作为戒烟的过渡状态，也有人则为了炫耀自己。如此等等，不一而足。显然，法律或行为规范不许可的是“抽烟”的前一种状态，而不是后一种状态，因为后一种状态并没有污染空气。此外，还有一种情况是：假如一个人手里拿着一支正在燃烧着的香烟，或他干脆把这支正在燃烧着的香烟搁在桌子上或丢到地板上，由于香烟正在燃烧，所以空气被污染了，但这个人并没有抽烟，也就是说，他并没有违背“不许抽烟!”的禁令。

因此，我们发现，“不准抽烟!”这个句子至少在意义上是模糊不清的，当人们在法律上使用这个句子时更需要谨慎。令人啼笑皆非的是，有的地方，如会议室里挂着“不准吸烟!”的牌子。显然，想出这四个字来的人没有考虑到，“吸烟”和“吐烟”是两个不同的行为方式。假如有人在走廊上狠狠地吸进一口烟，到会议室里再把它吐出来的话，他显然没有违背“不准吸烟!”的原则。

让我们再回到“不准抽烟!”这个主题上来。假如人们把这个祈使句改为“不准抽点燃着的烟!”，那就比较严格了。我们发现，英语中的表达方式 No Smoking 倒是十分严格的，因为 Smoking 是动词 smoke 的动名词，它暗示我们，No Smoking 只禁止正在燃烧的烟，不管它是否处于被抽的情况下。

再如我们在马路旁的警语牌上经常可以读到这样的句子——“人车分离，各行其道。”这个句子听起来也是很顺畅的，但一加考究，就发现它的含义是模糊不清的。在创制这个句子的人的心目中，“人”显然是指行人。说行人与车辆不要挤在一起，这是无可厚非的；但说“各行其道”，在语义上是不明确的。除非行人都在上街沿走，车辆都在马路上走，“各行其道”才是可能的，但行人在穿马路时，就会与车辆争道（这里当然排除了立交形式的马路，因为在这样的马路上，提倡“人车分离，各行其道”是没有任何意义的)。在这种情况下，车辆和行人都“行”是不可能的，总得有一方停下来，让另一方先“行”。所以在平面交叉的马路上，车辆和穿马路的行人同时“各行其道”是不可能的。

由于这个句子说的不是行人与车辆分离，而是“人车分离”，所以在语义上的模糊性就显得更为触目了。因为所有的车辆都是人在驾驶的(在这里把无人驾驶的自动车除外)，难道叫司机都跳下来与他们所驾驶的车“分离”吗?

汉语的歧义不光出现在句子中，也出现在各种词组中。这里姑且不讨论像“打扫卫生”“恢复疲劳”这样的词组在语义上的含混性①，因为大家对它们已经比较熟悉。我们不妨看看那些在日常生活中经常碰到的，但还没有进入我们的反思视野的一些词组。如“救火”这个词组与“灭火”比较起来，在语义上就显得不明确。实际上，在火灾中，人们要抢救的不是“火”，而是人或财物。所以，“救火”这个词组至少从字面上看是令人百思不得其解的。又如“纠正”这个词组与“纠偏”比较起来，其含义也是模糊不清的。假如“纠”字与“正”字的关系同“纠”字与“偏”字的关系一样，都是动宾关系，那就显得荒谬了。因为正确的东西是不需要“纠”的，偏颇的东西才需要“纠”。再如“洗头”这个词组与“洗发”比较起来也是意义不明的。严格地说来，人们洗的并不是“头”，而是头发和一部分头皮。同样地，像“食品的安全”这样的提法也是很怪的，其实，“食品”本身无所谓“安全”或“不安全”的问题，因为它们是无生命的，“安全”应该是对人这个食品的消费者来说的，所以正确的表达方式应该是“消费者的安全”，而不是什么“食品的安全”。总之，这类意义含混的词组在日常用语中是不胜枚举的。

汉语的歧义不光出现在句子中，也经常在语词中显露出来。如汉语中和“宽”字和“紧”字的含义正好是相反的，但令人困惑不解的是，

---

① 参见拙著《思考与超越：哲学对话录》，210 页，上海，上海人民出版社，1986。

在日常语言中，“管得宽”与“管得紧”竟是同一个意思。又如“胜”与“败”的含义也是对立的，但在叙述战争或体育比赛时，说“甲大胜乙”与“甲大败乙”竟也具有同样的意义。再如人们常把“滑铁卢”作为失败的同义词来使用。事实上，这个词的含义是不明确的，因为对于拿破仑来说，“滑铁卢”是失败的象征，但对于惠灵顿来说，“滑铁卢”则是胜利的标志。在汉语的复合词中，人们也会遭遇到类似的事情。

如“现代性伦理”这个复合词就既可被理解为“现代的性伦理”（英语为 modern ethics of sex 或 modern sexual ethics），也可被理解为“现代性的伦理”（英语为 ethics of modernity），前者是关于性问题的伦理思考，后者是关于现代性问题的伦理思考，两者在内容上是判然有别的。只要我们对照英语的表达方式，就可以清楚地认识到这两种不同的理解方式之间存在着的巨大的差异。但在汉语中，我们必须对照上下文才能看出“现代性伦理”这个复合词指称的实际内容。又如，“私生子”这个复合词的意义也是模糊不清的。如果人们盲目地接受这个词，那似乎就应该把非私生子称作“公生子”了。然而，“公生子”岂不是一个更可怕的概念吗？所以，完全应该抛弃“私生子”这个含混的概念，用“非婚生子”取而代之。

同样地，近年来报刊上频繁出现的“跨世纪人才”这个词也是一个意义不明确的词。我想，创制这个词的初衷大概是用它来指称少数年轻有为或年富力强的优秀人物，但细细地推敲下去，发现这个词极易引起误解。因为这个词是由两个部分“跨世纪”和“人才”组成的。也就是说，只要是“人才”而又能活到21世纪的，本质上都是“跨世纪人才”。这样一来，创制这个词的初衷就与这个词在语义上应该指称的内容发生了冲突。如果我们从否定方面进行分析，“跨世纪人才”这个词的荒谬性就更显而易见了。因为“跨世纪人才”是相对于“非跨世纪人才”来说的。那么，“非跨世纪人才”又是什么意思呢？是指活不到下个世纪的“人才”吗？事实上，是“人才”而又能活到下个世纪的都是“跨世纪人才”。

再如，在1998年年底，举行“纪念改革开放20周年”的活动成了一种时尚。某电视台举行了题为“跨越20周年”的座谈会。我当时就给主办者提意见，说“跨越”这个词用在这里不妥。因为“跨越”这个词的本义就是“跨过去”或“越过去”的意思。比如说，“跨越战壕”显然是指从战壕上方越过去，似乎不能理解为从战壕的这一边爬下去，再从另一边爬上去。所以，一用“跨越”这个词，主办者就做了一件与其本意正好相反的事情。换言之，主办者的初衷是要大家谈谈20年中的变化，但既然是“跨越20年”，实际上就是叫大家撇开20年、不谈20年而谈其他东西。所以，比较贴切的表达应该是“走过20年”。在粗心的人看来，“跨越”与“走过”似乎没有什么本质的差别，但在这里却表明了截然相反的意思。

当然，肯定汉语在使用中具有歧义，目的并不是像有的学者那样，干脆主张废弃汉字，甚至使汉字拉丁化，而是为了更好地把握汉语，并在用汉语表达自己的思想时，尽量避免不必要的差错。

关键词与潜台词[1]

自从学术规范受到人们普遍重视以来，“内容提要”“关键词”“参考文献”等，渐渐地成了人们耳熟能详的术语。不用说，在这些术语中，“关键词”（key words）特别引人注目，因为它们负载着论文中最重要、最基本的内容。在一般的情况下，如果关键词有新意，给人耳目一新的感觉，那么，读者阅读这篇论文的兴趣就会极大地被激发起来。当然，也有个别作者撰写论文，好用新名词，但食洋不化，对新名词的实质缺乏真正的了解，只是喜欢玩弄新名词而已。读者遇到这样的作品，很容易产生“受欺骗”的印象。反之，如果在关键词上看不出什么新意来，读者的阅读兴趣就会受挫。所以，在某种意义上，关键词是论文的窗口。窗口开得不好，人们远远一望就会转身走开，失

① 本文原载《社会观察》，2005（5）。

去了登堂入室的兴趣和热情。

然而，从国内学术论文中出现的关键词来看，问题还是不少的。其一，关键词边缘化，即有些作者不是把自己论文中最重要、最基本的概念抉出来做关键词，而是环顾左右而言他，找出一些边缘性的语词来充当关键词。在这样的情况下，读者很难从这些名不副实的关键词上判断出论文的真正意向和价值。其二，关键词形式化。有些作者把论文标题中的概念简单地搬用到关键词中。其实，这样做在相当大的程度上是浪费资源，因为在通常的情况下，人们不可能先看论文的关键词，再去看论文的标题，而总是先看论文的标题，产生兴趣后再去浏览其关键词。因此，在关键词中把标题中已经出现的概念再重复一次，实际上是资源的浪费。

当然，这并不意味着论文的关键词绝对不能重复其标题中出现的概念，而是表明，人们应该利用书写关键词的可贵空间，把自己论文中最重要的、最富有创新意义的概念凸显出来；也有的作者甚至把一些专有名词（如人名、书名、地名、国名等）写入关键词中，同样把关键词的作用形式化了。仿佛写上这些词，只是为了填满一个无意义的空间！其实，写入这个空间的文字是如此重要，以致我们可以这样说，假如论文的标题是论文给读者的第一印象的话，那么关键词就是论文给读者的第二印象。所以，作者应该利用关键词的空间，把自己的论文的主要思想和原创性充分地表达出来。

从上面的论述中或许可以引申出这样的共识，即对于撰写学术论文的作者来说，应该尽量避免以随随便便的态度对待关键词的做法。但是，仅仅认识到这一点还不够，事实上，对于相当一部分论文来说，光考察其“关键词”还不行，还得考察其“潜台词”（upspoken words in a play left to the understanding of audiences or readers）。这个词的英文表达比较冗长，如果加以简化的话，可以写成 upspoken words in a play。当然，“潜台词”中的“台”是相对于“戏剧”（a play）而言的，而我们这里使用的“潜台词”是指论文中蕴含着，但又没有说出来的言辞。中国古代文人在撰写文本时，提出了“意在言外”“言不尽意”“得意忘言”等见解，强调的是文字的含蓄。在某些情况下，作者不应该把自己想说的东西直白地说出来，而应该暗示读者去思考，从而为读者的打开足够大的空间。

无独有偶。在当代西方学者中，法国哲学家阿尔都塞倡导的“根据症候阅读”（lecture symptomale）恐怕也有类似的含义。阿氏所说的“症候”，通常是指文本中的“沉默”“遗漏”“空白”“省略”等。他希望人们在阅读文本时，不但要读出文中直截了当地告诉读者的东西，而且也要读出作者有意回避，甚至故意加以掩饰的东西，这样才能达到对文本内涵的深入的把握。

实际上，在某些场合下，“潜台词”确实起着比“关键词”更重要的作用。比如，绝大多数老干部是好的，但也存在着个别言行不一致的老干部。如果他在公开场合上说：“我要为党的事业鞠躬尽瘁，死而后已。”这里的关键词仿佛是“鞠躬尽瘁，死而后已”，听起来十分感人。但假如我们结合他的实际行为思索一下，就会发现，这里的所谓“关键词”乃是虚假的，他要表达的真正的意思是：“党应该给我终身制，在我的儿子、孙子的问题被解决以前，我是不愿意从工作岗位上退下来的。”也就是说，他的潜台词是“终身制”。

综上所述，“关键词”和“潜台词”都是重要的。对于作者来说，只有更深刻地领悟这两者之间的关系，才能更有效地表达自己的思想。对于读者来说，只有全面地了解这两者之间的关系，才能对论文的本质倾向和价值获得批判性的见解。

小议“数字崇拜”[1]

大凡研究中国文化的人都知道，中国人是不擅长抽象思维的，所以对抽象的数字往往有一种天然排拒的心理。但市场经济却像魔术师一样正在改变中国人的思维方式。当代中国人不但开始喜爱数字，喜爱市场上出售的各种各样的计算机，喜爱会计这个职业（过去这个职业受到冷落，现在却又轻易地被戴上了皇冠），而且竟然按自己的愿望给数字进行分类，并对某些数字进行崇拜。真是士别三日，当刮目相看。

毋庸讳言，由于“8”这个数字正好与南方人所说的“发财”的“发”字谐音，于是成了当代中国人最宠爱的数字。宠爱到什么程度？宠爱到不惜以巨资去买电话号码、门牌号码、汽车号码中的“8”字。虽然人们只是为了发财

① 本文原来的标题为“‘数字崇拜’何时休”，原载《解放日报》，2001-02-09。

赚钱才去崇拜这个“8”字，但现在竟然为了得到这个抽象的“8”字而一掷千金，其态度不可谓不虔诚。

这种数字崇拜的心理移注到日期中，立即产生了惊人的结果。从此以后，每个月的“8”“18”和“28”日这三天成了最重要的日期，几乎所有的新公司都选择这样的日子开张，几乎所有的结婚喜庆也都放在这样的日子里。与此相对应的是，由于“4”这个数字是“死”的谐音，所以每个月的“4”“14”和“24”日这三天就成了人们最讨厌的日期。每年之中，最重要的一天是5月18日，因为“518”是“我要发”的谐音；而最令人讨厌的一天则是5月14日，因为“514”是“我要死”的谐音。据说，有个怀孕的青年妇女的预产期正好是5月14日，她的丈夫居然给她下这样的命令，叫她无论如何也要拖到5月18日才把小孩生下来。这种数字崇拜简直到了匪夷所思的地步！同样地，数字崇拜的狂热也移注到人们对住房的选择上，从而产生出类似的结果。人们像逃避瘟疫一样地逃避“4”“13”“14”“24”这样的楼层或门牌号；又像热恋中的情人一样去追逐“8”“18”“28”这样的楼层或门牌号。

必须指出，在当代中国人的生活中，数字崇拜还有种种不同的表现形式。比如，数字已经成了确定人的价值的根本标志。一个企业家的最重要的价值是他所领导的企业每年的创利数；一个华侨的最重要的价值是他对地方政府或企事业单位的捐款数；一个学生的最重要的价值是他的考试分数等。数字成了一切，而其他东西都变得无足轻重了。又如，年龄这种特殊的数字也获得了非同寻常的意义。一个基层干部政绩平平，但如果他正好落到干部提升的某个年龄框架内，他可能会出人意料地平步青云；反之，一个基层干部政绩卓著，但如果他正好超过了干部提升的某个年龄段，即使他年富力强，也是前景暗淡！同样地，一个高校里的教师，他科研和教学的成绩很一般，但如果在年龄上占优势，他所有职称的晋升都会顺顺当当，就像苹果从树上掉下来一样。然而，如果他在年龄上处于劣势，那么，即使他成绩突出，仍然会在职称晋升上历尽坎坷。人们是如此看重年龄这一数字化的指标，以致一个人的真才实学反倒成了可有可无的东西。这是多么不可理喻啊！

所有这一切都表明，当代中国人虽然还没有达到美国麻省理工学院教授内格罗庞德（Nicholas Negroponte）所描述的“数字化存在（Being Digital）的境界，但越演越烈的“数字崇拜”现象正在当代中国社会中蔓延。当然，谁都不会否认，这种“数字崇拜”的基础乃是发财欲。现在已经到了这样的时候，即人们应该清醒地认识到，无论对赵公元帅的礼拜，还是“数字崇拜”；无论是求助于奇迹，还是听凭想象力的自由驰骋，都不能使他们真正地摆脱贫困的状态。在社会公正得到确保的前提下，只有合法的劳动才是发财致富的前提。写到这里，我们不禁联想起耐克（Nike）公司提出的那个著名的口号——Just do it（动手做吧）！

“近水楼台先得月”吗[①]

在通常的情况下，语言总是表达思想的，因此，说什么，也就是表达什么。然而，由于人们没有深入地反省语言本身实际上表达出来的含义，所以偶尔也会产生这样的现象，即语言的实际意义可能会与其字面意义错位，甚至在含义上恰好相反。假如人们有兴趣深入地考察汉语的各种日常表达方式，比如语词、成语等，就会发现，其中相当一部分表达方式存在着字面意义与实际意义之间的差异。人们在日常生活中经常使用的成语“近水楼台先得月”就是一个典型的例子。

据上海辞书出版社出版的《中国成语大辞典》的介绍，在宋代文人俞文豹的《清夜录》中最早出现了“近水楼台先得月，向阳花木易

① 本文原来的标题为“‘近水楼台先得月’析”，原载《社会观察》，2005（7）。

为春”这样的诗句。后来，明代文人汤显祖在《紫钗记》中沿用了这两句诗。在民国时期，尤其是新中国成立以来，“近水楼台先得月”这一表达式在日常生活中被广泛地使用，几乎人人皆知其义为：“地处近便而获得优先的机会”。[①] 为了使用上的方便，人们也经常把这个表达式简化为“近水楼台”。有趣的是，人们在日常生活中频繁地使用着“近水楼台先得月”这样的表达式，却忽略了对其实际意义的深入考察，这正应了德国哲学家黑格尔的名言——熟知非真知。

实际上，只要稍加思索，人们就会发现，《清夜录》中出现的“近水楼台先得月，向阳花木易为春”这两句诗在含义上是有差异的。就“近水楼台先得月”这一表达式而言，“近水楼台”得到的月亮并不是真的月亮，而只是月亮在水中的倒影。这个倒影虽然出现在水中，人们的眼睛能够看到它，但它实际上是摸不着，捧不起的，是一个虚假的东西。宋代哲学家朱熹曾用“月印万川”的比喻来说明“理”的作用。显然，在“月印万川”这个表达式中，“月”乃是指天空中真实的月亮，然而，人们在“万川”（即成千上万条河流）中见到的却不是真实的月亮，而只是月亮在水中的倒影。也就是说，从字面意义上看，“近水楼台先得月”这个表达式传达了这样的意思，即“地处近便而获得优先的机会”，但事实上，由于“近水楼台”得到的并不是真实的月亮，而只是月亮在水中的倒影，所以它得到的只是一个有名无实的东西。也就是说，它的实际意义是，“地处近便获得虚假的机会”。与此不同的是，“向阳花木易为春”这个表达式的字面意义和实际意义倒是完全一致的，即都表明“地处近便而获得优先的机会”，因为“向阳花木”中的“阳”乃是指真实的太阳光。花木受到太阳光的直接照射，也就实实在在地获得了优先生长的机会。

这就启示我们，在“近水楼台先得月”和“向阳花木易为春”这两

---

① 《中国成语大辞典》，641页，上海，上海辞书出版社，1987。

个表达式的实际意义之间存在着某种根本性的差异：前者表明，地处近便获得虚假的机会；后者则表明，地处近便则获得真实的机会。长期以来，由于人们从未批判性地反思这两个表达式之间的根本差异，所以常常是在完全不了解“近水楼台先得月”这一表达式的真实含义的基础上使用它，从而导致普遍的误用。

在日常生活中，这样的例子还有很多。比如，人们常常说：“人非圣贤，孰能无过。”这个表达式的字面上的含义是：人都是会犯错误的；但其实际上的含义却是：一部分人，即圣贤是不会犯错误的。又如，“假头发”这个表达式所要表达的字面上的含义是：虚假的头发；但就其实际含义而言，所谓“假头发”也是用别人的真头发做成的，所以我们只能说：“张三戴着用李四的头发做成的发套”，但却不能说：“张三戴着假（头）发”，因为不管张三戴的是哪个人的头发，它都是真的。因此，我们甚至可以说，“假头发”这个概念就不能成立。除非是在其他语境中，比如，一个洋娃娃的头发是用线或其他材料做成的，在这样的情况下才可以使用“假头发”的概念。再如，人们通常说的“自行车”实际上应该被称为“助动车”，因为它自己不会走，必须用脚去助动；反之，人们通常说的“助动车”倒应该被称为“自行车”，因为一打开马达，它自己就会行走。还有像“恐高症”这个表达式也是与实际情况不符的。假如一个人站在地上，看到一架飞机在高空飞行，他会有“恐高症”吗？答案是否定的，即他是不可能“恐高”的。因此，真正的表达式应该是“恐低症”。假定你站在高楼上往下看，你会害怕，因为你“恐低”，而不是“恐高”。这样的例子还可以举出不少。它们表明，日常语言中的语词、成语等的表达形式，并不像人们通常想象的那么准确和有效。它们应该经过我们的批判性的省察，否则，我们就有可能误用它们。

何谓“有机知识分子”[1]

众所周知，意大利学者葛兰西在《狱中札记》中使用过 organic intellectual 这样的术语。当然，这个术语也不是葛氏最先使用的术语。葛氏的《狱中札记》是用意大利语写成的，而 organic intellectual 这个术语只是出现在英译者翻译葛氏论著的译本中。有趣的是，国内不少研究者把 organic intellectual 这个术语译为“有机知识分子”，更有趣或更难以理解的是，人们目前仍然以无批判的方式沿用着这样的译法，使所谓“有机知识分子”这样的表达式差不多成了约定俗成的译法。比如，赵勇在《关于文化研究的历史考察及其反思》一文中谈到葛氏思想的时候写道：“为获得这种文化领导权，培养‘有机知识分子’（organic intellectual）的任务至关重要，因为只有通过他们，才能占领大

① 本文原载《社会观察》，2005（8）。

众的'常识'和文化领域，也才能夺取资产阶级的文化霸权。"①

显然，把 organic intellectual 这样的英文表达式译为"有机知识分子"受到了《狱中札记》的中译本的影响。目前，在国内有两个不同的《狱中札记》的译本：一是葆煦的译本，它是从 1959 年出版的俄译本那里间接译出的，译本中出现了"'有机的'知识界"这样的译法②；二是曹雷雨等人的译本，它是从伦敦 Lawrence And Wishart 出版社 1971 年出版的 *Selections from the Prison Notebooks of Antonio Gramsci* 译出的，译本中也出现了"'有机的'知识分子"和"'有机的'知识界"这样的译法③。

无论如何，把 organic intellectual 译为"有机知识分子"或"有机知识界"是不妥的。一方面，这种译法不符合葛氏的本意，好像他有意把知识分子划分为"有机知识分子"和"无机知识分子"似的；另一方面，这种译法也没有考虑到 organic 这个英语的形容词在不同语境中的用法和含义。实际上，organic 作为形容词，既可解释为"有机的"，又可解释为"有组织的"。一般说来，在 organic chemistry 的语境下，organic 应译为"有机的"，而 organic chemistry 则可译为"有机化学"；而在 organic intellectual 的语境下，organic 应译为"有组织的"，而 organic intellectual 则应译为"有组织的知识分子"或"（被）组织起来的知识分子"，译为"有机知识分子"显然是不妥的。

其实，只要我们注意到葛氏《狱中札记》的英译本中经常出现的动词 organize（使有机化、组织），我们就会明白，应把形容词 organic 译为"有组织的"，而把动词 organize 译为"组织"。毋庸讳言，也只有这样翻译，才切合葛氏的本意。只要我们认真阅读葛氏的《狱中札记》，就

① 赵勇：《关于文化研究的历史考察及其反思》，载《中国社会科学》，170 页，2005（2）。

② 参见葆煦译：《狱中札记》，419 页，北京，人民出版社，1983。

③ 参见曹雷雨等人的译本，2 页，北京，中国社会科学出版社，2000。

会发现，葛氏主张的是，西方国家的共产党只有使知识分子处于被组织起来的状态中，才有可能真正地夺取资产阶级市民社会的文化领导权。

多年来，笔者在讲课中一再对“有机知识分子”这类翻译中的表达式进行批评。今年，偶然浏览《王蒙读书》一书[①]时，忽然发现，王蒙在写于2000年的“献疑札记（三）”中竟也谈到“有机知识分子”这个词的翻译问题，并发挥道：“有机当然比无机好，有机就是有生命有活力有灵性嘛，无机就是五金矿物之司嘛，有机与无机知识分子我虽不甚了了，无机肥料与有机肥料之别还是略有所知，厩肥有机而化肥一般无机，我是主张舍化肥而多用动物大小便与绿肥的。”[②] 这样的议论真令人啼笑皆非。既然承认自己“不甚了了”，何必再出来置喙呢？

事实上，类似于“有机知识分子”这样翻译上的错误也是随处可见的。比如，有人把open question译为“公开的问题”。尽管open这个形容词确实有“公开的”含义，但它与question搭配，即open question只能译为“悬而未决的问题”或“未解决的问题”。又如，有人竟把海德格尔1933年5月在弗莱堡大学的校长就职演说——Address of Rectorship译为“教区长的演说”。尽管Rectorship也可译为“教区长”，但海氏从来没有做过教区长。在他的生活经历的独特的语境中，Rectorship只能译为“校长”，Address of Rectorship只能译为“校长（就职）演说”。再如，有人竟然把post-industrial society译为“邮政工业社会”，尽管post在英文中确有“邮政”“邮局”的含义，但它与industrial society连用，即post-industrial society只能译为“后工业社会”。

综上所述，翻译中出现的问题多多，值得引起我们的高度重视。

---

① 王蒙：《王蒙读书》，上海，复旦大学出版社，2005。

② 王蒙：《王蒙读书》，197页，上海，复旦大学出版社，2005。

从“归根结底”说起[①]

如果说，德国人使用的德语词义十分清楚，他们的思想也十分明晰的话，法国人则不同。尽管全世界都认同法语表达上的严格性，但清晰性绝对不会成为法国人思维的特征。有趣的是，与德国人和法国人比较起来，中国人的特点也许是：不但汉语本身不是明晰的，而且中国人的思维从总体上看也不是明晰的。我们不妨从“归根结底”这个成语说起。

也不知从什么时候起，在大众传媒上，在我们的书刊里，甚至在博士生的论文里，到处充斥着“归根结底”这个成语。据上海辞书出版社出版的《中国成语大辞典》（1987 年第一版）第 469 页的说明，张南庄在《何典》二回中使用过“归根结柢”这个成语；鲁迅在《且介亭杂文二集·叶紫作〈丰收〉序》中使用过

① 本文原载《社会观察》，2005（4）。

“归根结蒂”这一成语，而茅盾则在其《第一阶段的故事》中使用过“归根结底”这样的成语。

如果我们不为尊者讳的话，就必须对上述三种不同的表达方式做出自己的分析和判断。众所周知，在汉语中，“柢”指的是树根；“蒂”指的是瓜果与枝、茎相连的部分；“底”指的是事物的最下面的部分，转义为事物的基础；“根”指的是植物下面的部分，它的功能是把植物固定在土地上，并吸收土壤中的水分和养分；“归”作为动词是“返回”的意思；“结”作为动词则是“长出”“生出”的意思。

按照这样的理解方式，“归根结柢”这个成语的意义是不明晰的。既然“柢”的含义就是“根”，“归根结柢”也就成了“归根结根”。显然，这样的表述是自相矛盾的。比较起来，“归根结蒂”的含义似乎还算明确：一方面是返回到“根”；另一方面是长出了“蒂”，而“根”和“蒂”都有尽头的意思。然而，“归根结底”这个成语就显得不可思议了。如前所述，“底”是事物的最下面的部分，对于植物来说，“结蒂”是可能的，但“结底”却是不可能的，甚至可以说是荒谬的。当然，如果人们把这个成语改为“归根到底”，它的含义倒是不错的，因为无论是“归根”也好，还是“到底”也好，都有返回到基础上的含义在内。一言以蔽之，人们能够用“归根结蒂”或“归根到底”这样的成语，而“归根结底”或“归根结柢”这样的用法则是不妥的。

无独有偶。中国人对英文著作的翻译，似乎也涉及对这个成语的理解。每当我在翻译著作中读到“在最后的分析中……”这样的句型时，不免哑然失笑。显然，这是译者误解了英文中最常见的一个表达式“in the last (final) analysis”。其实，这个表达式的意思就是“归根到底”或“归根结蒂”。同样地，英语中的“in the end”可以译为“最后”，有时也不妨译为“归根到底”。

尽管语言在发展中包含着约定俗成的倾向，但这并不意味着，人们完全可以让语言随波逐流，以无批判的方式对待它。当前，社会上滥用语词的现象、听之任之和将错就错的现象到处蔓延，从而严重地威胁到汉语这一源远流长的语种的生存和发展的问题。对日常汉语使用中种种错误现象的诊断和改正，应该成为理论工作者不容推卸的责任。

也谈“当局者迷，旁观者清”[①]

众所周知，中国人的思维方法是一种十分重视经验，甚至崇拜经验的思维方法。我们这里之所以没有采用诸如“经验主义”或“经验论”这样的提法，因为与西方的经验主义者不同，在中国人那里，还没有形成系统的、有影响的、关于经验的理论。比如，英国近代哲学家培根、霍布斯、洛克、贝克莱和休谟都有自己系统的经验理论。尤其是在贝克莱和休谟那里，经验理论不仅是系统的，而且是深刻的，对西方哲学文化的发展产生了重大的影响。然而，对于中国人来说，总是习惯从实际使用的角度出发去理解各种经验，从不考虑把它们放在理性的法庭上认真地加以审核和甄别。这就使我们的许多经验都具有似是而非的特点，经不起认真的推敲。在日常生活中十分流行的谚

① 本文原载《社会观察》，2005（6）。

语“当局者迷，旁观者清”就具有这样的缺陷。

据《中国成语大辞典》的考证，《旧唐书·元行冲传》曾有“当局称迷，旁观见审”的说法。《醒世恒言》卷九以下棋作比喻，进一步说明了这个道理：“说起来，下棋的最怕旁人观看。常言道：旁观者清，当局者迷。”《儿女英雄传》二十六回也有“从来当局者迷，旁观者清……”这样的提法。[①] 所有这些提法，都蕴含着一个共同的经验，即对同一个事物或事件，局外人要比当事者看得更清楚，更全面。然而，这样的经验是否具有普适性呢？显然，我们的回答是否定性的。诚然，我们也承认，在日常生活中，每日每时都有大量的“当局者迷，旁观者清”的故事在演绎，然而，这样的故事并不具有普遍必然性，事实上，我们可以举出不少反例来证明，在相当一部分情况下，“当局者迷，旁观者清”是站不住的。岂止是站不住，而且在有些场合下，这个经验正以颠倒的方式，即“当局者清，旁观者迷”的方式表现出来。

就拿下棋来说，真正高明的棋手常常预先在心中已经酝酿好一个克敌制胜的周密的计划，就整体计划的实施而言，局部上也会采用“卖个破绽”“诱敌深入”的方法。而对于下棋的旁观者来说，如果他的棋艺还没有达到相当高的水准，如果他还不能识破棋手心中隐藏着的计划，那么，他不但看不清棋局，识别不出棋手的意图，甚至还可能一片茫然。同样地，战争也是如此。一个高明的指挥官不但对全局了然于心，而且也能依据对方指挥官的性格，制造种种假象，以迷惑对方。在这样的情况下，如果一个战争的旁观者既不精通战争的理论，也不精通战争的实践，他会理解这位高明的指挥官所采取的每一个战术上的具体的部署吗？如果他贸然地对战争的情况进行评论，这些评论也许只能证明他的无知和近视。为什么旁观者一定是清楚的，而当局者则一定是糊涂的呢？难道旁观者的智商都是高的，而当局者的智商都是低的。显然，“当局者

---

① 《中国成语大辞典》，886页，上海，上海辞书出版社，1987。

迷，旁观者清”这样的说法是无法使人信服的。

何况，在日常生活中，还存在着不少“当局者清，旁观者迷”的现象。比如，当几个高明的骗子串通起来，一起行骗的时候，他们是“当局者”，究竟他们比“旁观者”更清楚，还是旁观者比他们更清楚？答案是不言自明的，即他们比旁观者更清楚。又如，当一些出色的魔术师在舞台上变魔术的时候，究竟是他们对自己的行为更清楚，还是作为旁观者的观众对他们的行为更清楚？答案也是不言自明的。再如，当一个政治上的阴谋团体，如纳粹，控制了一个国家，并采用种种做法来迷惑老百姓，以掩盖自己的真实本质的时候，究竟是这个阴谋团体对自己的所作所为知道得清清楚楚，还是老百姓对他们的所作所为知道得清清楚楚？答案同样是不言自明的。

日常生活本身的复杂性深刻地启示我们，不能粗枝大叶地观察并思考日常生活。由于人们受到实用理性和经验思维的影响，很容易一见到某些现象，就简单地归纳出一个普遍性的结论。这样的思维方式是很容易在日常生活中遭受挫折的。尽管培根是一位经验主义者，他仍然建议，人们在对日常生活中的各种经验做归纳时，应该给思维的翅膀绑上重物，即要努力关注那些相反的现象或经验，以便使自己归纳出来的结论具有更大的普遍性和有效性。

警惕“绿色崇拜”[①]

在环保意识变得越来越普及的情况下，“绿色”已经成为所有颜色中最受青睐的一种颜色。众所周知，在德国有所谓“绿党”，在我们这里则有消费中的“绿色食品”、环境建设中的“绿化”、室内装潢中的“绿色革命”和思想观念上的“绿色意识”等。总之，通过大众传媒和环境保护主义者的不断宣传，绿色正在成为最受宠爱的色彩。初看起来，这种现象是无可厚非的，尤其是我们在“绿化”和环境保护方面欠账太多，理应加倍地偿还，然而中国人好走极端的特点却引起了我们的疑惧。继“文化大革命”中出现的“红海洋”奇观之后，当代中国人是否还会创造出一个“绿海洋”来呢？我们不得而知。但不管如何，在肯定环保意识的前提下，消除“绿色崇拜”，仍不失为一个有意义

① 本文原载《深圳特区报》，2002-09-29。

的话题。

谁都不会否认，绿色是自然界的基本色彩之一，但它能不能代表自然界所有的色彩呢？我们的回答是否定的。正如小说是当代文学艺术的一种基本形式，但它却不能代表当代文学艺术一样。在自然界，不仅有青草绿树，也有色彩鲜艳的红枫，更有五彩缤纷的花朵，如红色的牡丹、黄色的郁金香、紫色的牵牛花、白色的梅花等。何况，每年到了秋风萧瑟的时候，自然界的主要色调已不再是绿色，而是黄色和红色。除了少数一年四季保持绿色的乔木以外，大部分植物在秋天呈现出象征成熟的黄色调，给人以另一种美的享受。香山红叶、波士顿秋色都会给人们留下难忘的印象，所以人们也常称秋天为“金秋”。如果人们的赏心悦目的感觉只有自然中的绿色调才能唤起，他们又何须兴致勃勃地去参观各种花展，热情洋溢地去欣赏印象派和后期印象派的色彩绚烂的画作呢？

人们还常常把绿色看作生命的象征，这在一定程度上也是无可厚非的。因为植物的绿色常常是植物生命的象征。但比较起来，红色，即人和其他动物的血液的颜色，更有资格成为生命的象征。否则，西班牙公牛就不会朝着红布冲锋陷阵了。值得注意的是，当人们把绿色看作生命的象征时，他们忽略了绿色意蕴的复杂性，从而也忽略了一个更重要的事实，即在某种意义上，绿色乃是死亡的象征。人所共知，动物尸体在腐烂时会出现绿色的斑点；坟墓中的遗骨在燃烧时会发出绿色的磷光；食品在霉变时会长出“绿毛”；铜在被锈蚀时会呈现出绿斑。也许因为台湾人更多地把绿色理解为死亡的象征，所以在他们的影视节目中，鬼怪的形象及鬼怪出场时的光线无一例外地是绿色的。更有甚者，美国人处死犯人的毒气室也是漆成绿色的！

此外，在有些场合下，绿色还会引起一种强烈的厌恶乃至恐惧的感觉。野狼的绿莹莹的目光，在水中游弋的绿毛龟，滑腻的苔藓和青蛙的皮肤，不仅使人感到厌恶，而且令人联想起死亡。俄国著名的美学家车尔尼雪夫斯基在他的《生活与美学》一书中就说过：“蛙的形状就使人不愉快，何况这动物身上还覆盖着尸体上常有的那种冰冷的黏液；因此蛙就变得更加讨厌了。”[①] 从中国传统社会的习俗来看，黄为正色，绿为闲色。如果说汉人以绿帻为贱者之服的话，那么唐人则以绿衫表示官位之卑微。所以白居易有“分手各抛沧海畔，折腰俱老绿衫中”的感叹。更有甚者，按照唐俗，吏民有罪，常令其裹绿头巾以示辱；到了元、明时期，乐人家的男子和娼妓都裹绿头巾；于是，渐渐演绎出在今天仍然十分盛行的所谓“戴绿帽子”这样的说法。

上面我们列举了绿色调所包含的某些消极的意蕴，但我们的目的并不是要否定绿色、抛弃绿色。我们只是强调，世界是丰富多彩的，绿色不过是诸多色彩中的一种，作为一种色彩，它有自己存在的权利，特别是在环保和生态学的视野中，它的价值得到了广泛的认可。但绿色同时也可以象征一些能够引起人们普遍不快，甚至厌恶的自然现象和文化现象。所以，我们既不应该以完美的目光去看待绿色这种颜色，也不应该用绿色这种单一的色彩去支配甚至取代其他所有的色彩。我们只应该在需要绿色的地方去追求绿色，但千万不要“一刀切”，去搞什么“绿色崇拜”或“泛绿色主义”，甚至倡导所谓“绿色意识”，恨不得把精神也漆成绿色！马克思早就告诫人们：“你们赞美大自然悦人心目的千变万化和无穷无尽的丰富宝藏，你们并不要求玫瑰花和紫罗兰散发出同样的芳香，但你们为什么却要求世界上最丰富的东西——精神只能有一种存在的形式呢?”[②] 是的，从我们生活的现状和保护生态环境的角度看，我们确实需要更多地保护并发展绿色，但永远不要去搞“绿色专政”。否则，就有可能在新的历史条件下，重演“红海洋”的闹剧。

---

① 车尔尼雪夫斯基：《生活与美学》，10 页，北京，人民文学出版社，1962。

② 《马克思恩格斯全集》，第 1 卷，7 页，北京，人民出版社，1956。

析“只有一个地球!”的口号[①]

随着科学技术的迅速发展和人类生态环境的日益恶化，环保主义者提出的种种呼吁、口号和学说得到了越来越多的认同。众所周知，“只有一个地球!”就是环保主义者近年来提出的一个重要口号。乍看起来，这个口号的含义是：人类只拥有一个地球，如果继续无节制地污染下去，人类将失去其生存的基础。毋庸讳言，这个口号旨在唤起人们对生存环境的爱护，而“只有一个”的提法似乎使环境保护的紧迫性充分地凸显出来了。这个口号表达得如此言简意赅而又意义深远，以致它一出现就被大众传媒争相采纳。时至今日，它早已变得妇孺皆知，成了人们日常语言中的口头禅了。

可是，正如黑格尔所说的，熟知非真知。人们熟悉这个口号，并不表明他们已经真正地

① 本文原名为“析‘只有一个地球’”，原载《解放日报》，2002-03-01。

理解它。毋宁说，人们之所以不理解它，就是因为太熟悉它了。其实，在我们看来，“只有一个地球!”不过是一个近视的、利己主义的口号。而“只有一个”这样的提法不但不能表明环境保护的紧迫性，反倒使这种利己主义显得更为触目。何以见得呢?

因为这个口号表明，提口号者的思想境界是十分低下的。实际上，“只有一个地球!”的口号蕴含着与提口号者的初始意图正好相反的含义，即如果人类拥有两个、三个，乃至一百个地球，那就根本没有必要提出环境保护的问题；然而，人类面对的现实是，他们只拥有一个地球，所以他们不得不保护它。也就是说，第一，因为只有一个地球，人类才保护它；第二，人类保护它并不是出于自愿，而是不得已才这么做；第三，人类并不真正地爱护环境，他们爱护的只是在这样的环境中可能陷于灭顶之灾的人类自身。因此，就其实质而言，世界上根本就没有真正的环保主义者，有的只是人类保护主义者或人类中心主义者。与其说“只有一个地球!”的口号是人类思想境界高尚的标志，不如说是他们思想境界低下的见证。为什么人类一定要到河流全都成了阴沟、空气已经威胁他们的呼吸、沙尘暴已经使他们睁不开眼睛时，才意识到要保护环境呢?所谓“紧迫性”的真正含义是：人类从来没有把环境放在自己眼里，只有当它威胁到自己的生存时，他们才成了慷慨激昂的环境保护主义者。事实上，他们从来不爱环境，他们所爱的只是他们自己。除非有一天，人们能够提出这样的口号——“即使有一百个地球!”时，人类的思想境界才变得高尚起来。这个口号的意思是：即使人类拥有一百个地球，即使环境的污染还远未威胁到人类的生存，人类也要像爱护自己的眼睛一样地去爱护环境。只有这样的口号才摆脱了近视的、利己主义眼光的束缚，真正体现出人作为万物之灵的高度。

据说环保主义者还有一个矫情的口号——“地球上不能只有人这种动物!”。乍看起来，这个口号的目的似乎是阻止人类对其他物种的毁灭，然而，如果提出这个口号的人知道人类在某种意义上也是“食肉动物”，那么这个口号就完全是多余的，因为人类从利己主义的立场出发，一定会留下供自己食用的其他动物。在今天，还有什么动物不是人们盘中的菜肴呢？据说，德国有家古董店的老板因为打死了一个蚊子，竟被动物保护主义者所包围。如果真有这样的事情，那就不止是矫情，简直是虚伪了！就像鲁迅先生批评有些人“一边吃牛排，一边掉眼泪”一样。即使对素食主义者来说，且不说他吃下去的食物、穿在身上的服装、住的房屋都来自于植物，他每一次的呼吸、每一步的行走又要毁掉多少微生物的生命呢？他如果彻底贯彻环保主义，那就只能取消自己的生命了。

在我们看来，真正的环保主义者既不应该把环保意识建筑在人类中心主义的、利己主义的基础上，也不应该建筑在矫情乃至虚伪的基础上，而应该以平常的心对待环境：人类既然要在地球上居住下去，也就自然而然地要从环境中取用自己所需要的东西，但全部问题在于：人类不应该把地球理解为自己征服的对象，不应该为了自己的舒适无休止地向自然进行索取，而是应该严格地遏制自己的主体性和利己主义的无限扩张，应该把自己和地球的关系理解为守护者和被守护者之间的关系。只有当人类不再用矫揉造作的态度去对待地球时，地球才会真正地成为人类的家园！

从“两个悉尼”说起[①]

据报载，英国的一对年轻的恋人节衣缩食，积攒了一些钱，打算到澳大利亚的悉尼去旅游。他们在互联网上订了票，不久后便兴高采烈地出发了，但转了两次飞机，竟到了加拿大的一个小镇，因为那个小镇的名字也叫悉尼。看到这则逸闻，我的第一个疑虑是，这对恋人怎么会这么糊涂，但随即想起某位大文豪的一句名言——“谁如果没有做过傻事，谁就没有真正地恋爱过”，也就释然了；我的第二个疑虑是，互联网的这家订票公司办事怎么可以这样马虎，但想到互联网的“虚拟性”，也就觉得没有什么可被指责的了。

于是，我的注意力就转到语言本身的问题上。必须承认，语言作为交流的媒介，给人类带来了好多益处，但它也在人们的日常生活中

① 本文原载《文汇报》，2003-03-05。

制造了很多“麻烦”。同一个专名“悉尼”（Sydney）指称的是两个不同国家的两个不同的对象：一个是澳大利亚的闻名全球的大都会；另一个是加拿大的默默无声的小乡镇。既然存在这种“一名指称两对象”的情况，出差错似乎也就在所难免了。其实，这样的情况在生活中比比皆是。比如，“剑桥”（Cambridge）这个名词既可指称英国伦敦附近的某个地区，也可指称美国波士顿的某个地区。就以美国本土来说，“华盛顿”（Washington）这个名词既可指称美国的第一任总统，也可以指称两个不同的地名：一个是美国东部的“华盛顿特区”（Washington，D.C.），即美国的首都；另一个是美国西部的“华盛顿州”（Washington State）。如果人们表达得不清晰，就可能把这些对象搞混。假如我没有记错的话，在美国，“普林斯顿”（Princeton）这个词也可以指称两个对象：一个是美国东部的某个地区，是著名的普林斯顿大学的所在地；另一个是芝加哥附近的小镇。同样地，在德国，“法兰克福”（Frankfurt）这个专名也可以指称两个不同的对象：一个是“美因河畔的法兰克福”（Frankfurt a.M.）；另一个是“奥德河畔的法兰克福”（Frankfurt a.d.O.）。虽然原来在西德的“美因河畔的法兰克福”名头更响，但如果你在信封上只写Frankfurt，邮递员就不知道把信往什么地方送了。

当然，单语词与多指称对象之间的矛盾绝不仅仅表现在地名上，在人们的日常生活中也多有表现。比如，“南大”这个词既可以指称南开大学，也可以指称南京大学；“人大”这个词既可以指称中国人民大学，也可以指称全国人民代表大会；“山大”这个词既可以指称山西大学，也可以指称山东大学；“人流”这个词既可以指称马路上流动的人群，也可以指称人工流产。用词稍有不慎，便会引起麻烦，尤其是使用省略词，必须慎之又慎。人名上引起的重复就更多。据说，姓名叫“王淑珍”的，光在北京地区就有一万多人。笔者有一位老同学名叫“李莉”。有一次，她说起，她在加拿大的凯尔格雷大学（University of Calgary）求学时，光中国去的留学生，就有好几个叫“李莉”（LiLi）。这些“李莉们”不得不通过附加的表达方法，达到相互之间进行区分的目的。有趣的是，在书名中也会出现这样的歧义。比如，不久前，沪上的一家出版社推出了一本新书《东方人学史》，显然，作者和编辑都没有注意到这个书名在含义上可能产生的歧义，因为它既可以理解为中国人学（亦即人类学，anthropology 的汉译）发展的历史，也可以理解为中国人学（习）（历）史。又如，沪上另一家出版社在 20 世纪末推出的一本书，书名是《7 世纪前的中国思想史》，显然，作者的意图是向读者叙述公元 7 世纪以前的中国思想史，但这里既然没有使用“公元”这个限定词，读者也可以对书名做这样的理解，即作者正在叙述公元 13 世纪时的思想状况，因为该书是在 20 世纪出版的，既然强调是“7 世纪前”，不正是公元 13 世纪吗?

这种单语词与多指称对象之间的矛盾还表现在生活中的其他的方面。比如，不久前，笔者曾在《解放日报》上撰文批评“无理由退货”这个含混的口号，因为这个口号可以同时表达两种对立的含义：一是“顾客不用陈述理由就可以把已买的商品退还给商场”；二是“顾客没有任何理由把已买的商品退还给商场”。但我的批评似乎并没有起什么作用，一些报刊依然故我，继续侈谈“无理由退货”。记得歌德曾把正确的想法比作“船”，把错误的比作“水”，他发出的感慨是：船分开水，但水在船后又合拢了。如果“水”是不自觉地合拢的，那还情有可原；如果是故意地搅合起来，那就另当别论了。不久前，韩国总统金大中提名张裳担任总理，但张裳未被通过，其中的一个原因就是她擅自改动了自己的学历，把自己曾获得学位的学校由名不见经传的“普林斯顿神学院”改为大名鼎鼎的“普林斯顿大学神学研究院”。显而易见，张裳试图利用人们对语词的那种马大哈式的态度，但某些精细的韩国人还是发现了她所从事的“语言游戏”。无论如何，当你在日常生活中运用语词时，多一份思考总不是坏事。

从“滑铁卢”的比喻说起[①]

1815 年 6 月 18 日，拿破仑统率的法国军队与惠灵顿统率的联军在比利时的滑铁卢发生激战，结果法军大败，拿破仑被迫第二次退位，并被流放到圣爱伦岛。在这个重大的历史事件之后，“滑铁卢”这个地名就成了失败的象征，在日常生活中人们也常常用这个词来比喻某一行为主体所遭受到的挫折、损失或失败。

毋庸讳言，“滑铁卢”的比喻已为人们普遍接受，但细细想来，这个比喻存在着不妥之处，有必要加以澄清。在笔者看来，“滑铁卢”这个词是不能抽象地加以运用的，因为相对于法国皇帝拿破仑来说，“滑铁卢”是失败的象征，但相对于联军司令惠灵顿来说，它又是成功的象征。也就是说，“滑铁卢”这个词兼具“失败”和“成功”的双重含义。人们对“滑铁卢”比

① 本文原载《解放日报》，2001-05-01。

喻的运用可以说是只知其一，不知其二，这表明他们思想深处潜藏着一种顽强的、单向度的思维习惯。这种思维习惯，外国人和中国人似乎都无法幸免。记得在“文化大革命”中，这种思维习惯就表现得十分突出。当时，人们习惯把每一件细小的事情，如节约还是浪费一分钱，提升到政治路线的高度上。但他们显然忽略了思维中的另一个向度，即他们同时也把政治路线贬低为一分钱！提升和贬低、破格和降格、规定和否定，本来就是同一个徽章的两个方面。

这种单向度的思维习惯也在日常生活中到处显现出来。比如，几乎每个家长都一而再，再而三地叮咛自己的子女：在考试中做完试题后不要马上交卷，要仔仔细细地进行检查。这种叮咛就带有明显的单向度思维习惯，即家长只考虑到子女在重新检查试卷时会把原来答错的地方改正，却忽略了另一种可能性，他们也可能把原来答对的题目改成错误的。笔者就听到好几位学生说起考试中的这类憾事。举例来说，在解答英文试卷中的选择填空题时，有时候直觉比反复的思考更为可靠。如果给考生足够的时间去斟酌，他极有可能把原来做对的题目再改成错误的。类似的现象和教训，《战国策·齐策二》中的“画蛇添足”的故事早就告诉我们了。

又如，人们在赞扬一个人时，也常常会陷入这种单向度的思维习惯。举例来说，他们赞扬某人废寝忘食地读书，某人甚至利用吃饭、洗澡、上卫生间、旅行、出差等一切可能的时间读书。但人们忘了，这种赞扬听起来更像批评。如果某人真的如此离不开书本，那么岂不证明他的生存就是读书、他所有的智慧都来自书本吗？岂不证明他本人不过是一个缺乏生命活力和思想的十足的傻瓜吗？

再如，在报刊上常常可以读到这样一些刑侦通讯，也许是为了吸引读者，作者总是把罪犯的作案手法写得非常具体。这也可以说是一种单向度的思维方法，因为作者忘记了读者中的极小部分人是有犯罪意向的，他们会从这类报道中汲取犯罪的灵感和手法。须知，在揭露和教唆之间并不存在着严格的界限，写这类通讯或报道必须慎之又慎。

所有这些生活中的经验教训都启示我们，应当抛弃单向度的思维习惯，学会全面地、辩证地看待一切现象和问题。

从"无理由退货"说开去[①]

众所周知，在西方国家的商场里，早就有这样的不成文的规定，即消费者买了商品以后，如果对它不满意，在一定的期限内，就可以到商场去退货，不需要陈述任何理由。这样的规定当然是出于对消费者权益的尊重，所以得到了消费者的高度评价。

都说上海人的学习意识和模仿意识特别强，恐怕并不是空穴来风。不久前，从新闻媒体上了解到，沪上有些商场也推出了"无理由退货"的新举措。这个新举措推出后，实行情况如何，我并不清楚。但看了相关的报道后，却有一种啼笑皆非的感觉。为什么呢？因为推出这一新举措的人们低估了汉语的复杂性。事实上，明眼人一看就知道，"无理由退货"这种提法包含

① 本文原来的标题为"从'无理由退货'说起"，原载《解放日报》，2002-03-31。

着两种完全相反的意思。第一种意思是：消费者不需要陈述任何理由就可以把所买的货物退还给商场；第二种相反的意思是：消费者没有任何理由把所买的货物退还给商场。当然，谁都不会怀疑推出这个新举措的人们所具有的诚意，难道他们在使用“无理由退货”这个短语的时候，想要表达的不正是上面提到的第一种意思吗？但遗憾的是，为什么要选择这种模棱两可的表达方式呢？为什么不把这个新举措明确地表述为“无须陈述任何理由就可以退货”呢？

如果联想到目前国内商场和消费者之间的某种紧张的关系，我们也许可以做出比较现实的分析，即潜伏在这一新举措背后的可能有两种不同的动机。第一种动机是出于对消费者权利的真诚的尊重，同时也是为了维护商场的信誉；第二种动机则把这个新举措仅仅看作扩大自己生意的一种宣传或促销手段。如果真有第二种动机掺杂在里面的话，那么或许我们可以说，选择“无理由退货”这个模棱两可的提法，实际上蕴含着潜意识中的相反的动机，即期盼任何消费者都不要把已买的货物退还给商场。

有趣的是，在日常生活中，人们常常陷入这样一种错觉之中，即以为自己能够熟练地运用汉语来表达自己的思想。其实，要做到这一点并不是轻而易举的。比如，我们常常见到一个老年人理直气壮地指责一个青年人：“你真不知道天高地厚！”但这个老年人如果也像孟子一样喜欢“吾日三省吾身”的话，他一定会为自己说过的话冒出一身冷汗来。因为那个青年人如果好学深思的话，就会这样回应老年人：“那么请您告诉我：天究竟有多高？地究竟有多厚？”不知那个老年人又如何来化解自己的困境。大凡读过雅·哈谢克的《好兵帅克》的人都会记住书中的一个有趣的情节：三个大夫为了考察帅克的神经是否正常，向他提出了一系列的问题：“镭比铅重吗？”“你相信世界末日吗？”“你能测量地球的直径吗？”“你知道太平洋最深的地方有多深吗？”由于帅克回答不出这些问题，三个大夫便一致断定他是白痴。如果我们知道这个故事，也许在说话的时候，尤其是在批评时候，会更谦和一些。事实上，我们也没有理由为自己所拥有的那些捉襟见肘的知识而感到骄傲。又如，据说一家有色金属公司所属的一个招待所，为了图方便，竟把自己的名字简化为“有色招待所”，简化者就那么自信，难道消费者不会对“有色”这个词产生某种愉快的或不愉快的联想吗？再如，有些商场取名为“某某某大便民商场”或“某某某小便民商场”，难道取名者就没有深入地考虑过，某些消费者在使用这类店名时，有可能会在言谈中把它们简化为“大便”和“小便”，从而引起其他人的极不愉快的联想吗？看来，语言真是一种奇妙的东西，一不小心，人们就会掉进它所设置的陷阱之中！

“意义溢出”与“太空状态”[1]

读者看了这篇文章的标题一定会感到困惑，这里说的“意义溢出”和“太空状态”究竟是什么意思？所谓“意义溢出”是一种象征性的说法，意指某个事物原来只有这么一点意义，现在却被无限地拔高和夸大了。这就好像一个杯子，它只能承受其容积允许它承受的液体。如果它已经满了，我们还继续往里倒，液体就会溢出来。同样地，在人们的生活中，每一个事物都有它相应的意义，如果它的意义被不切实际地加以夸大的话，就会发生“意义溢出”的现象。所谓“太空状态”也是一种象征性的说法，意指太空中的所有事物都失去了自己的重量，飘浮起来了。也就是说，不同事物之间在意义上的差异被磨平了。由于“意义溢出”的推动，所有事物都获得了重要的意义；与此

① 本文原载《解放日报》，2001-03-05。

同时，它们也全被推入到太空中去了。质言之，它们全都失去了自己的比重和意义，变得轻飘飘的了。

比如，近几年来，“世纪末”“世纪之交”“新世纪”“跨世纪”“新千禧年”这样的术语以铺天盖地的方式出现在大众传媒的各种形式中。只要我们浏览一下近几年来出版的各种文本，就会发现，人们竟然如此慷慨激昂地谈论着自己置身于其中的这个极端重要的历史时期，如此喜忧参半地预期着重大历史事件的出现，如此严肃认真地规定着自己的伟大历史使命，以致每个人都成了拉伯雷笔下的庞大固埃。仿佛整个人类历史离开了这一代人就会黯然失色，这正是一种空前绝后的自恋情结！

其实，以每一百年作为一个世纪，以每一千年作为一个千禧年，不过是目前世界上多数国家采用的一种纪年法。这种纪年法以耶稣的诞生作为公元元年，我国是从1949年开始正式采用这一纪年法的。这种纪年法不过是一种记叙人类活动的、约定俗成的方法。除此之外，它还有什么更多的意义呢？然而，难以置信的是，人们竟把如此重大的意义赋予这种纪年法，仿佛两个世纪或两个千年的交汇点必定包含着异乎寻常的含义；仿佛人类所有重大的历史事件都只能发生在这样的交汇时期；仿佛生活在这个时代的人比任何其他时代的人承担着更为伟大的历史使命。其实，所有这些溢出来的意义都不过是幻觉，所有这些夸张的言辞都不过是脑袋里的风暴！

每一个不存偏见的人都会发现，这个历史时期的每一天都与过去的每一天一样平淡无奇，重大的历史事件也不是按纪年的方式出现的。20世纪的两次世界大战、社会主义国家的崛起和1968年的风暴，又有哪一个重大的历史事件恰好是在1900年或2000年发生的呢？即使在人类过去的历史上或将来的发展中，恰好有一个或几个重大的历史事件发生在两个世纪交汇的时刻，这又能证明什么呢？难道重大历史事件只是为了迎合纪年法才降临的？难道人类历史只是人们的想象力玩弄的魔方？

人类经常重复的错误是，他们自己创造或使用了某种东西，却又倒过来对这种东西顶礼膜拜。正如马克思在《德意志意识形态》一书中所指出的："人们迄今总是为自己造出关于自己本身、关于自己是何物或应当成为何物的种种虚假的观念。……他们头脑的产物就统治他们。他们这些创造者就屈从于自己的创造物。我们要把他们从幻想、观念、教条和想象的存在物中解放出来，使他们不再在这些东西的枷锁下呻吟喘息。我们要起来反抗这种思想的统治。"然而，在日常生活中，我们一再见到人们对自己的创造物的盲目崇拜。一位学者申报一个研究课题，哪怕它涉及的完全是边缘性的东西，如"茶文化""酒文化"之类，但在论证中，他总是赋予它以重大的意义，仿佛这个课题没有通过，人类将蒙受惨重的损失，甚至他们永远只能在黑暗中徘徊；一个政治运动（如"大跃进""文化大革命"）在发动之初，它的意义总是无限地被夸大，似乎不参与这样伟大的运动，人们只能为历史所唾弃。然而，实践却证明，它或许只是一场无益的闹剧。

"意义溢出"的结果是，一切边缘性的、轻飘飘的事物都成了中心化的、沉甸甸的事物。与此相应的是，一切本来具有重要意义的事物（如反腐败、经济体制和政治体制的改革等）却被挤到边缘，成了可有可无的东西。总之，所有的事物都被推入到太空状态中去了，它们全都失去了自己的比重，它们的存在方式就是飘浮。如果套用捷克作家米兰·昆德拉的话来说，这就是"事物不能承受之轻"。然而，耐人寻味的是，这种"太空状态"正是每个事物不断地追逐、拔高自己的重量的结果。老子说："反者道之动。"良非虚言也。

要走出这种"太空状态"，要把事物的本来面貌从夸大的、虚假的言辞中拯救出来，就要学会用冷静的理性，而不是狂热的情感，谨慎地、恰如其分地去估价每个事物的意义。

“相敬如宾”析[①]

当我们阅读文学作品或新闻报道时，“相敬如宾”这个成语常常会映入我们的眼帘。即使是在日常的闲谈中，这个成语也是经常出现的。人们用它来说明这样的道理，即夫妻之间应该相互敬重，就像主人对待宾客一样友好和热情。众所周知，“相敬如宾”这一成语见于《后汉书·庞公传》，后来，《三角志·魏书·常林传》和明代柯丹邱的《荆钗记》都沿用了这个成语。渐渐地，这个成语便成了人们在日常生活中赞扬良好的夫妻关系的口头禅。

然而，细细想来，用“相敬如宾”这个成语来形容夫妻关系，未免显得悖理。诚然，夫妻之间应该相互敬重，但如果敬重到像互待宾客一样，岂不有矫揉造作之嫌！人所共知，中国人对待宾客常常是热情的和友好的，中华民

① 本文原载《天津日报》，1993-01-12，笔名“于文”。

族也为此而获得了“礼仪之邦”的美名。然而，这种热情和友好更多地是出于礼貌上的考虑，否则中国人就不会有“人情薄如纸”“人一走，茶就凉”这类说法了。也就是说，乍看起来，宾主之间的关系是友好的、热情的，实际上却是礼节性的、冷淡的、疏远的。即使不仅从礼貌上，而且能从内心深处善待陌生的宾客的人，也不得不承认，他和宾客之间实际上存在着相当疏远的关系，或至少是有一定的距离的。正如宾馆里挂出来的“宾至如归”的牌子反而使人产生一种疏离感一样，用“相敬如宾”的成语来赞扬夫妻之间的和睦同样会给人留下一种滑稽的印象。

其实，从现代社会的眼光来看，夫妻之间关系的最本质的基础是感情，这是一种特殊的异性之间的感情。在男女双方恋爱时，这种感情常常带有强烈的浪漫主义和理想主义的色彩，因而被称为“爱情”。然而，在不少文学家的笔下，结婚成了爱情的坟墓。这种看法显得过于简单。实际上，结婚不过是用现实主义的感情取代了恋爱中的理想主义的和浪漫主义的感情。不管感情起了什么样的变化，但它还是存在着的，如果把这个基础也抽掉了，那婚姻也就死亡了。所以，离婚的必要条件是男女双方感情上的破裂。尽管婚姻包含着多于感情的其他因素，但感情是否破裂对于婚姻来说，却是根本性的。

也就是说，评价一种婚姻好坏的最根本的标准不是男女双方之间是否讲礼貌，能否“相敬如宾”，而是双方之间有感情否，讲得直白一点，也就是双方的爱情是否还存在。在有感情的基础上讲相互敬重当然是好的，但撇开感情这一基础，仅仅用“相敬如宾”来说明夫妻关系，无论如何是不合适的。在现实生活中，我们常常见到这样的情况：有的夫妻之间感情关系已经荡然无存，双方只是为了子女或其他的原因继续生活在一起，他们之间完全可以做到相敬如宾，然而，这除了表明婚姻已经死亡，表明人们的虚荣心都多么严重以外，还能再说明什么呢？在我们看来，用“相敬如宾”这个成语来叙述乃至赞扬现代社会中的夫妻关系是不合适的，我们不妨以“相亲相爱”这个成语取而代之。

事实上，如果我们更深入地来思考这个问题的话，就会发现，在传统社会中，用“相敬如宾”这个成语来形容夫妻关系，恰恰暴露出传统的夫妻关系并不是建筑在真正的爱情的基础上的。所谓“父母之命，媒妁之言”、所谓“先结婚，后恋爱”、所谓“指腹为婚”这类说法的普遍流行，难道可能会真正地尊重男女双方自己的感情取向吗？尤其是在以男子为中心的传统社会中，妇女深受神权、政权、族权、夫权的支配，男子可以蓄三妻四妾，妇女则只能“嫁鸡随鸡，嫁狗随狗”，除了希望丈夫能够“敬”她，把她当人看以外，还会有什么奢望呢？因此，“相敬如宾”这个成语即使用于传统社会，表达出来的也绝不是夫妻之间的恩爱关系，而是那种普遍存在的、不幸的夫妻关系的真实的写照。作为当代人，我们为什么还要不加分析地沿用这个成语呢？

“不道德”“非道德”和“超道德”①

在市场经济的建设中，必须重视精神文明，尤其是道德观念的建设，而在道德观念的建设中，有一项工作也是重要的，那就是对日常生活乃至理论研究中经常出现的一些不规范的术语进行清理。

“不道德”的说法是无意义的

我们先来看看日常生活中经常出现的所谓“不道德”的提法。当人们看到某种不文明礼貌的行为时，常常会情不自禁地批判道：“这个人真不道德”或“这件事真不道德”。就其原意而言，这里的“不道德”指的是某些人不讲道德或某些人的行为不符合道德观念。但这样的说

① 本文原来的标题为“析关于‘道德’的几种说法”，原载《解放日报》，1996-08-22。

法显然是有语病的，它给人这样一种印象，似乎还存在着一种游离于任何道德观念之外的行为方式。其实，在有利益差异和冲突存在的社会中，人们的行为总是自觉地或不自觉地表达相应的道德观念的。所以，只存在着不符合某种或某些道德观念的行为，并不存在着不符合一切道德观念的（即“不道德”的）行为。比如，一个汽车司机在行车过程中撞倒路人后溜之大吉。如何看待这一现象呢？显然，我们不能说他的行为是“不道德”的，而应该说他的行为是不符合利他主义的道德观念的，甚至是不符合最起码的社会公德的。然而，明眼人一看就知道，他的行为却符合利己主义的道德观念。在这个意义上可以说，“不道德”这个提法在含义上是十分模糊的，在实际上也是找不到指称的对象的，因而是无意义的。因为在现实生活中，人们的任何行为都是符合道德的，问题的关键在于，符合的是哪一种道德观念，比如是利己主义道德观念，还是利他主义道德观念。

“非道德”的说法是含糊的

我们再来看“非道德”这个提法。在日常谈话或某些理论文章中，人们常常能听到或见到所谓“非道德”或“非道德主义”的提法。这里的“非”词通常有两种不同的含义：一是“在……之外”，“非道德”就是指在道德之外；二是“非难”“排斥”。“非道德”或“非道德主义”就是指非难、排斥一切道德观念。显然，“非道德”或“非道德主义”的提法同样也是不能成立的，因为不管人们的观念和行为如何怪诞，都必定可以归属于一定的道德观念。在有不同的道德观念存在的社会中，人们的言论和行为既不可能居于一切道德观念之外，也不可能在实际上做到非难或排斥一切道德观念。就像人们不能拉着自己的头发离开地球一样。所以，“非道德”或“非道德主义”的提法同样是不确切的。

“超道德”的说法是离奇的

最后，我们再来看“超道德”的这一提法。冯友兰先生在《新原人》一书中提出人生的四种境界——“自然境界”“功利境界”“道德境界”和“天地境界”。在他看来，“天地境界”是一种“超道德”的境界。在这一境界中，人和天地合而为一。这里的“超道德”究竟是什么意思呢？冯先生在《中国哲学简史》中这样写道：“高于道德价值的价值，可以叫作‘超道德’的价值。爱人，是道德价值；爱上帝，是超道德价值。”① 显然，冯先生对“道德”和“超道德”概念的理解存在着模糊之处。虽然“天地境界”在层次上要高于“道德境界”，但却不可能超越“道德境界”。其实，爱人是一种“道德境界”，爱上帝也是一种“道德境界”。差别在于，前者属于一般的道德观念，而后者则属于基督教道德的观念。因而冯先生说的“天地境界”不可能是“超道德”的。同样地，“自然境界”和“功利境界”也都不是“超道德”的或与任何道德无关的境界，它们也包含着相应的道德维度。在某种意义上可以说，四个境界的划分在逻辑上就是有问题的。它给人这样一种感觉，似乎只有“道德境界”才是与道德有关的，其余三种境界似乎都与道德无关。事实上，并不存在着单纯的所谓“道德境界”，道德贯穿于其他三个境界之中。

综上所述，“不道德”“非道德”和“超道德”这三种表述方法都是有语病的，在严格的理论研究中，应该避免这些提法。

---

① 冯友兰：《中国哲学简史》，5页，北京，北京大学出版社，1985。

“发展”与“显示”[①]

记得维特根斯坦曾经说过，语言就是语言游戏。我们或许可以补充说，这种游戏常常是发人深省的。既然我们现在关心的是“中国的发展问题”，那么我们就有必要对“发展”这个关键词做一番认真的考察。

“显示”是“发展”的本质含义

熟悉西文的人也许会注意到，“发展”一词，英文为 development，法文为 Développement，德文为 Entwicklung。一般说来，这三个词都兼具以下两方面的含义：一是“变动”或“变化”方面的含义；二是摄影方面的“显影”和“冲洗”的意思，而这层意思又进一步转义为“显示”。“显示”这层含义之所以特别重要，因为它启示

① 本文原载《科技与发展》，1994（5～6）。

我们，“发展”既不是单纯的主观的计划或理想的外化，也不是这一外化过程在实际进程中所引起的变化，发展是已然存在着的全部现实要素的显示。这种显示可能与原来主观上的计划或理想存在巨大的差异。在日常生活中，我们常常讲到一个“计划”在贯彻过程中如何“走样”。其实，这里的“计划”作为引起变化的主观动力，便是“发展”概念的主观方面的含义，而“走样”作为实际上的显示的结果，则是其客观方面的含义。无疑地，后一方面的含义对于“发展”概念来说才具有本质意义上的重要性。

中文的“发展”一词虽然在词义的解释上也包含着“展示”，即类似于“显示”这样的含义，但在国人那里，“发展”这个词所蕴含的“展示”或“显示”的含义通常是蔽而不明的。换言之，这方面的含义并没有引起人们的普遍重视，人们只倾向于把“发展”理解为“变动”或“变化”。在我们看来，这种偏颇的理解决不仅仅是文字上的误解或疏忽，而是国人潜意识中的浮躁情绪的某种外露。

不能仅仅从“变化”的角度去理解“发展”

在当前的历史情景下，探讨中国的发展问题，实际上也就是探讨中国市场经济和现代化的发展问题。当人们仅仅从“变化”的角度出发去理解“发展”概念时，他们着眼的仅仅是市场经济和现代化可能带来的变动与结果。易言之，他们关心的仅仅是自己心目中的理想状态的实现。然而，单纯从“变化”的角度去理解“发展”的概念，必然导致一种普遍性的、浮躁的、浮夸的心理。毛泽东在20世纪50年代发动的“土跃进”的失败和华国锋在20世纪70年代发动的“洋跃进”的失败，表明了人们的浮躁和浮夸的情绪达到了什么程度，而在这样的情绪中，正蕴含着人们对“发展”这个词的理解上的片面性。无论是历史、实践，还是从“发展”这个词的深层的含义，即“显示”的含义来看，都不能单纯地从“变化”和“变动”的角度去理解并考察发展问题。假如人们抛弃现有的浮躁心理，从理想主义和浪漫主义的云层中降下来，就不应该从主观的含义，即“变化”和“计划”的角度去理解“发展”这个词，而应该把它理解为全部现有的社会结构和各种力量的展示或显示。在这个意义上，我们可以说，考察中国现代化的发展，关键不是考察人们主观上如何制定发展的规划，如何憧憬未来的社会和发展所引起的巨大变化，而是认真地考察和探讨中国社会的历史和现状，从而客观地揭示出中国的市场经济和现代化实际上向我们“显示”出来的东西。

注重对历史和现实的反思

既然“发展”的本质是“显示”，既然“显示”的过程也就是主观上对“变化”的期望或计划在现实生活中“走样”的过程，既然“走样”暗示了思维与存在的异质性，暗示了客观现实在“发展”中的重要性含义，那么，我们在思考任何关于“发展”的问题时，就应该注重对以下两个方面的考察。一方面，要注重对当前中国各方面的实际情形的了解和考察，要领悟思维与存在的异质性，而不满足于发表空洞的、先验主义式的议论；另一方面，要注重对历史的反思和对批评意识的培植。我们必须牢牢地记住，中国式的市场经济和现代化是在传统文化的框架中“显示”出来的。不深刻地理解和反思传统，就不知道如何以理想型的市场经济和现代化的核心价值为导向，对传统进行创造性的转化和吸纳。同样地，不诉诸积极的批评意识，误以为与市场经济和现代化的进程相适应的文化状态不过是各种文化思潮的纷然杂陈，并用对新思潮不断地进行追逐和不断地进行书写的方式来取代深入的思考，这都是对市场经济和现代化发展事业的误导。让我们记住海德格尔的下述劝告：“现在是人们切忌把哲学估计过高因而对哲学要求过高的时候了。在现在的世界灾难中必需的是：少谈些哲学，多注意去思；少写些文章，多保护文字。”①

① 《海德格尔选集》，上卷，405页，北京，生活·读书·新知三联书店，1996。

“好的最大的敌人是最好”[①]

德国哲学家黑格尔曾经说过一句脍炙人口的名言：“Le plus grand ennemi du bien，c'st le mieux（好的最大的敌人是最好）。”[②] 显而易见，这句名言的意思是劝人们不要去追求、塑造或崇拜任何完美的东西。然而，在日常生活中，人们求全责备的自然倾向却一而再，再而三地表现出来。

肯定意义上的“完美性崇拜”

什么是“肯定意义上的完美性崇拜”呢？那就是崇拜者直截了当地把完美性作为自己追求和膜拜的对象。据说，天主教教皇庇护九世在1870年召开的梵蒂冈第20次大公会议上曾

---

① 本文原载《新民晚报》，1999-05-25。

② 黑格尔：《法哲学原理》，226页，北京，商务印书馆，1979。

主持通过了著名的“教皇无谬误”的决议，那恐怕就是典型的肯定意义上的“完美性崇拜”了。这种“完美性崇拜”具有以下各种表现形式。表现之一是：当一个人在恭维另一个人的时候，他总是力图把对方描绘成一个绝对完美的、没有任何缺点的存在物。表现之二是：当一个人为另一个人写推荐信的时候，其推荐词通常也会写得非常好，甚至把被推荐的对象描绘成一个十全十美的完人。表现之三是：当一个人向他（或她）所热恋着的对象写情书的时候，也会自觉地或不自觉地把自己所热恋的对象，甚至对象所接触的周围的环境完美化。所谓“情人眼里出西施”“爱屋及乌”是也。表现之四是：当人们在向上帝祈祷的时候，也会自然而然地把上帝赞美为全智全能的、完美无缺的最高的存在物。所谓“崇拜产生完美”，良非虚言也。表现之五是：当人们在哀悼一个死者的时候，也会习惯性地掩饰其所有的缺点，把他（或她）描述为一个生前没有任何瑕疵的完人。在这个意义上可以说，几乎所有的追悼词都是颂词，哪怕死者生前是一个恶棍或荡妇。所谓“人之将死，其言也善”，指的是“将死之人”常常会趋善。实际上，当人们把一个“将死之人”作为自己的评价对象时，其评价也会自然而然地趋善。这里似乎有一种微妙的变化和暗示，即死亡将会勾销一切恶行。表现之六是：当人们为一位死去的著名人物，如政治家、艺术家、作家、哲学家、诗人等编纂全集时，也往往会情不自禁地通过所谓“技术性的处理”，把死者生前留下的某些粗劣的作品清除，从而造成了“全集不全”的局面。这种故意造成的现象也深刻地反映出人们潜意识中对完美性的崇拜，仿佛维纳斯唯有“断臂”才能成为完美的艺术品似的。

如果说，恭维词、推荐信、情书、祈祷词、追悼词、“为尊者讳”等做法都与人或人格化的神有关的话，那么，在今天的生活中越来越构成我们的生存环境的、无处不在的和广告和广告词则致力于把特殊的物——商品完美化。事实上，任何广告词都把它所要推荐的商品说成是世界上最完美的存在物。比如，你在读了任何一个保健品的广告以后，你就可能会陷入这样的幻觉，即只要人们愿意普遍地拥有这种保健品的话，那么，地球上的任何医院都将没有存在的必要。

否定意义上的“完美性崇拜”

有趣的是，人们对完美性的追求也通过否定的方式表现出来。那么，什么是否定意义上的“完美性崇拜”呢？这种崇拜形式的特殊性在于：从表面上看，崇拜者不但没有追求和膜拜完美性，相反总是对对象的瑕疵与不足提出批评和责难。但就其实质而言，这类批评和责难又建基于作为其出发点和参照物的完美性。比如，当一个人在责备另一个人，特别是当这类责备只涉及对方的一些偶然的、细小的过失时，责备者追求和崇拜完美性的心理也就暴露无遗了。为什么这么说呢？乍看起来，在责备者的意识中，注意到的只是对方的不足，但实际上，在他的潜意识中，他向对方索取的却是完美性！因为他是以一个完人作为参照物去责备对方的，也就是说，他要求对方必须成为一个没有任何过失的完人。所以，从表面上看，责备者看到的只是对方的缺点，似乎根本不懂得什么是完美性，但实际上，责备者乃是完美性的真正的崇拜者。人们通常说的“求全责备”也就是这个意思。假如责备者真正懂得“金无足赤，人无完人”这个现实生活中的真理，他老是喜欢在鸡毛蒜皮的问题上责备别人的习惯和热情也会随之而消失。

在日常生活中，尤其是当我们周围有人犯错误的时候，常常会听到这样的说法：“要允许人犯错误，允许人改正错误嘛！”乍一听，这种说法是十分宽宏大量的，然而，细细推敲起来，就会吃惊地发现，这种说法不但算不上宽宏大量，反倒是十分苛严的，甚至苛严到了荒谬的地步！何以言之呢？因为“要允许人犯错误，允许人改正错误”这一说法的潜台词就是：假如我不允许的话，你就不能犯错误。换言之，你应该是完美的，应该是一个不会犯错误的完人，只是出于我的宽容、怜悯和恩赐，才允许你偶尔犯错误。在这里，去掉了所有的障眼法以后，我们发现的仍然是人们对完美性的追求和崇拜。当然，这里的崇拜方式还是比较隐蔽的。

走出“完美性”的幻觉

记得马克思曾经说过：“一切发展中的事物都是不完善的。发展只有在死亡时才结束。”① 这就启示我们，向一切正在发展中的事物或人索取完美性，也就等于变相地索取其生命，这样做显然是不明智的。德国哲学家尼采也说过：“我对世人感到最难以忍受的，不是他们的罪孽和大愚，而是他们的完善无瑕。”② 事实上，这种人们孜孜不倦地加以追求的完美性，说到底不过是一个美丽的肥皂泡而已。毋庸讳言，在传统社会所歌颂的任何一种所谓“美德”的牌匾下，流淌着多少鲜血和泪水。光是“贞操”这个词就剥夺了多少妇女的青春和生命。当然，我们丝毫也不反对人们去追求美德，但当所谓“美德”与生命和个性尖锐地对立起来的时候，当许多人为了追求虚幻和空洞的“完美”而不惜牺牲自己的生命的时候，他们又是多么荒谬和可怜！因为他们成了自己的创造物的献祭品。事实上，任何艺术家塑造的形象如果是完人，就像我们在“文化大革命”中的样板戏中所见到的那些英雄人物的话，那么，这些形象一定是苍白的，虚假的和缺乏生命力的。生活、实践和前人留下来的伟大的艺术品一再启示我们，只有淡化对完美性的崇拜，从完美性的幻觉中走出来，才能以健康的方式领悟生命的价值和意义。

---

① 《马克思恩格斯全集》，第 1 卷，60 页，北京，人民出版社，1956。

② 尼采：《尼采诗选》，193 页，桂林，漓江出版社，1986。

治学新得

路与道[①]

要说上海这几年的变化，真可以说是非常之大的。我想，许多人大概都有如下的感受：过去非常熟悉的地方，隔了一年半载，就变得完全认不出来了；昔日十分幽静的小街突然变成了集市贸易的中心；以前简陋破烂的棚屋也突然被装潢漂亮的高层建筑所取代。这种感觉的反差是如此之强烈，以至于一些常以“老上海”自诩的人也开始迷路了。无论是原来就居住在上海市区的人，还是来自于国内其他地方或世界各国的人，都开始以新的眼光来打量上海了。

有形的路

毋庸讳言，最能使我们感受到上海的沧桑

① 本文原载《文汇报》，1995-05-13。

巨变的，大概是上海马路的改造与变迁。据说，上海过去大大小小一共有1424条马路，新中国成立30年来几乎没有任何变化。进入20世纪80年代以来，随着市场经济的繁荣发展和大量流动人口，尤其是来自全国各地的打工族的涌入，随着各种车辆，尤其是出租车的大量增加，“行路难”几乎成了困扰上海人的最突出的问题。于是，全面改造上海的马路，尤其是那些车辆走不动的“瓶颈”，成了上海大变样的序曲。近年来，人们发现，许多过去显得十分逼仄的马路被大大地拓宽了；许多从未听说过的新马路产生了；高架公路、内环线、外环线奇迹般地涌现出来；地铁和轻轨也在人们的睡梦中悄悄地向前延伸着；在市郊，新型的、全封闭的高速公路的开通缩短了上海和周边地区的距离。尽管修路给市民们的生活和上下班带来了诸多不便，然而，市民们对这一切都表示理解。事实上，谁都明白，没有这些暂时的不便，如何能换来新的交通环境和生活环境的出现呢？

过去，上海人常说：路归路，桥归桥。现在，他们突然发现，这个说法其实是十分荒谬的。路和桥难道是可以分离的吗？有哪一座桥不连着路，不是路的一个特殊的组成部分呢？又有哪一条长长的公路或铁路能够完全与桥分离开来呢？在某种意义上可以说，路是特殊的桥，而桥则是特殊的路。特别是高架路，不同时也是桥梁吗？难道近年来奇迹般以耸立起来的南浦大桥、杨浦大桥和数不清的立交桥、人行天桥不也正是特殊的路吗？其实，不仅桥的修建就是路的修建，还有近年来愈益令人注目的机场、码头、车站的扩展与修建，不也正是在修建特殊的路——陆路、水路和空中之路吗？

无形的路

当然，直到现在为止，我们注意到的还只是看得见的、有形的路。如果我们把目光扩展到无形的、看不见的路的上面，我们就会更深刻地感受到上海的变化。那么，什么是“无形的、看不见的路”呢？那就是我们肉眼看不到的，也不容易引起我们注意的“路”，但这样的“路”却是存在的，而且和我们的生活有千丝万缕的联系。比如，上海和国际国内的计算机联网，不正是在贯通一条条特殊的“路”吗？又如，近年来上海电话线路的猛增、移动电话的流行、电视和卫星通信的发展，不也正是在人们之间修筑起一条条特殊的、沟通之“路”吗？然而，“无形的、看不见的路”的含义还不止于此。事实上，经济、社会和政治体制的改革，新的法规和道德规范的制定，都是在修建沟通人们之间关系的、无形的、看不见的“路”。在某种意义上甚至可以说，这种无形的、看不见的“路”比那些有形的、看得见的路具有更重要的、更深层的意蕴！

道的精神的复兴

这些建设中的、不断地向前延伸着的路，无论是看得见的，还是看不见的路；无论是气势宏大的，还是几乎在地图上找不到的、细小难辨的路，都无例外地贯通着中华民族的核心精神——道的精神。众所周知，“道”的初始含义是“路”，也正是出于对“道”的这一初始含义的尊重，有的德国学者用德语名词“Weg”（路）来译汉语中的“道”字，而“路”的价值也正在于疏通、沟通和通达。遗憾的是，以前的许多学者在释“道”时，只注意到其“规律”的含义，而遗忘了其初始的含义——“路”，从而导致了中华民族的核心精神——道的精神的陨落和社会发展的迟缓。然而，随着当前市场经济的发展，我们不无欣喜地看到，这种道的精神正在复兴之中。无疑，这种道的精神的复兴，正是中华民族复兴的勃勃生机的一种体现。

历史和实践一再告诉我们，任何地方、任何国家的商品经济的发展和商业城市的兴起，都是和路的兴建、交通的发展联系在一起的。在这个意义上，我们甚至可以说，凡是不重视路的建设的地方，都不会真正地重视商品经济的发展。作为历史上的名城，上海正在不断地更新着自己的形象。我们确信，上海人只要把中华民族的伟大的精神——道的精神作为自己的守护神，那么它的前景将会是无限美好的。

不理解现在，就不能解释过去[①]

乍看起来，当代中国人似乎对“历史”怀着一种普遍的兴趣。然而，深入反思又使我们注意到一些完全相反的现象。我们看到，在当代中国文学界和影视界，大部分历史剧的编导都缺乏自觉的历史意识，他们编导编写出来的历史剧触目所见的都是王公贵族、后宫嫔妃之间的计谋权术、钩心斗角、同室操戈、宫闱政变。明眼人一看就知道，所有这些传统观念与我们今天的市场经济和现代化建设的主导性价值都是相冲突的。这些历史剧不仅不能为当今的生活提供引导性的价值，反而充当了阻碍市场经济和现代化发展的消极的思想台柱。

① 本文原来的标题是“理解现在，才能解释过去”，原载《浙江日报》，2007-03-19。

历史意识的关键是对当代生活本质的正确理解

什么是“历史意识”呢？历史意识并不是指一个人对历史素材、历史掌故、历史细节的熟悉程度，而在于对现在生活本质的先行的、正确的理解。我们这里所说的“先行的、正确的理解”就是在研究历史之前，先要领悟当代生活的本质。那么，究竟什么是当代生活的本质呢？市场经济和现代化构成当代中国社会生活的本质，而市场经济和现代化所蕴含的客观的价值导向——民主政治、个性自由、基本人权、社会公正等就是我们提倡的主导价值。如关于包公、海瑞、狄仁杰等的故事，就是以反对特权、维护社会公正为主导性价值的历史剧，就具有特别的意义。这类历史剧的问世，在客观上表明，历史意识在当今中国的思想文化界并没有消失。

这样看来，历史意识的座右铭应是“不理解现在，就不能解释过去”。历史意识的重心永远在当代。当意大利哲学家克罗齐说“一切历史都是当代史”的时候，他表达出来的正是这种自觉的历史意识。

历史意识启示我们，当一个研究者还没有对当代生活的本质加以把握之前，就匆匆忙忙地扑向过去，试图做出自己的解释，这样的解释肯定是失败的。因为确定某个历史事件、历史问题和历史经验是否有意义，其判断标准就隐藏在当代的思想意识和客观的价值观念中。

对历史文化遗产应该采取“吸取精华、剔除糟粕”的态度，这是对的，但问题在于，如果不预先确定客观的价值坐标，又如何区分“精华”与“糟粕”呢？显然，这里说的客观的价值坐标恰恰来自自觉的历史意识。于是，我们就明白了，一旦编导们确立了自觉的历史意识，新的、无限丰富的历史素材将在他们的眼前展现出来。事实上，许多具有民间思想倾向的作品，如诗经、汉诗十九首、唐宋传奇、宋元话本、明清小说和戏曲等，蕴含着与当今市场经济和现代化建设的客观价值导向相吻合的价值观念，为什么编导们不去发掘并加工这些极其珍贵的历史素材呢？无论是陈凯歌导演的《无极》，还是冯小刚导演的《夜宴》，都无法逃避失败的命运，因为他们很少顾及作品所载之“道”究竟是什么，这个“道”究竟是否与当代社会的客观价值导向相切合？如果他们不愿意把自己的时间花费在对现实生活的反思中，那么，他们就像卡夫卡笔下的那个土地测量员，永远只能围绕着“历史”这个城堡兜圈子，却不可能真正地进入这个城堡之中。

“人体解剖对于猴体解剖是一把钥匙”

正如我们在前面已经指出过的，历史意识的座右铭是“不理解现在，就不能解释过去”。借用马克思的话来说，就是：“人体解剖对于猴体解剖是一把钥匙。反过来说，低等动物身上表露的高等动物的征兆，只有在高等动物本身已被认识之后才能理解。因此，资产阶级经济为古代经济等提供了钥匙。”

人们也许会问：为什么马克思不是把对低等动物的认识置于对高等动物的认识之前，而是采用倒过来的认识路线呢？因为在他看来，低等动物身上显露出来的某些征兆，在人们认识高等动物的结构之前是难以获得确切的认识的。也正是在这个意义上，马克思进一步发挥道：“基督教只有在它的自我批判在一定程度上，可说是在可能范围内准备好时，才有助于对早期神话做出客观的理解。同样，资产阶级经济只有在资产阶级社会的自我批判已经开始时，才能理解封建的、古代的和东方的经济。”由此可见，贯穿在马克思思维方法中的根本性内涵正是我们前面所提到的这种自觉的历史意识。

历史意识的前提是历史真实性

自觉地把当代生活中的本质性的价值导向带入到对历史的解读中去

是正确的，但同时也必须维护历史真实性的原则，即不应该用当代人的思想观念去改铸古代人的思想观念，甚至粗暴地把当代人的思想观念强加到古代人的身上。

事实上，马克思本人在强调自觉地贯彻历史意识的同时，也告诫我们：“但是，决不是像那些抹杀一切历史差别、把一切社会形式都看成资产阶级社会形式的经济学家所理解的那样。人们认识了地租，就能理解代役租、什一税等。但是不应当把它们等同起来。”在马克思看来，“地租”是当代资产阶级社会采用的经济形式，而“代役租”和“什一税”则是古代社会采用的经济形式。显然，认识“地租”这种当代的经济形式有助于理解历史上曾经出现过的“代役租”和“什一税”这样的经济形式，但决不应该犯如下的错误，即把“地租”与“代役租”和“什一税”简单地等同起来。

毋庸讳言，马克思的上述论述既肯定了历史意识的重要性，又严格地划定了历史意识起作用的界限和范围，即历史意识是以尊重历史的真实性、承认不同历史时期之间存在的差异为前提的。也就是说，我们必须在历史意识与历史的真实之间建立必要的张力。而历史意识的活力正是通过对这种真实性和差异性的充分尊重而显现出来的。事实上，也只有认识到这一点，我们才能合理地理解并解释历史，才不会与历史的本质失之交臂。

生活世界的辩证法[①]

在以往的哲学研究中，人们热衷于把辩证法从其载体——生活世界中剥离出来，单独地加以发挥，结果导致了诡辩。有趣的是，人们在拒斥诡辩时，又走向另一个极端，即干脆否定了生活世界的辩证法，把婴儿和洗澡水一起倒掉了。于是，各种非此即彼的、肤浅的意见和争论便到处泛滥。乍看起来，哲学探讨出现了热闹非凡的景象，但只要返回到生活世界的辩证法，立即就会发现，这一景象是虚假的，它不过是一大堆被吹胀了的肥皂泡而已。事实上，要认识生活世界的本质，就不得不复归到它的辩证法上面去。下面，我们从四个不同的角度来探索生活世界的辩证法。

---

① 本文原来的标题是“向生活世界的辩证法复归”，原载《探索与争鸣》，2000 (11)。

全球化与区域化

在当前各种哲学、文化的刊物上，讨论“全球化”（globalization）已经成了一种新的时尚。其实，马克思和恩格斯早在150多年前出版的《共产党宣言》中已经预见到这种必然趋势。他们在分析资产阶级的历史作用时这样写道：“不断扩大产品销路的需要，驱使资产阶级奔走于全球各地。它必须到处落户，到处创业，到处建立联系。资产阶级，由于开拓了世界市场，使一切国家的生产和消费都成为世界性的了。”① 20世纪70年代，美国学者沃勒斯坦出版的《现代世界体系》超越了以前的学者把一个主权国家、一个地区或一个文明作为分析单位的研究方法，主张把整个世界体系作为分析单位来探讨现代世界的演化。这些预言和见解显示出卓越的眼光。事实上，自20世纪六七十年代以来，随着跨国公司、国际贸易、世界金融体系、计算机技术和全球信息网络的飞速发展，世界变得越来越小了，“地球村”已成了人们生活中的惯用语。一言以蔽之，这种在世界经济一体化推动下日益逼近的“全球化”趋势确实应该引起我们的高度重视。为了维护我们的生存，必须采取相应的措施来适应这种发展趋势。

然而，如果人们在当前的生活世界中只见到这种趋势，他们的思维、决策和行为必将陷入错误之中，因为与政治、经济、文化上的全球化趋势同时并存且作为一种强大的制衡力量出现的是“区域化”（localization）的趋势。从政治、经济上看，欧共体，北美经济联合体，北约，亚洲、非洲和拉丁美洲的各种政治的或经济的联盟，都是维护各自区域的政治、经济利益的联合体。这种区域性的联合体是在不同主权国家的基础上形成和发展起来的，因而是制衡政治、经济全球化的一种现实的、

① 《马克思恩格斯选集》，第1卷，276页，北京，人民出版社，1995。

重大的力量。正如亨廷顿所指出的："民族国家仍然是世界事务中的主要因素。"[①] 从文化上看，人类在长期的历史发展中形成的不同的种族、传统、习俗、宗教、语言、哲学和价值观念也是制衡文化全球化的一种巨大的力量。亨廷顿认为，"冷战"以后，资本主义与共产主义在意识形态上的对立已经让位给区域化的、八大文明之间的冲突。这八大文明是：中华文明、日本文明、印度文明、伊斯兰文明、西方文明、东正教文明、拉美文明和非洲文明。他甚至这样写道："我们只有在了解我们不是谁、并常常只有在了解我们反对谁时，才了解我们是谁。"[②] 要言之，在当今世界上，政治、经济和文化上的区域化与全球化一样，也是一个不争的事实，其极端形式则是宗教上的原教旨主义和政治上的种族主义。

这就告诉我们，在当前的生活世界中，全球化和区域化形成了一对矛盾：一方面，它们相互依赖、相互渗透；另一方面，它们又相互对立、相互制衡。在观念上，我们既不能撇开全球化来思考区域化，也不能撇开区域化来思考全球化；在行为方式上，我们既不能脱离区域化的现实去捕捉全球化的幻影，也不能脱离全球化的背景去营造区域化的堡垒。总之，只有正确地理解全球化与区域化之间的辩证关系，我们在现实生活中才会做出合理的选择。

中心与边缘

不知从什么时候起，"中心"（center）和"边缘"（margin）这两个地域性的概念在哲学、文化讨论中变得时髦起来。这或许源于德里达对西方逻各斯中心主义传统的解构，或许源于萨伊德的东方主义理论对西

① 塞缪尔·亨廷顿：《文明的冲突与世界秩序的重建》，6页，北京，新华出版社，1998。

② 塞缪尔·亨廷顿：《文明的冲突与世界秩序的重建》，6页，北京，新华出版社，1998。

方文化中心主义或西方话语霸权主义的冲击。不管如何，这两个概念已经获得了普泛性的意义。在一般的情况下，“中心”指的是欧洲文化中心主义或西方文化中心主义，“边缘”指的是西方以外的文化，特别是东方的文化。我们发现，在当前的哲学、文化讨论中，这两个概念始终以僵硬的方式对峙着。人们撰写了大量的论著来批判西方文化中心主义，但遗憾的是，并没有从这种批判中引申出合理的、积极的结论。在这个领域里起作用的与其说是冷静的理智，不如说是偏狭的情感。

众所周知，斯宾格勒早在20世纪初就对西方文化中心主义进行了激烈的批判。他这样写道：“这种使各大文化都把我们当作全部世界事变的假定中心，绕着我们旋转的流行的西欧历史体系的最恰当的名称可以叫作历史的托勒密体系。”① 在《西方的没落》中，他试图取代这种体系，做出“历史领域中的哥白尼发现”。在他看来，印度文化、中国文化、巴比伦文化、埃及文化、阿拉伯文化、墨西哥文化等都具有与西方文化同样的重要性，没有任何理由把西方文化置于世界文化的中心，西方文化中心论不过是西方人自欺斯人的幻觉而已。后来，李约瑟在研究中国古代科技史时，有感于中国古代文化所取得的辉煌成就，也对西方文化中心主义做过剀切的批判。但这些批判都没有引起西方人的普遍的关注，直到萨伊德的《东方主义》于1978年问世，局面才为之一变。西方学者仿佛在同一个时刻突然惊醒过来，开始大张旗鼓地批判西方文化中心主义，美国学者P. A. 柯亨甚至在20世纪80年代出版了《在中国发现历史：中国中心观在美国的兴起》一书，试图用“中国中心观”来取代西方文化中心主义。不少中国学者亦步亦趋，对西方话语霸权主义大加挞伐，并扬言“21世纪将是中国文化的世纪”。言之凿凿，不由得你不信。

然而，只要稍加分析，就会发现，这里起作用的乃是两个极端天真的、幼稚的见解。第一个见解是：西方文化中心主义不过是一种观念，

---

① 斯宾格勒：《西方的没落》，上卷，34页，北京，商务印书馆，1995。

只要我们抛弃了这种观念，我们也就不再受它支配了。按照这种见解，人类历史仿佛是由纯粹的观念构成的，人们只要任意地接受或抛弃某一个观念，现实的历史也就发生了相应的变化。马克思早就嘲讽过这种天真的见解："有一个好汉一天忽然想到，人们之所以溺死，是因为他们被关于重力的思想迷住了。如果他们从头脑中抛掉这个观念，比方说，宣称它是宗教迷信的观念，那么他们就会避免任何溺死的危险。"① 其实，西方文化中心主义不仅是一种观念，也是在经济、科学技术、政治、军事等方面表现出来的综合的、现实的力量。只要这种现实的力量还存在着，那么单纯观念上的批判并不能消除西方文化中心主义。第二个见解是：提出东方文化中心论或中国文化中心论来对抗西方文化中心论。所谓"三十年河东，三十年河西""21 世纪是中国文化的世纪"等提法均是这一见解的具体表现。这一见解的天真之处正在于把东方文化中心主义或中国文化中心主义看作是可以任意加以制造的观念，仿佛银行可以随意地印制纸币，而不顾自己有否黄金储备一样。其实，任何一种文化中心主义都不可能通过纯粹观念上的批判加以否定，也不可能通过纯粹观念上的倡导而得以确立。在汉唐时期，从来没有人谈"中心"，但当时的中国却是世界文化中心之一；今天，许多中国人都在谈"中心"，但世界文化的中心并不在中国。中国今后能否再度成为世界文化中心，完全取决于它在经济、科学技术、政治、军事等方面的综合力量。

综上所述，中心与边缘并不只是抽象的观念，而是对应于现实生活的。这两者并不僵硬地对峙着，而是处在辩证的互动关系中。在一定的历史时期，如果一种文化没有处在中心的位置上，那么它实际上就处在边缘状态中。人们即使在情感上讨厌边缘状态，在观念上成千次地抛弃这种状态，也不等于他们在现实生活中已经脱离了这种状态。现实的状态是不能用单纯的观念去加以改变的。认识到这一点，我们也就从关于

---

① 黑格尔：《马克思恩格斯全集》，第 1 卷，16 页，北京，人民出版社，1956。

中心与边缘的无谓争执中走出来了。

普遍性与特殊性

在当前关于现代化理论的哲学反思中，学术界存在着两种对立的见解。一种见解认为，现代化就是西方化，西方国家只有按照西方的模式进行现代化建设，才可望获得成功。人们通常把这种见解称之为“全盘西化论”。另一种见解则认为，在非西方地区和国家，存在着与西方现代化完全不同的道路。我们不妨把这种见解称之为“完全拒斥西方现代化论”。从哲学上看，这两种见解涉及对普遍性（universality）与特殊性（particularity）关系的理解。如果把现代化理解为一种普遍性的趋向，那么在不同的地区或国家，现代化的不同的道路或模式就以特殊性的方式表现出来。

按照上面提到的第一种见解，如果“现代化就是西方化”，那么现代化这种普遍性与西方化这种特殊性就直接等同起来了。这种等同导致的结果是：从一方面看，现代化这种普遍性失去了它的普适性并被下降为西方化这种特殊性，这一下降实际上取消了普遍性本身。从另一方面看，西方化作为特殊性被提升为现代化这种普遍性，这一提升实际上取消了特殊性本身。由此可见，“全盘西化论”是站不住脚的，事实上，现在已经很少有人再坚持这种见解了。按照上面提到的第二种见解，如果非西方地区和国家“存在着与西方现代化完全不同的道路”，那就等于宣布，在西方现代化这种特殊的模式中，并不存在其他模式中也存在的任何共同的、普遍的东西。易言之，西方化这种特殊性与现代化这种普遍性完全无关。也就是说，西方现代化的模式不能为任何其他地区或国家的现代化道路提供任何有益的启示。特殊性之为特殊性，既与其他特殊性无涉，也与普遍性无涉。从哲学上来看，这种蛮横的思维方式简直是不可思议的。黑格尔在批判那类把特殊性与普遍性割裂开来并对立起来的学究时，曾经写道："由于他厌恶或害怕特殊性，不知道特殊性也包含普遍性在内，他是不愿意理解或承认这普遍性的，——在别的地方，我曾经把他比作一个患病的学究，医生劝他吃水果，于是有人把樱桃或杏子或葡萄放在他面前，但他由于抽象理智的学究气，却不伸手去拿，因为摆在他面前的，只有一个一个的樱桃、杏子或葡萄，而不是水果。"① 所以，"完全拒斥西方现代化论"走到与"全盘西化论"相反的另一个极端上，即认为在西方现代化中根本不存在其他地区和国家可以借鉴的任何有普适性价值的东西。这就等于把特殊性完全放到普遍性外面去了，换言之，把两者的关系完全割裂开来并对立起来了。事实上，现代化作为普遍性体现为如下的普适性因素，如对世界市场经济的参与、贸易和货币的国际化、市民社会与契约关系的形成、对个体本位与自由意识的认同，法权人格和道德实践主体的确立、民主政体和法制的建设等。这些普适性的因素既包含在西方现代化的特殊模式中，也必然包含在任何其他地区或国家现代化的模式中。借口自己的特殊性而试图摆脱任何普遍性的约束，就像拔着自己的头发离开地球一样，不过是缺乏辩证思维的大脑产生的一种天真的幻觉罢了。

由此可见，无论是萨伊德的东方主义理论，还是我们自己的、建基于偏狭的情感的基础之上的幻觉都不能帮助我们逃离普遍性。特殊之所以特殊，因为它包含着普遍性；而普遍之所以普遍，因为它无例外地贯穿于所有的特殊性之中。明白了普遍性与特殊性的辩证关系，许多无谓的争论也就自行消解了。

现象与本质

在当前的哲学、文化讨论中，现象（phenomenon）与本质（es-

---

① 黑格尔：《哲学史讲演录》，第1卷，23页，北京，商务印书馆，1981。

sence）也是一对使用率极高的概念。人们随心所欲地运用它们描述或解释生活世界，但由于理解上的偏差，这类描述或解释常常陷入误区，从而引申出似是而非的结论来。

在对现象与本质关系的探索上，大致存在着三种不同的理解模式。第一种是独断论的理解模式。按照这种模式，事物完全是独立于我们的意志而存在的，它们包含着现象与本质这两个方面，现象是事物在运动和变化中表现出来的各个片断，为我们的感觉器官所把握，本质则是事物内部比较稳定的、隐蔽的联系，必须通过正确的理性思维才能把握。当人们通过现象认识本质时，这里所说的本质也就是事物自身的本质。我们之所以把这种理解模式称之为独断论的，因为它从不反思人的思维与外部世界是否具有同构关系，但却武断地认定，人的思维能把握外部事物乃至整个外部世界的本质。第二种是批判的、现象学意义上的理解模式，是在康德的批判哲学的基础上发展起来的。按照这种理解模式，现象也就是人感知外部世界的表象，本质并不是事物本身的本质，而是现象，即表象的本质。也就是说，本质并不躲藏在现象的背后，它就在现象之中。这种理解模式使人不再以独断论的方式谈论事物本身的本质，而只谈论现象范围内的本质。第三种是出现在维特根斯坦后期哲学中的"反本质主义"（anti-essentialism）的理解模式，它在当前的哲学、文化界遭到普遍的误解和误用。按照这种模式，在现象世界的范围内，我们能够看到各种各样的游戏方式，如棋类游戏、牌类游戏、球类游戏，等等，但这些游戏方式并不存在共同点或共同本质，存在着的只是某些相似性。维氏说："我想不出比家族相似（family resemblances）更好的说法来表达这些相似性的特征；因为家庭成员之间各种各样的相似性，如身材、相貌、眼睛的颜色、步态、禀性，等等，也以同样的方式重叠和交叉。——我要说：'各种游戏'形成了家族。"① 平心而论，这种"反

① 维特根斯坦：《哲学研究》，46 页，北京，生活·读书·新知三联书店，1992。

本质主义”的理解模式强调了同类现象在细节上的差异，从而在一定程度上遏制了人们如下的思维习惯：在同类现象中只注意共性，不注意差异。如只注意拿破仑和克劳塞维茨都是军事家（本质），但完全忽略了两人在生活中的其他方面存在的差异。

毋庸讳言，“反本质主义”的理解模式在使思想避免凝固化和僵化方面是有其积极意义的，但如果从这种理解模式中引申出这样的结论，即在现象世界中，可以存在无本质的现象，那就变得很荒谬了。众所周知，在任何语言中，一旦人们用某一概念去命名同一类对象，这一概念便成了这类对象的本质。如果不存在本质，这样的概念乃至整个语言系统都将失去其存在的理由。维氏试图用“家族相似”的概念来说明不同游戏之间的相似性，但只要一用这个概念去解释其他的现象，它马上也会被本质化，因为它显示出同类现象之间的共同点。甚至人们只要在两个不同的场合下使用“反本质主义”的概念，这一概念也就不可避免地被本质化了。反本质主义自身的本质化，这并不是危言耸听，而是生活世界和语言自身的辩证法使然。质言之，本质与现象是不可分离地联系在一起的，如果把这两者割裂开来，人们就无法对生活世界做出合理的说明。在现象与本质的关系上，需要的是一种双向式的思维：一方面，要从丰富的、杂多的现象出发去追寻本质；另一方面，又要善于从本质的抽象性出发，溯回到现象世界的丰富的杂多性中间去。在这方面，萨特的“前进—逆溯”的方法为我们提供了极其有益的启示。

综上所述，由于当前的哲学、文化探讨与辩证思维方式的分离，各种肤浅的见解便到处蔓延。要从这种“黄钟毁弃，瓦釜雷鸣”的困境中摆脱出来，就应该坚定不移地返回到生活世界的辩证法中去！

全球化问题的哲学反思[①]

近年来，“全球化”（globalization）的概念不但成功地融入日常生活，成了日常语言中的口头禅；而且也迅速地占领了诸多学术领域，仿佛成了衡量一个学者是否具有前沿意识的重要标志。与此同时，以“全球化”作为主题的论著如雨后春笋般地冒出来。我们似乎比任何时候都更深刻地感受到这一点，即语言真是世界的主宰！然而，当我们认真地审读相关的论著的时候，却不无遗憾地发现，关于“全球化”这一概念，人们并没有做出任何实质性的论断，从而也无法使我们的认识向前推进一步。笔者希望，通过对这一概念的含义和谈论角度的反思，获得一种真正的、批判性的识见。

---

① 本文原载《学术月刊》，2002（5），中国人民大学复印资料《哲学原理》，2002（11）全文转载。

主动与受动

众所周知，“全球化”这个概念，特别是蕴含在这个概念中的“化”字表明，它指称的是某一主体或某些主体的行为或活动。也就是说，“全球化”作为一种行为或活动，是与行为或活动的主体不可分割地联系在一起的。然而，有趣的是，人们在探讨“全球化”的论著中，却常常把它理解为一种无主体的行为或活动。一旦进入这样的理解方式，即把“全球化”与推进“全球化”的主体分离开来，从而使“全球化”成为从天而降的东西，也就等于封闭了对这个问题获得真正的见解的全部路径。

这就启示我们，必须把“全球化”和积极推进“全球化”的主体联系起来进行考察。那么，究竟谁是积极地推进“全球化”的主体呢？换言之，究竟谁在“全球化”的进程中处于主动状态呢？观察和研究表明，是西方发达国家，而西方发达国家为什么会成为“全球化”历史进程的积极推进者呢？答案也是不言而喻的，因为它们能够从中获益。除了这个根本性的原因以外，还因为它们拥有推进“全球化”的先进的、科学技术和资本方面的条件。与西方发达国家所处的主动状态相对的是受动状态，而受动者则是那些不得不接受“全球化”理念和行为结果的发展中国家或在发展中相对滞后的国家。

当然，以这样的方式来区分“全球化”进程中的主动的方面和受动的方面还是比较粗糙的。事实上，在西方发达国家的内部，贫富之间的对立也是十分严重的。在这个意义上可以说，真正的主动者乃是西方发达国家中那些通过“全球化”的推进可以带来巨大利益的阶层，而它们对国家的决策常常起着举足轻重的作用。至于西方发达国家中的贫困的阶层，不但不一定在“全球化”的进程中获益，其利益还可能遭到进一步的损害。这方面的情况，我们将在后面的论述中做具体的分析。同样地，在发展中国家或在发展中相对滞后的国家里，也存在着贫富之间的差异，虽然从总体上看，“全球化”使这些国家处于被动和不利的情况下，但这些国家中的富有的阶层仍然可能在这一进程中获益。

从上面的分析可以看出，只有当我们不再停留在表面上，即以无主体的方式泛泛地谈论“全球化”的时候，我们的认识才会获得深化，才会深刻地理解关于“全球化”的各种迥然不同的见解存在的理由。

主观与客观

当人们了解到，在“全球化”的进程中存在着主动和受动这两大方面的时候，他们常常会陷入这样的幻觉，即“全球化”不过是西方发达国家中富有的阶层在主观方面所做出的努力罢了。诚然，我们也承认，“全球化”并不是无主体的进程，而西方发达国家在推行这一进程的发展时，起着主动的、举足轻重的作用。但是，我们必须清醒地意识到，这一进程并不只是西方发达国家的主观愿望和随意的行为，而是世界历史发展的客观趋势和客观法则。也就是说，我们既要看到西方发达国家在推进“全球化”进程中的重要作用，但又不能把这一进程仅仅还原为这些国家的主观的、任意的愿望和行为。换言之，我们必须看到“全球化”进程中那些不以人的主观意志为转移的客观因素和客观要求的存在。

马克思早就告诉我们，资本从发达国家的输出和向全世界的渗透乃是资本自身发展的客观逻辑。他写道：“不断扩大产品销路的需要，驱使资产阶级奔走于全球各地。它必须到处落户，到处开发，到处建立联系。”① 又说：“它的商品的低廉价格，是它用来摧毁一切万里长城、征服野蛮人最顽强的仇外心理的重炮。它迫使一切民族——如果它们不想灭亡的话——采用资产阶级的生产方式；它迫使它们在自己那里推行所谓的文明，即变成资产者。一句话，它按照自己的面貌为自己创造出一

① 《马克思恩格斯选集》，第1卷，276页，北京，人民出版社，1995。

个世界。”[①] 这两段话表明，马克思早在一个半世纪以前已经洞见并揭示了资本“全球化”的客观历史趋势。在《资本论》中，马克思进一步强调，资本家不过是资本的人格化。“我的观点是：社会经济形态的发展是一种自然历史过程。”[②] 在马克思看来，资本家和资产阶级是不可能违背资本发展的客观逻辑的，因而他们一定会全力推进“全球化”的历史进程。

一旦获得这样的认识，我们也就进一步深化了对“全球化”进程中的主体的本质的认识。也就是说，真正的主体不是西方发达国家中富有的阶层，而是他们所操纵和控制的资本。正是资本自我增值的客观需求构成了“全球化”的深层的历史动因。事实上，只有当我们把“全球化”理解为不可阻挡的、客观的历史发展趋势的时候，我们在这一进程中采取的对策和行为方式才能获得坚实的基础。

赞成与反对

如前所述，既然“全球化”本质上是不以人的主观意志为转移的客观趋势，那就是说，不论人们赞成它也好，反对它也好，它总会以不可阻挡之势向前发展。有人也许会问：既然如此，为什么在讨论“全球化”问题时还有必要把赞成与反对作为问题提出来呢？道理很简单，因为我们必须注意到，“反全球化”（anti-globalization）是一个与“全球化”具有同样知名度的概念，而人们对“反全球化”概念的认识也已经步入误区，需要加以澄清。这就使我们对这个方面的考察成为必要。

众所周知，1999 年年底的“西雅图风波”开了所谓“反全球化”的先河。从那时起到现在，无论是在北美，还是欧洲大陆；无论是在澳洲，还是在亚洲，已经发生多起重大的“反全球化”的示威游行。这一“反

① 《马克思恩格斯选集》，第 1 卷，276 页，北京，人民出版社，1995。

② 马克思：《资本论》，第 1 卷，12 页，北京，人民出版社，1975。

全球化”的阵营是由各种各样的人组成的：既有极“左”的革命者，又有宗教团体的成员；既有无政府主义者，又有环境保护主义者；既有第三世界的同情者，又有在西方社会中生活落魄的人。

问题在于，我们能不能把他们的活动理解为“反全球化”的活动？按照我的见解，这里存在着概念的误用。其实，彻底的、绝对的“反全球化”的人和活动都是不存在的。比如，互联网、卫星电视传播、热线电话、国际航班、国际性的大卖场等，都是“全球化”的组成部分，为什么人们不起来抗议和反对这些东西呢？事实上，在前面提到的一系列所谓“反全球化”的运动中，最集中地受到攻击的是全球分配不均、贫富差异拉大，而对这样的结果起着维持和推进作用的组织则是世界银行、国际货币基金组织和世界贸易组织等。因为这些组织更多地代表了西方发达国家的利益。在这个意义上可以说，所谓“反全球化”的实质是反对西方发达国家在“全球化”的进程中，利用各种组织，对本国弱势人群和对弱势国家的利益的侵害。所以，“反全球化”这个提法本身就是概念的一种误用。反之，“赞成全球化”也是一个含糊的说法，实际上，人们不可能赞成“全球化”中间的每一个举措，一般说来，他们赞成的也只是与自己的利益相契合的那些部分。

尽管“全球化”是一个客观的历史进程，而赞成或反对这一历史进程则是一部分人的主观方面的愿望，但主观方面的愿望仍然会对这一进程的发展产生一定的影响，至少会敦促处于主动状态的国家对其他不同国家的利益做出相应的调整，尽管“全球化”的总趋势是无法逆转的。当然，重要的并不是停留在这种“赞成”或“反对”的抽象的态度上，而是要深入地分析，人们具体“反对”什么或“赞成”什么。

西方化和普世化

如前所述，西方发达国家在推行“全球化”的过程中，始终处于主动的地位上。这是一个不争的事实。但能不能像有些学者一样，从这一事实出发，简单地把“全球化”诊断为“西方化”，即西方经济利益和文化价值的“全球化”呢？显然不能。

诚然，我们也承认，西方发达国家在推行“全球化”的过程中，主观上也希望输出自己的文化价值观念，但全部问题在于，它们是否可能把非西方的国家全部都“西方化”呢？我们认为，这是不可能的，主要理由如下：其一，非西方发达国家都有自己的文化传统和具体国情。即使西方国家的经济观念乃至整个文化价值观念渗透到这些国家中，这些国家也不可能实现全盘“西方化”的，因为它们自己的文化已经进入血液之中，想抛弃也是抛弃不了的。最可能的结果是两种文化的融合。其二，西方发达国家在推行“全球化”的进程中，其心理状态是十分矛盾的：一方面，它们希望在经济和文化上同化那些发展中国家；另一方面，它们又担心这些国家的迅速崛起会倒过来损害自己的利益。基于这样的矛盾心理，它们也不可能全心全意地沿着“西方化”的路径来改变那些国家。在这个意义上可以说，把“全球化”理解为西方化，不但是一种简单化的做法，而且也是一种不切实际的幻想。

假如说，“全球化”进程中的“西方化”是一个假问题的话，那么，“普世化”倒是一个应该引起我们高度重视的问题。我们这里说的“普世化”乃是指蕴含在西方文化中的普世性价值观念，如人权、自由、民主、平等、公正、信用等观念的广泛传播。从哲学上看，普遍性和特殊性是一对矛盾。特殊性蕴含着普遍性，而普遍性只能通过特殊性而存在。这就告诉我们，西方文化乃是一种特殊性，而它所蕴含的上述普世性价值则是一种普遍性。由于特殊性是无法把自己普遍化的，所以，“西方化”完全是一个虚假的问题，真实的问题乃是普世性价值的传播问题，而在普世性价值的传播过程中，非西方国家究竟是加以拒斥，还是加以接受？这才是全部问题的要害之所在。我们发现，非西方国家常常以自己的所谓“特殊性”“特色”为理由来拒斥这类普世性价值。在这样做的时候，它们常常打着“反对西方化”“反对西方话语霸权”的口号，既然我们在上面已经论证“西方化”不过是一个虚假的幻影，因此，它们实际上反对的是蕴含在西方文化中的普世性价值。

当然，这里有两个情况需要加以说明：一是西方国家在推行“全球化”的过程中也会陷入幻觉，以为自己只是在推行“西方化”，在扩大自己的利益，而按照黑格尔的看法，蕴含在历史运动中的“理性的狡计”会使这方面的动机变得无足轻重，相反，却把那些普世性价值的传播作为最重要的内容凸显出来；二是任何国家要走现代化的道路，都无法回避上面提到的那些普世性的价值。不管人们给自己正在从事的现代化的模式打上什么印记，如“某某特色”“某某宗教革命”等，那些普世性价值是绕不过去的。

综上所述，在当前的情况下，泛泛地讨论“全球化”问题已经变得没有任何意义了，重要的是，揭示并认识蕴含在这其中的实质性问题。

现代化的文化内涵[①]

人们习惯以就事论事的方式来探讨现代化的问题，这反而容易使他们与他们正在追求的真理失之交臂。事实上，人们正在从事的现代化事业从来就不是孤立的，而是和现实生活中的其他的维度，特别是文化的维度不可分割地联系在一起的。只有当我们把现代化建设同时理解为一种文化建设时，亦即只有当我们深入地反思现代化的文化内涵时，蕴含在现代化进程中的实质性的东西才会向我们显示出来。

全面认识现代化的文化内涵

众所周知，“文化”是一个含义十分丰富的概念，常常因为人们对它的含义有着不同的理

① 本文原来的标题是“现代化的文化内涵与文化的现代化指向”，原载《文汇报》，1996-04-10，《新华文摘》，1996（7）全文转载。

解，许多文化争论便难以获得实质性的进展。按照我们的看法，存在着两个不同的“文化概念。一个是“广义文化”的概念，即经过人类劳动加工的一切都属于“广义文化”概念的范围之内。它主要包括三个层面：一是器物层面，如人类建造的各种建筑物、产品、工具等；二是制度层面，即人类社会制定的各种制度，如经济制度、法律制度等；三是观念层面，如社会心理、各种意识形式、价值观念等。为了讨论问题的方便，我们不妨把广义“文化”概念中的器物、制度和观念层面分别称作“文化1”“文化2”和“文化3”。另一个是“狭义文化”概念。实际上，“狭义文化”概念也就是“广义文化”概念中的第三个层面，即观念层面。

回顾一下中国的近、现代史，就会发现，以李鸿章为首的“洋务派”，主要是从器物革新，即“文化1”的层面出发去理解现代化的文化内涵的。而中国在“甲午海战”中的惨败表明，“洋务派”对中国现代化的文化内涵的理解又是何等肤浅、何等片面。后来以康有为、梁启超为代表的“维新派”和以孙中山为代表的“革命派”，主要是从制度革新，即“文化2”的层面出发去理解现代化的文化内涵的。然而，在清王朝被推翻后，议会的贿选、军阀的混战、袁世凯和张勋复辟等现象的出现表明，光注意“文化2”的更新也是不够的，因为制度也是人建立起来的，只有人的观念普遍地改变了，新制度才能获得稳固的基础和长足的发展。“五四”前后的新文化运动则主要是从观念革新，即“文化3”的层面上来理解现代化的文化内涵的。这一历史过程表明，国人对现代化的文化内涵的理解和思考不断地向纵深发展。然而，由于外患频仍，国人一直没有时间对现代化的全幅文化的内容做出从容的反思和认真的总结。

自20世纪70年代以来，国人对现代化的文化内涵的认识又经历了一个类似的过程。人们最先把现代化理解为“四个现代化”，即工业、农业、国防和科学技术现代化。毋庸讳言，这四个现代化在整个现代化的发展进程中起着重要的作用，但仅仅着眼于“四个现代化”显然还停留在器物的层面上，即停留在“文化 1”的层面上。改革开放后不久，国人认识到，要在现代化的进程中真正地打开局面，关键是进行体制改革，尤其是经济体制的改革。在发展商品经济的时候，国人还越来越明显地认识到法制建设的重要性。事实上，政府每年都要颁布多部法规。至于这些法规的执行情况和国人的法权意识，那就又当别论了。在这个阶段上，国人的认识主要停留在制度层面上，即停留在“文化 2”的层面上。到 20 世纪 90 年代的后半期，国人进一步认识到，现代化的最重要的内容是人的素质的现代化，而人的素质的现代化的关键又在于人的观念，特别是人的价值观念的现代化。观念不更新，即使器物和制度都变了，人们仍然会故态复萌。于是，国人的认识进入了第三个阶段——观念层面，即“文化 3”的层面上。

中国近、现代和当代的现代化实践一再告诉我们，必须从总体上把握现代化所蕴含的全部文化内涵。也就是说，必须超越“四个现代化”的眼界，而把现代化理解为总体性的、多层面的文化工程。

中国现代化进程中的文化情结

众所周知，中国是在特殊的情境下开始确立并走上现代化的道路的，这就使这条道路显得格外坎坷。这种情况反映在文化意识，即“狭义文化”或“文化 3”的层面上，表现为以下四个挥之不去的情结。

第一个情结是：一方面，国人意识到，中国要走现代化的道路，就必须虚心地向西方先进国家学习。学习它们优秀的文化遗产、先进的科学技术和管理方法；另一方面，国人也意识到，从鸦片战争以来，侵略中国、掠夺中国、限制中国民族工业发展的，也正是这些以“老师”的身份出现的国家。因此，中国要发展，要搞现代化，就必须先起来反抗这些国家，争取中华民族的独立和自主。自近代以降，国人的文化意识始终处在这一情结的纠缠下。坚执于前一方面的极端观念是所谓“全盘西化论”“崇洋媚外论”；坚执后一方面的极端观念是所谓“盲目排外论”“闭关锁国论”。一百多年来，中国的文化意识一直在这两个极端之间进行徘徊。1949 年，中华民族获得独立后，这种文化情结并没有随之而消失。只要我们认真地回顾一下改革开放以来走过的道路，就会发现，在许多文化现象和冲突的背后，依然潜伏着这种情结。

第二个情结是：一方面，国人意识到，中国要走上现代化的道路，就一定要发展商品经济并以此推动全社会的发展；另一方面，国人又处于“不患寡而患不均”的传统文化观念的影响下。一边发展商品经济，一边又担心商品经济的发展会导致贫富不均乃至两极分化。这种情结也一直牢牢地纠缠着国人的文化意识，使他们在实际生活中举步维艰。即使作为民主革命先驱的孙中山先生，在积极倡导发展民族工商业的同时，又提出了“平均地权，节制资本”的口号。晚年毛泽东虽然偶尔也有发展商品经济的念头，但同时又把“限制资产阶级法权”作为一个重要的口号提出来，从而一度使中国错失了发展商品经济的大好时机。改革开放以来，我们虽然结束了这种歧路亡羊的局面，但在文化观念上，却一直徘徊于“效率优先”和“公正优先”这两个极端之间。这充分表明，当代中国人还没有完全从这个情结中走出来。

第三个情结是：一方面，现代化必然蕴含着文化观念上的启蒙，而启蒙的一个根本任务是澄明个人的权利和义务；另一方面，中国早期的现代化始终是在救亡图存的大背景下展开的，而救亡图存强调的是总体性和纪律，新中国成立以后，计划经济强调的也始终是同一个主题，这就在相当的程度上忽视了现代化所蕴含的启蒙主题，即对个人权利的肯定和对个人问题的探讨。在从计划经济向市场经济转型的过程中，人们才越来越清楚地认识到，澄明个人的权利与义务的极端重要性。也就是说，应当在充分肯定个人的权益的基础上处理好个体与总体的关系问题。

第四个情结是：一方面，国人在经历了种种挫折后，从 20 世纪 70 年代才普遍地确立起现代化的意识；但另一方面，在西方发达国家中却出现了一股后现代主义的思潮，这一思潮对现代化和现代性的主要价值导向采取批判的态度。它传入国内后，对一部分知识分子产生了相当大的影响。于是，他们也起来批判现代化的主导性价值。这样一来，就形成了一种两难困境：中国要不要搞现代化？中国应当追求什么样的现代化？许多人感到无所适从。

上面的考察表明，自近代以降，国人的文化意识或徘徊于两个极端之间，或坚执某个片面，这就给中国现代化的历史进程带来了某种消极的影响。正是借助改革开放的伟大力量，国人才正确地理解并在一定程度上超越了这些文化情结，但也应该清醒地看到，这些文化情结还远未消除，它们依然影响乃至困扰着一部分人的思想。

当代中国文化发展的现代化指向

如前所述，在当代中国社会中，各种文化思潮纷然杂陈。就其大端而言，它们可以划分为三类：第一类是传统的或前现代的文化思潮。以儒、道、法、佛为主流的中国传统文化在当代中国社会和文化的发展中仍然拥有根深蒂固的影响。这种传统文化是在以血缘关系为纽带的、宗法等级制社会的基础上形成并发展起来的，因此，其基本的价值取向是：王权至上、等级观念、男尊女卑、江湖义气、因果报应等。第二类是以现代化和现代性的追求为旨归的文化思潮。这类思潮主要是在“五四”前后形成并发展起来的。其基本价值取向是：尊重理性、个性和人权，崇尚平等、自由和民主，倡导科学知识、科学技术和科学精神。第三类是从西方国家传进来的后现代主义思潮。在西方，它兴起于20世纪六七十年代，在八九十年代取得了长足的发展。这类思潮的基本价值取向是：崇尚非理性、解构真理和理想、追求游戏状态等。显而易见，第一类思潮与第三类思潮的基本价值取向是和第二类思潮的基本价值取向相冲突的。在这三种文化思潮的冲突中，中国社会向何处去，这是国人必须做出的选择，而这种选择也并不是完全自由的。不用说，中国作为发展中国家，应当从自己的具体国情出发，坚定不移地走现代化道路。如果犹豫徘徊，歧路亡羊，或只满足于形式主义的文化争论，那就会丧失历史机遇。

因此，在这三类文化思潮的冲突中，我们应该坚定不移地站在第二类思潮的基本价值导向，即现代化的价值导向上。决不能把我们的立场漂移到第一类，即前现代思潮，或第三类，即后现代主义思潮上去。当然，坚持现代化和现代性的价值体系并不等于对前现代和后现代主义的价值体系采取简单化的、否定性的态度。我们仍然需要批判地吸取第一类和第三类文化思潮中的合理的因素，以便对现代化和现代性的价值体系做出必要的修正。

现代化：一个批评性的反思[①]

从哲学研究的角度看，“现代化”（modernization）是人类在现实生活的推动下创造的诸多理念之一，在现、当代社会的发展中，这个理念起着特别重要的作用。深入的哲学思考总是把我们的思维带到下面这种有趣的现象上去：人们习惯在不同的历史年代或文化背景下使用同一个术语来表达自己的思想，但却不由自主地赋予这一术语以不同的含义，而在这样做的时候又没有充分意识到澄清不同的含义的必要性，从而使沟通的失败变得不可避免。要从这种沟通的误区中走出来，对同一概念在不同语境中的不同的含义的澄明就成了前提性的工作。我们在这篇论文中所要做的工作，就是对中国现代化的理念做一个批评性的反思，力图通过对这一理念在不同的历史时期所表现出来的内

① 本文原载《人文杂志》，2000（5）。

涵上的差异性，即历史性的揭示，在世纪之交重塑现代化的理念，以便中国的现代化运动能够沿着健康的轨道向前发展。

关于中国现代化反思的二次高潮

关于中国现代化理念发展史的探讨可以区分出两种不同的情况：一是广义的探讨，这种探讨能够把中国现代化理念的缘起一直追溯到洋务运动，甚至更早的时期。但在当时的历史背景下，人们还没有使用“现代化”这一术语。二是狭义的探讨，这种探讨以“现代化”这一术语的出现作为中国现代化理念缘起的标志。本文立足于狭义的探讨，试图通过现代化这一理念在当代中国社会的不同历史时期的含义上的差异，来阐明中国人的现代化意识的嬗变。

在理论界，人们一般认为，现代化的概念和理论是在20世纪第二次世界大战之后由西方学者率先提出来的。后来这个概念才在中国思想界风行起来。事实并非如此。正如有的学者指出的，“实际上中国现代化运动从自己的实践中提出现代化的概念和观点，早于西方的现代化理论约20年。”① 根据目前掌握的资料，在20世纪20年代，有的学者已开始使用“现代化”这个术语，而这一术语在报刊上的普遍使用则是在20世纪30年代。也就是说，当代中国人对现代化理念的反思滥觞于20世纪二三十年代。毋庸讳言，这种反思并不是一直延续的，而是时断时续的，在20世纪90年代之前，大致可以说出现了二次反思的高潮。

第一次高潮是在20世纪30年代。1933年7月，《申报月刊》刊出了“中国现代化问题号”特辑，先后发表论文26篇，约10万字。虽然论文作者的观点见仁见智，迥然各异，但他们的思考却不约而同地集中在下面两个问题上。

---

① 罗荣渠主编：《从“西化”到现代化》，22页，北京，北京大学出版社，1997。

第一个问题是：什么是现代化？有的学者认为："就个人与物品言，现代化含着进步的意思。现代的人，应该比古代的好；现代的物品应该比古代的好。今日的人与物，如果真比从前的好，那就是现代化了。但就国家社会言，现代化即是工业化（industrialization）。凡一个现代化的国家，即是一个工业化的国家。至于政治是不是要民主，宗教是不是要耶稣，这与现代化无必然的联系。日本是一个现代化的国家，然日本的政治，不是纯粹的民主，日本的宗教，更不是耶稣。所以我们说日本现代化了（modernized），即是说日本工业化了（industrialized），这是现代化适用于国家社会之较狭的意义。工业化为其他一切的现代化的基础，如果中国工业化了，则教育，学术，和其他社会制度，自然会跟着现代化。所以本文所讨论的现代化是专指工业化而言。"① 按照这种见解，现代化的本质也就是工业化，只要工业化实现了，当代中国社会的其他方面也会自然而然地现代化。也有的学者认为："所说现代化，最主要的意义，当然是着重于经济之改造与生产力之提高。换言之，即使中国经过一次彻底的产业革命。因为无论中国之前途为资本主义或社会主义，但中国经济之应改造与生产力之应提高，则为毫无可疑。"② 这种见解与上面的见解实际上是大同小异的，都把经济发展视为现代化的主要含义。

第二个问题是：中国现代化的条件是否已经具备？大部分学者对这个问题的回答是否定的。有的学者认为："中国现代化的困难和障碍第一是资本帝国主义者对中国的侵略和剥削，第二是国内军阀混战的频发和农村经济的破产。……所以要根本上排除中国现代化的困难和障碍是应从打倒帝国主义推翻现社会制度入手。"③ 甚至指出，"从这一点看起来，

---

① 罗荣渠主编：《从"西化"到现代化》，229～230页，北京，北京大学出版社，1997。

② 罗荣渠主编：《从"西化"到现代化》，246页，北京，北京大学出版社，1997。

③ 罗荣渠主编：《从"西化"到现代化》，268～269页，北京，北京大学出版社，1997。

中国目今最紧急的对策并不是在现代化的问题而是在怎样救亡的大计上面。”① 按照这种见解，一个国家的现代化是以民族的独立和政治的统一为前提的，而既然当时的中国还不具备这方面的条件，所以讨论现代化问题实际上是没有意义的。也有的学者认为：“目前中国现代化的困难，我以为在精神方面是缺乏人才；在物质方面是缺乏资金。”② 人才的培养要靠教育的发展，资金的积累要逐步摆脱外资的控制，运用政府的力量来发展国民资本。所以这里的关键还在于政府政治上的清明和经济发展上的计划性。而这个关键因素恰恰又是不确定的，这就使现代化的讨论失去了它的坚实的基础。

比较起来，第二个问题比第一个问题更为根本，因为它涉及现代化的基础和前提。在当时民族的生存和独立尚受到威胁的状态下来讨论现代化问题，实际上是不现实的。所以，这场以“中国现代化问题”为主题的讨论并没有持续地开展下去，而是很快就销声匿迹了，因为这样的讨论还缺乏强有力的动力机制。

在这里值得引起我们进一步思考的问题是：既然在当时的历史背景下讨论中国现代化问题是不现实的，为什么还有那么多学者知其不可而为之，积极参与这场讨论呢？答案只有一个，即这场讨论不是理智型的，而是情感型的。也就是说，当代中国人首先不是从理智上认识到了现代化的重要性，而是从受帝国主义侵略和压迫的切身感受中体验到了现代化的重要性。这也正是他们之所以比西方学者更早地提出现代化概念的根本原因。换言之，当代中国人关于现代化的第一次反思与其说是理智探索型的，不如说是情感感受型的。胡适这样写道：“我们看了这十万字

---

① 罗荣渠主编：《从“西化”到现代化》，266 页，北京，北京大学出版社，1997。

② 罗荣渠主编：《从“西化”到现代化》，256 页，北京，北京大学出版社，1997。

的讨论，真有点像戏台上的潘老丈说的，‘你说了，我更糊涂了。’”① 他的本意也许是想贬低这场讨论，事实上却抬高了这场讨论，因为他始终把这场讨论理解为理智上的认真的探索，实际上，这场讨论主要是情感上的发泄而已。尽管如此，我们还得承认，当代中国人对现代化的反思毕竟迈出了第一步。

第二次高潮是在 20 世纪七八十年代，这是一个思想高度统一的时代，“四个现代化”就是当时关于现代化的统一的提法。这个提法是由晚年毛泽东和周恩来确定的②，而邓小平不论是在“文化大革命”中复出时，还是在粉碎“四人帮”后复出时，都把实现四个现代化看作自己政治路线的一个核心的部分。③ 在阐述四个现代化理论时，邓小平主要提出并解答了如下四个问题。

第一个问题是：四个现代化是什么样性质的现代化？邓小平在“用中国的历史教育青年”一文（1987）中说，“我们脑子里的四化是社会主义的四化。”④ 他不赞成只讲四化，不讲社会主义。他认为，中国历史，特别是中国的近代史告诉我们，中国除了走社会主义的道路没有其他道路可走，如果中国放弃社会主义，就要回到半殖民地半封建社会，不要说小康，甚至连温饱都没有保证。这就启示我们，邓小平的现代化理论

---

① 罗荣渠主编：《从“西化”到现代化》，303 页，北京，北京大学出版社，1997。

② 邓小平在“中国本世纪的目标是实现小康”一文（1979）中说，“四个现代化这个目标是毛主席、周总理在世时确定的。”参见《邓小平文选》，第 2 卷，237 页，北京，人民出版社，1994。

③ 邓小平在“坚持党的路线，改进工作方法”一文（1980）中说：“我们党在现阶段的政治路线，概括地说，就是一心一意地搞四个现代化。”参见《邓小平文选》，第 2 卷，276 页，北京，人民出版社，1994。此外，他在“建设有中国特色的社会主义”一文（1984）中也指出：“我们的政治路线，是把四个现代化建设作为重点，坚持发展生产力，始终抓住这个中心环节不放松，除非打起世界战争。即使打世界战争，打完了还搞建设。我们提出四个现代化的最低目标，是到本世纪末达到小康水平。”参见《邓小平文选》，第 3 卷，64 页，北京，人民出版社，1993。

④ 《邓小平文选》，第 3 卷，204 页，北京，人民出版社，1993。

并不是一种泛泛之论，而始终是一种社会主义现代化的理论。事实上，也只有充分地理解这一点，才能明白他的现代化理论与他的政治路线之间的密切的联系。

第二个问题是：四个现代化的关键是什么？邓小平“在全国科学大会开幕式上的讲话”一文（1978）中明确指出：“四个现代化，关键是科学技术的现代化。没有现代科学技术，就不可能建设现代农业、现代工业、现代国防。没有科学技术的高速度发展，也就不可能有国民经济的高速度发展。”① 他甚至把科学技术看作第一生产力，强调一定要建设一支强大的科学技术队伍，要普及科学知识，迅速地赶超先进国家的科技水平，才能尽快实现现代化的伟大理想。邓小平还进一步指出，科学技术现代化的关键则是大力发展教育事业。正是基于这样的考虑，他在“为景山学校题词”（1983）时写道：“教育要面向现代化，面向世界，面向未来。”② 而要大力发展教育，当然又要进一步改善教师乃至整个知识分子队伍的待遇，从而充分发挥他们的积极性和创造性。③

第三个问题是：什么是中国式的四个现代化？邓小平在1979年会见日本首相大平正芳时说：“我们要实现的四个现代化，是中国式的四个现代化。我们的四个现代化的概念，不是像你们那样的现代化的概念，而是‘小康之家’。到20世纪末，中国的四个现代化即使达到了某种目标，我们的国民生产总值人均水平也还是很低的。要达到第三世界中比较富裕一点的国家的水平，比如国民生产总值人均一千美元，也还得付出很大的努力。就算达到那样的水平，同西方来比，也还是落后的。所以，我只能说，中国到那时也还是一个小康的状态。”④ 一言以蔽之，中国式

---

① 《邓小平文选》，第2卷，86页，北京，人民出版社，1994。

② 《邓小平文选》，第3卷，35页，北京，人民出版社，1993。

③ 邓小平在1989年指出：“十年来我们最大的失误是在教育方面，对青年的政治思想教育抓得不够，教育发展不够。知识分子的待遇太低，这个问题无论如何要解决。”参见《邓小平文选》，第3卷，287页，北京，人民出版社，1993。

④ 《邓小平文选》，第2卷，237页，北京，人民出版社，1994。

的四个现代化也就是“小康”。这一见解显示出邓小平现代化理论的一个重要的特征，即邓小平从不泛泛地讨论任何问题，他总是主张理论联系实际，结合当代中国的具体的历史语境来思考问题。

第四个问题是：什么是实现四个现代化的根本保证？邓小平回答道：“中国要实现四个现代化，摆脱落后状态，必须有一个安定团结的政治局面，必须有领导有秩序地进行建设。……我们坚定不移的原则是要有稳定的政治局面，以保证有秩序地进行四个现代化建设。”① 在邓小平看来，一方面，中国的现代化需要有一个稳定的政治秩序；另一方面，中国的现代化也需要有一个和平的国际环境。总之，稳定是压倒一切的，全部中国近代史都证明了如下的真理：没有国际国内稳定的政治局面，现代化就是一句空话。

与20世纪二三十年代关于中国现代化的思考相比，七八十年代完全是理智型的思考，且显示出强烈的政治倾向。此外，七八十年代的思考明确地提出了工业、农业、科学技术和国防现代化的口号，并把科学技术现代化视为四个现代化的关键，反映出现代化理念反思的强烈的时代特征。当然，还是有一条主线把两个不同时代的思考连贯起来了，那就是把经济建设和大规模地提高生产力视为实现现代化的基础和前提。在现代化的理论方面，坚持这一点不但没有错，而且几乎成了学者们的共识。但仅仅停留在这一点上还是抽象的、片面的，而真理总是具体的，正如黑格尔所指出的：“真理就是所有的参加者都为之酩酊大醉的一席豪饮，而因为每个豪饮者离开酒席就立即陷于瓦解，所以整个的这场豪饮也就同样是一种透明的和单纯的静止。”②

---

① 《邓小平文选》，第3卷，208页，北京，人民出版社，1993。

② 黑格尔：《精神现象学》，上卷，30页，北京，商务印书馆，1981。

新的历史条件与新的反思

如果把我们当前正在进行的现代化的反思与历史上的反思接续起来，也可以把我们的反思看作是第三次高潮。但这次高潮还没有结束，它在世纪之交仍然继续着、发展着。与前两次高潮比较起来，它之所以特别富于活力，特别引起人们的普遍关注，因为在新的历史条件下，它获得了新的、强大的动力。

我们这里说的新的历史条件，主要是指 20 世纪 90 年代初以来当代中国社会生活中出现的三个新的、根本性的要素：

一是从计划经济向市场经济的转向。这是当代中国社会生活中出现的一个最大的变数。如果说，在对现代化反思的第一次高潮中，计划经济或市场经济的问题还不可能被涉及，那么，在第二次高潮中，邓小平实际上是在计划经济的框架内思考现代化问题的。但在 20 世纪 90 年代初，他对现代化的思考已经突破了计划经济的框架，正如他在 1992 年的南巡谈话中所指出的："计划经济不等于社会主义，资本主义也有计划；市场经济不等于资本主义，社会主义也有市场。计划和市场都是手段。"① 这一突破之所以重要，不仅是因为它把人们关于现代化问题的反思提高到一个新的层面上，而且由于市场经济所引发的一系列问题，现代化问题的内涵也变得越来越丰富了。

二是知识经济和高科技的发展使人们的整个视野大大地超越了工业时代，从而也超越了传统的现代化的理念。按照传统的理念，现代化也就是从以往的农业社会向现代工业社会的转型。在这个意义上，现代化的本质也就是工业化，至少在现代化反思的第一个高潮中，中国的大部分学者都是这么认为的。但是，现代化的内涵正在急剧地变化着。美国

---

① 《邓小平文选》，第 3 卷，373 页，北京，人民出版社，1993。

著名的未来学家阿尔温·托夫勒说："锄头象征着第一种文明，流水线象征着第二种文明，电脑象征着第三种文明。"[①] 在他看来，流水线作为工业时代和传统的现代化理念的象征，已经失去了意义。20 世纪 90 年代初以来，电脑和人工智能、知识经济和信息传播、遗传工程和无性繁殖、电视和电信、航空和航天事业等都取得了长足的发展，高科技整个地改变了人们的生活世界和生活方式。在这样的历史条件下，无论是把中国的现代化理解为工业化或四化（四化中的第一化也是工业化）都显得不合时宜了。

三是西方后现代主义的兴起。西方的后现代主义思潮在 20 世纪 60 年代已见端倪[②]，在七八十年代产生了重大的影响。这一思潮虽然 80 年代已经传入中国，但对当代中国社会的精神生活真正发生重大影响的却是 90 年代。由于后现代主义对与现代化的追求相一致的现代性的价值体系做出了深刻的反思，从而也形成了对传统的现代化理念认同的批评和超越。这就告诉我们，进入 90 年代以后，我们讨论乃至反思整个现代化的参照系都改变了，这个新的参照系就是后现代主义。换言之，在今天谈论现代化，再也无法回避后现代主义这一重要的历史背景了。

正是在这样的新的历史条件下，传统的现代化的理念在我们的心目中发生了巨大的变化，至少它推动我们去思考并解答如下的问题。

第一个问题是：既然后现代主义已经对蕴含在现代化和现代性中的主导性文化价值做了全面而深刻的批判，那么作为后发国家，我们还有必要去追求现代化的实现吗？我们认为，仍然是有必要的。事实上，不但由传统的现代化理念所代表的现代社会不是十全十美的，而且任何社会形态都不可能是十全十美的。所以，只要我们不被完美的乌托邦的理

---

① 阿尔温·托夫勒：《创造一个新文明》，16 页，上海，上海三联书店，1996。

② 后现代主义兴起的时限是很难确定的，不少学者认为，这一思潮的兴起可以追溯到尼采、海德格尔等哲学家，但后现代主义形成一种时尚并对社会生活产生重大影响则是在 20 世纪 60 年代之后。

想所支配，那么我们就会看到，以现代性和现代化的主导价值为标志的现代社会的存在仍然有其合理性。而且历史和实践一再告诫我们，后发国家是无法绕过现代社会这种社会形态的。对于后发国家来说，后现代主义对现代性和现代化的主导价值的批判，有利于它们在追求现代化的过程中保持清醒的头脑，同时通过对后现代主义中的合理因素的汲取，而使自己的现代化进程始终沿着健康的轨道向前发展。但如果后发国家竟因后现代主义对现代化的批判而放弃了现代化的道路，甚至使自己心甘情愿地停留在前现代的传统社会中，那就未免显得太幼稚了。

第二个问题是：能够用“四个现代化”的口号来代表整个现代化的历史进程吗？我们的回答是否定的。众所周知，“四个现代化”也就是工业、农业、国防和科学技术现代化。如果说，在20世纪70年代初，即“文化大革命”中提出四个现代化的口号还有其合理因素的话，那么，在今天仍然沿用这个口号就显得不合时宜了。因为四个现代化的提法主要着眼的是物的因素。尽管工业、农业、国防和科学技术都蕴含着人的因素，但这里注重的并不是人的因素本身，而只是人的因素的物化。虽然物的因素在现代化的进程中起着重要的作用，但最根本的仍然是人的因素。这个道理已经被无数的历史事实所证实。换言之，实现现代化的中心环节是人的素质的现代化。在市场经济的背景下，我们对这个道理应该有更清醒的认识。比如，人们如果缺乏相应的道德方面和法律方面的素质（欠债可以不还、签合同可以不加履行、办事可以不讲信用等），那么市场经济显然是无法运作的，现代化也完全是一句空话。

第三个问题是：能够说科学技术是现代化的关键吗？诚然，在高科技的时代，科学技术的作用越来越重要，它的先进与落后直接关系到整个国家现代化的成败，但我们仍然不能片面地把科学技术视为现代化的关键。因为在当代的生活中，科学技术，特别是技术不再是一种中性的、价值上中立的东西。海德格尔就说过：“如果我们把技术看作某种中性的东西，那么我们就以某种最坏的可能性被交付给技术了，因为今天人们特别愿意接受的这种观点使我们对于技术的本质完全处在茫然无知的状态下。”[①] 在他看来，现代技术的本质显现于“座架”（Gestell / enframing）之中，这种“座架”既体现出人对自然或物的强行控制，也体现出一部分人对另一部分人的控制和整个人性的物化。注意到科学技术，尤其是高科技的负面的作用，人们就不得不对传统的、以单向度的方式肯定科学技术作用的现代化理念做出新的反思和修正。美国另一位知名的未来学家约翰·奈斯比特在十多年前出版的一部著作中，已经指出了单纯发展科学技术的危险性，因而强调：“我们周围的高技术越多，就越需要人的情感。”[②] 奈斯比特虽然敏锐地观察到了高科技和人的情感之间的平衡的必要性，但他对这个问题的思考还不是全面的。真正全面的思考涉及：在高科技迅速发展的背景下，如何协调好人文精神与科学精神之间的关系；如何通过对科学主义泛滥的遏制来弘扬人文主义的精神等。总之，在新的现代化的理念中，决不能固守“技术决定论”的立场，而应当把科学技术的发展与人文精神的倡导紧密地结合起来。

第四个问题是：能够把现代化建设简单地归结为经济建设吗？诚然，我们也承认，在现代化建设的进程中，经济建设起着极为根本的作用，但现代化毕竟是人们的整个社会生活，特别是政治生活的现代化，把它仅仅或主要地归结为经济建设显然是错误的。事实上，人们总是在一定的社会生活，特别是政治生活的背景下从事经济建设的，单纯的经济建设从来就是不存在的。在 20 世纪 80 年代中期，邓小平对这一点有清醒的意识，他反复重申：“我们提出改革时，就包括政治体制改革。现在经济体制改革每前进一步，都深深感到政治体制改革的必要性。不改革政治体制，就不能保障经济体制改革的成果，不能使经济体制改革继续前

---

① M. Heidegger, *The Question Concerning Technology*, Harper & Row Publishers, Inc., 1977, p. 5.

② 约翰·奈斯比特：《大趋势：改变我们生活的十个新方向》，53 页，北京，中国社会科学出版社，1984。

进，就会阻碍生产力的发展，阻碍四个现代化的实现。”① 在他看来，在中国要实现现代化，归根到底是要通过政治体制的改革走向政治的现代化。然而，从20世纪80年代末以来，政治体制改革的主题被淡化了，凸显出来的是政治稳定的问题。诚然，政治局面的稳定为现代化建设提供了根本性的保证，但不应该走向另一个极端，即把政治稳定与政治体制的改革对立起来。其实，真正长远的稳定仍然要以政治体制的改革为前提。也就是说，只有正确地理解政治稳定与政治体制改革之间的辩证关系，并把它作为反思现代化理念的一个根本性的环节来看待，中国的现代化道路才可能是健康的、充满希望的。

与20世纪二三十年代的情感型的反思和20世纪七八十年代的单纯政治型的反思比较起来，滥觞于90年代初的反思虽然也注重其政治维度，但它真正说来是一种综合性的、以广阔的文化视野为切入点的反思，因而蕴含着对现代化理念的全新的、批判性的思考和预测。

简短的结论

从对现代化理念的历史反思和当今的反思中，我们究竟可以引申出哪些有益的结论来呢？我们认为，下面这些结论是重要的，也是我们必须有勇气加以面对的。

其一，在西方后现代主义思潮的冲击下，我们仍然要坚定不移地追求现代化，追求现代化的实现。作为后发国家，我们在追求现代化的道路上，一定要认真汲取后现代主义在批判现代性和现代化价值导向时提出的合理的观念。如反对人类中心主义、保护生态环境的观念；反对启蒙和民主导致的极权主义、维护“他者”的权利；反对全能主义、强调生存方式的多样性和异质性，等等。但这样做，并不等于使我们的立场

① 《邓小平文选》，第3卷，176页，北京，人民出版社，1993。

完全漂移到后现代主义那里去。易言之，我们要批判地获取后现代主义的眼光，但这并不等于牺牲我们自己的立场，甚至退回到对传统的、前现代的立场的维护。

其二，应当放弃“四个现代化”的提法，把现代化理解为全部社会生活的现代化。正如 A. R. 德赛所指出的：“这种被称作现代化的过程不局限于社会现实的一个领域，而是包括社会生活的一切基本方面。”① 随着我国现代化建设事业的发展，社会生活中的文化、精神和人的素质的重要性越益显示出来，引起了学者们的广泛的重视。从文化生态学的立场看来，在现代化的历史进程中，亟须协调好人的因素与物的因素、人文精神与科学精神之间的关系，以确保这一历史进程的健康的发展。

其三，在当前，中国现代化的最紧要之点是与经济体制改革同步的政治体制改革。我们特别需要清醒地认识到，现代化必然蕴含着政治生活的现代化。我国的市场经济是从自然经济和计划经济中蜕变出来的，这就形成了它的一个基本的特征，即行政权力对经济生活的强有力的渗透。这种渗透有其合理的方面，从而为政府在经济、金融等方面进行的宏观调控提供了有利的条件，但也存在着不合理的方面，如以行政命令指挥经济活动、以权谋私、贪污腐败、国有资产流失等现象。在这样的背景下，政治体制改革的重要性和必要性就一再凸显出来。也就是说，政治生活的现代化成了当前中国现代化的最重要的话题。

综上所述，我们的目的是通过对现代化理念的批评性反思，确立合乎新的时代精神的现代化理论，从而引导我国的现代化事业沿着正确的轨道向前发展。

---

① 塞缪尔·亨廷顿等：《现代化理论与历史经验的再探讨》，28 页，上海，上海译文出版社，1993。但不要像学术界流行的那样，把现代化理解为所谓“社会工程”。在这种理解方式中，特别是在“工程”概念中，赤裸裸地体现出科学主义的影响。

历史唯物主义中的“个人”概念[①]

在我国的历史唯物主义的论著中，几乎无例外地都要辟出专门的篇幅来讨论“人民群众和个人在历史上的作用”问题。这一现象表明，人们已充分地认识到，“个人”这一概念是历史唯物主义理论乃至整个马克思主义哲学学说中的一项重要的内容。然而，善于思索的读者在深入地研读了有关教科书和论著之后。就会发现，它们几乎无例外地误解乃至歪曲了马克思关于“个人”问题的见解。正是这种思维上的误置导致了现实生活中对“个人”问题的轻视。在我国，人道主义意识和民主意识的淡薄，竞争、创新、开拓精神的缺乏和家长制作风及平均主义思潮的泛滥，都与“个人”问题没有在理论上得到合理的解决有关。理论界普遍存在的对“个人”问题的错误见解在于以下几点。

① 本文原载《文汇理论探讨》(内部刊物)，1988 (1)。

第一，以为“个人”包含在“人民群众”之中，所以，只要阐述了人民群众在历史上的作用问题，也就等于阐述了个人在历史上的作用问题。这是一种根深蒂固的误解。然而，说得俏皮一点，哲学家们看不到的东西却为某些机智的营业员一语道破了。当顾客批评他们不能很好地为人民服务时，他们常常反唇相讥：“为人民服务并不等于为你服务呀。”这句平常不过的话中包含着一个深刻的道理，即肯定人民群众的历史作用并不就等于肯定个人的历史作用。诚然，我们不否认，作为整体的人民群众在创造物质财富和精神财富、在进行社会变革和革命中的伟大作用，可是，光提人民群众的概念，并把这一概念独立化、凝固化之后，势必会减弱甚至抛弃对个人问题的思考。要言之，个人失去了自己的独立性和特殊性，消解在人民群众的汪洋大海之中了。

以为马克思主义的创始人在谈及历史的发展时，只涉及作为整体的人民群众的作用而不提及普通的个人，完全是一种误解。马克思说过：“人们的社会历史始终只是他们的个体发展的历史，而不管他们是否意识到这一点。”① 恩格斯在谈及历史的创造时，也提出，每个人的意志都不等于零，都对合力有所贡献。过去我们讲群众路线，搞群众运动，看到的都是积极的方面，却没有注意到问题的另一面，即对个人和个体性的埋没。单纯的群众的观念之所以根深蒂固，正是对我们所处的经济状况的一种反映，正表明了以群体（如村社）生产为基础的自然经济的巨大力量和以原子式的个人之间的契约关系为基础的商品经济的薄弱。马克思说；“交换手段拥有的社会力量越小，交换手段同直接的劳动产品的性质之间以及同交换者的直接需求之间的联系越是密切，把个人相互联结起来的共同体的力量就必定越大——家长制的关系，古代共同体，封建制度和行会制度。”② 这就告诉我们，在商品经济发展不充分的我国的具体国情下，光强调作为群体的人民群众的作用，忽视个人的作用，恰恰

① 《马克思恩格斯全集》，第 27 卷，478 页，北京，人民出版社，1972。

② 《马克思恩格斯全集》，第 46 卷（上），104 页，北京，人民出版社，1979。

带有某种传统意识的成分。

在苏联也有过以群众的概念吞没个人的概念的错误见解。伊利切夫在1963年出版的《社会科学和共产主义》一书中就批评过斯大林的“一切为了群众”的片面观点，强调“必须全面地阐明个人在苏联社会生活中的地位。”① 这也告诉我们，以为提了人民群众的概念就可以取代个人的概念的想法是很天真的。

第二，在谈及个人的概念时，它仅仅是指历史上的少数杰出人物，至于普遍的个人则统统被纳入到人民群众的范畴中。这样一来，就在普通的个人和杰出的个人之间划出了鸿沟。似乎可以作为独立人格出现的，可以受到普遍的尊重的只是杰出人物。这种见解蕴含着封建特权思想的残余，所以老黑格尔在某处说过，在中国皇帝的面前，人人都等于零。这种见解与资产阶级的“人人平等”的口号比较起来，也是一种退步。这种理论上的失误，即只承认杰出人物的独立人格，否定普通的个人的独立人格的错误做法，在苏联导致了对斯大林的个人迷信，在中国的“文革”中，则导致了“四人帮”的造神运动。这种谬误见解的影响还渗透到人们的日常思维活动中。比如，我们常常提“尊重人才”的口号，却从来没有看到这一口号本身存在的不足。众所周知，人才，即有比较突出的才能的人，在个人全部的总和中总是少数，因而在“尊重人才”的口号中，实际上受到尊重的总是少数人。如果人才的使用单位带有强烈的功利主义意识的话，那么，它们尊重的就仅仅是“才”，而不是“人”。一旦具有某些突出才能的人由于疾病或其他原因丧失其才能时，他也就随之丧失了他的独立人格，不再受到他所在单位的尊重了。因而，在这里实际上仍然缺乏对有才能的人的人格的真正的尊重。至于绝大多数才能平平的人就更不在尊重之列了。因此，比较合理的提法是“尊重人格，尊重人才”。没有对每个个人的人格的普遍尊重，是不可能真正尊

① 贾泽林等编：《苏联哲学纪事》，245页，北京，生活·读书·新知三联书店，1979。

重人才的。

上面的分析表明，我们在论述个人的概念时，仅仅关涉杰出人物是偏谬的。

第三，把个人与个人主义的概念等同起来。在人们的思想中存在着一种奇怪的逻辑，似乎一提到杰出的个人的作用，就是唯物史观；而一提到普遍的个人的作用，就是个人主义；人们还进一步把个人主义理解为资产阶级意识形态的核心。这样一来，就造成了一种态势，仿佛只要一提及个人，也就落入到资产阶级意识形态的窠臼中去了。然而，即使我们承认个人、个人主义是资产阶级意识形态的基本原则，我们也还是要用历史的眼光审视这一基本原则的得失。

黑格尔在《精神现象学》中论述了古代伦理精神（即宗法精神）在历史发展中的破裂以及由此而异化出来的原子式的社会。他写道："普遍物已破裂成了无限众多的个体原子，这个死亡了的精神现在成了一个平等（原则），在这个平等中，所有的原子个体一律不等，都像每个个体一样，各算是一个个人（person）。"① 在黑格尔看来，这种以个人为基础的原子式的社会的出现，是历史的必然，这也等于肯定了资本主义社会出现的必然性。马克思通过对政治经济学的潜心研究，更深刻地洞察到，从原始的自然血缘关系和从以统治服从关系为基础的地方性联系中分离出个人或个性的进步的历史意义。马克思高瞻远瞩地说，"要使这种个性成为可能，能力的发展就要达到一定的程度和全面性，这正是以建立在交换价值基础上的生产为前提的，这种生产力在产生出个人同自己和同别人的普遍异化的同时，也产生出个人关系和个人能力的普遍性和全面性。……留恋那种原始的丰富，是可笑的，相信必须停留在那种完全空虚之中，也是可笑的。"② 马克思明确地告诉我们，资本主义生产关系的兴起造成了异化现象的加剧，这是它带来的消极因素，然而与此相伴而

---

① 黑格尔：《精神现象学》，下册，33页，北京，商务印书馆，1981。

② 《马克思恩格斯全集》，第46卷（上），109页，北京，人民出版社，1979。

来的积极因素则是，个人从血亲的或地方性的共同体中解放出来了，个人的能力获得了全面发展的可能性。按照马克思的观点，个人的独立正是历史进步的重要标志。

对待个人主义乃至整个资产阶级意识形态，也不能以一种超历史的方式来讨论。在特定的历史条件下，个人主义的思潮也具有无可否认的进步意义。马克思和恩格斯在《共产党宣言》中虽然批评了资产阶级把一切都浸没在利己主义的冰水之中，但同时也毫不迟疑地肯定了它在历史上的进步作用。

在我国的具体国情下，由于自然经济和半自然经济在整个国民经济中仍占有重大的比例，因而个人仍被牢牢地束缚在宗法关系和以统治服从关系为基础的地方性联系中。在这样的特定的历史条件下，强调个人的独立性和历史作用，承认合法范围内的个人主义的存在（其实你不承认，它也仍然存在着），恰恰是有利于社会主义商品经济的发展的，是有助于历史的进步的。

更何况，我们不能把个人与个人主义简单地等同起来。肯定普通个人的历史作用，与提倡个人主义根本是风马牛不相及的。值得注意的倒是问题的另一方面，即关于群体和集体主义的提法并不是全都合理的，尤其当人们把它们看作压抑和束缚个性的一种力量时更是如此。社会主义社会理应为个人才能和关系的发展创造更多更好的条件。

第四，把普通的个人视为螺丝钉的观点。西方马克思主义的创始人卢卡奇在1923年出版的《历史与阶级意识》一书中，曾经批判了资本主义社会普通流行的“物化意识”。这种意识把物（商品）的价值看得比人更高，甚至对物产生了极度的崇拜心理。把人视为螺丝钉正是物化意识的一种表现。有人也许会申辩说，这不过是一种象征性的说法，然而这里的象征却具有实质性的意义，它显示了象征背后的文化密码，即根深蒂固的物化意识。我们不妨另举一例：人们常常把教师称作“人类灵魂的工程师”。其实，灵魂不是物，不是一种机械的东西，怎么能把工程师与之对应起来呢？

如果承认它们可以对应起来，也就把灵魂或把人降低为物了。

把普通的个人视作螺丝钉，也就把他的独立人格、他的主体性和创造性推入到硫酸池中去了。苏联哲学家曾对这种错误的见解进行过透彻的批评。伊利切夫说，“人，并不是机器上的一个由某种最高的、凌驾在他上面的神秘力量所开动的螺丝钉。每个人都是自己生活和自己人民的生活的自觉建设者”。[①] 约夫楚克的见解更为鲜明，他说，“马克思主义意识形态主要原则之一——社会主义人道主义，其内容遭到斯大林关于苏联普通劳动者是强大国家机器的一颗普通的‘螺丝钉’的错误观点的歪曲”。[②] 这充分表明，把个人视作螺丝钉的见解是与马克思主义的人道主义完全格格不入的。

而且从思想史上来看，这种观点也是十足的倒退。18世纪的法国唯物主义哲学家拉美特利曾经提出过“人是机器”的著名命题。尽管这一命题是力学观点在哲学中的一种泛化，具有浓厚的机械论唯物主义的味道，然而，它毕竟把人看作一架完整的、独立的机器，也就是说，它或多或少地承认了个人的某种独立性。可是，螺丝钉的比喻却进一步把人从一架完整的机器贬损为一颗螺丝钉，一个零件。这样一来，即使是在象征性的意义上，个人人格的独立性也被剥夺了。与理论上的螺丝钉的比喻相对应的是实际生活中的人才单位所有制。个人通常数十年被固定在一个单位里从事自己无兴趣的工作，这不是一个被动的螺丝钉又是什么呢？在当前的改革中，这种局面正在打破。

上面，我们分析了关于个人概念的四种流行的、错误的见解。这表明，在历史唯物主义原理部分，我们虽然接纳了“个人”这一概念，但对它的内涵及作用却做了偏谬的理解。我们有充分的理由认为，“个人”

① 贾泽林等编：《苏联哲学纪事》，245页，北京，生活·读书·新知三联书店，1979。

② 贾泽林等编：《苏联哲学纪事》，278页，北京，生活·读书·新知三联书店，1979。

的概念在历史唯物主义理论中应居于中心的地位。

首先，随着改革的深入，社会主义商品经济的发展，具有自觉的创造性的个人正在不断地从自然经济和半自然经济的共同体中分离出来。如果说社会主义商品经济的发展是确立个人独立人格的根本前提的话，那么，个人的独立人格的确立反过来则推动了社会主义商品经济的发展。这就是说，突出个人（主要指普通个人）的作用并不是脱离实际生活的玄想。恰恰相反，倒是实际生活的迫切的需要。九年多来的改革实践表明，在封建特权和家长制作风严重的地方，个体经济常常无从立脚，这是因为个人被禁锢在一层坚硬的群体的外壳之中，无法发挥自己的创造作用。

其次，只有充分肯定个人的历史作用，才能真正地建立并健全社会主义民主，才能真正地舍弃以封建宗法观念为核心的旧的伦理观念，确立以社会主义初级阶段为基础，以未来共产主义的理想为蓝图的新的伦理观。把强调个人的作用与提倡资产阶级的个人主义等同起来的根深蒂固的信念，由于现实生活中种种经济犯罪（如生产假药、制造伪劣商品、缺斤短两、偷税逃税等）和其他犯罪现象的出现而进一步加剧了。面对这种情况怎么办呢？是大发“人心不古”的牢骚，留恋与自然经济相联系的淳朴民风吗？这就像圣经中记载的犹太人逃离埃及之后又去“追恋埃及的肉锅”一样可笑可悲。原始人的蜡像是无法修补的，历史是不会倒退的。不应该在过去的尘埃中寻找出路，出路仍然隐伏在现实生活中，隐伏在现实的个人的身上。也就是说，不能因为某些个人在追求物质利益上的腐化堕落而仍然取消个人的独立性，把他塞回到自然经济的共同体中囚禁起来，这实在有因噎废食之嫌。实际上，某些个人的腐化堕落不但不是强化了他个人的独立人格的结果，相反，倒是他自己否定了自己的独立人格，把自己贬损为动物的结果。真正的个人意识、真正的独立人格体现在个人的理性尊严和自由意志中，体现在道德上的自律中。然而，这种独立的人格既不是基督教和佛教的禁欲主义，也不是康德所谈论的虚幻的，因而对于现实的人来说是过于严峻的“善良意志”或

“绝对命令”。我们主张，在理性和欲求之间建立必要的张力。中国的理学家崇尚“存天理，灭人欲”，这完全是对生命的否定，对生活的践踏；反之，西方的有些哲学家把人看作欲求的化身，完全否定了理性的约束作用，这也就把人重新降低为动物了。要言之，在理性与欲求的关系中要讲一个适度性。这里，除了有道德上的自律之外，还要有道德上的他律和法律的约束。这就是说，真正的出路是互补的两个方面，即社会主义民主和法制的健全与精神文明建设的开展。这两方面的工作的目的并不是压抑个性，而是提高和纯化个性，使个人保持理性和道义上的尊严。

最后，如果我们深入阅读马克思的著作的话，就会发现，马克思的唯物史观以现实的个人为出发点，而以全面发展的个人为归宿。在《德意志意识形态》中，马克思在谈到他的正在形成的唯物史观的观察方法时指出：“它的前提是人，但不是某种处在幻想的与世隔绝、离群索居状态的人，而是处在一定条件下进行的、现实的、可以通过经验观察到的发展过程中的人。”① 在马克思看来，费尔巴哈所强调的个人归根结底是抽象的，只有处在现实的社会关系和现实生活中的个人才是具体的。马克思认为，从现实的个人出发，历史就不再像唯心主义者所描绘的那样，是“想象的主体的想象的活动”了。这充分表明，现实的个人正是马克思的唯物史观的出发点。在《共产党宣言》中，马克思在描绘共产主义社会时说，“在那里，每个人的自由发展是一切人的自由发展的条件。”② 这就是说，每个人的自由发展正是共产主义伟大理想的标志。

综上所述，对历史唯物主义理论乃至整个马克思主义哲学原理中“个人”概念的内涵、地位和作用必须做出新的思考和探讨。哲学再也不能用沉默的态度来对待那些实际生活所提出的迫切问题了。它应当把思想的闪电注入现实生活中，推动现实生活向前发展，以建立自己的不朽的业绩。

---

① 《马克思恩格斯选集》，第 3 卷，30 页，北京，人民出版社，1995。

② 《马克思恩格斯选集》，第 1 卷，273 页，北京，人民出版社，1995。

对马克思主义与人道主义关系的再认识[①]

马克思主义与人道主义的关系问题是20世纪80年代初理论界讨论的热点问题。在某种意义上可以说，这个问题也是对“文化大革命”经验教训的一个总结。然而，在20多年后的今天，为什么我们要重提这个问题呢？这是因为，在对马克思主义学说的研究中，马克思主义与人道主义的关系在理论上还远未得到澄清，而在现实生活中，马克思主义也常常被误解为“斗争哲学”和“整人理论”的同名词，甚至被用来为一些非人道的现象辩护。这些情况的出现，迫使我们重新探索马克思主义与人道主义的关系问题，并给出新的说明。本文认为，马克思主义与人道主义的关系问题之所以长期得不到澄清，主要是由于人们对以下三方面的关

① 本文原来的标题是“继承与超越：对马克思主义与人道主义关系的再认识”，原载《解放日报》，2004-03-22，《新华文摘》，2004（13）全文转载。

系缺乏正确的理解和把握而引起的。

"两个马克思"之间的关系

众所周知，马克思的《1844年经济学哲学手稿》（以下简称《手稿》）于1932年问世后，在西方思想界掀起了轩然大波，"两个马克思"（即青年时期的马克思和成熟时期的马克思）的学说也应运而生，不胫而走。朗兹胡特、马尔库塞和弗洛姆等西方学者把以《手稿》为代表的青年时期的马克思的思想理解为"人道主义的马克思主义"，而把以《资本论》为代表的、成熟时期的马克思的思想理解为"传统的马克思主义"，并把两者尖锐地对立起来，甚至提出了"回到青年马克思去"的口号。与此相反，阿尔都塞等西方学者则对青年马克思《手稿》中的主题——人道主义与异化进行了激烈的抨击，认为青年马克思并没有摆脱费尔巴哈的人本主义思想的影响，因而青年马克思的思想依然停留在资产阶级意识形态的范围内。而成熟时期的马克思则创立了历史唯物主义的伟大理论，这一理论作为"科学"与青年马克思的"意识形态"判然有别。按照阿尔都塞的看法，在青年时期的马克思与成熟时期的马克思之间存在着一个"认识论的断裂"。

乍看起来，朗兹胡特等人的见解与阿尔都塞等人的见解截然对立，其实，细细地考量下去，就会发现，它们的共同理论前提是把一个马克思分裂为"两个马克思"，并使之尖锐地对立起来，而在进行这种分裂活动时，他们又确立了下面两个简单的等式：一是青年时期的马克思的思想＝人道主义的马克思主义；二是成熟时期的马克思的思想＝非人道主义的，甚至是反人道主义的（阿尔都塞语）马克思主义。这两个简单的等式的影响是如此之深远，以致人们竟然忽略了对以下两个问题的追问：一是在青年时期的马克思的著作中，是否已经蕴含着超越传统的人道主义，尤其是费尔巴哈的人本主义的某些思想酵素？二是在成熟时期的马克思的著作中，是否仍然保留着马克思对西方伟大的人道主义传统的认同和传承？事实上，只有对这两个问题做出正确的解答，从而中止对马克思思想的分裂行为，才能从正确地解答马克思主义与人道主义的关系问题。

先来看第一个问题。我们发现，青年马克思的学说是极为丰富的，蕴含着远比传统人道主义学说丰富的思想酵素：

其一，青年马克思具有强烈的政治参与意识，他痛恨普鲁士专制政府，向往自由和民主。青年马克思撰写的第一篇论文《评普鲁士最近的书报检查令》就是政治论文，作为公共知识分子，他一开始就保持着对政治的敏感性及参与政治事务的巨大热情。在 1843 年 5 月致卢格的信中，马克思写道："既然我们已经沦落到政治动物世界的水平，那末更进一步的反动也就不可能了。至于要前进，那么只有丢下这个世界的基础，过渡到民主的人类世界。"① 马克思这里说的"丢下这个世界的基础，过渡到民主的人类世界"，实际上是他内心早就在酝酿的革命意识的明确的表达。

其二，青年马克思在担任《莱茵报》编辑工作的时期（1842—1843 年），接触到人民群众的各种物质利益问题，比如莱茵省议会关于林木盗窃的法令竟把穷人到林中捡枯枝也视为盗窃行为，引起了青年马克思的极大的愤慨，他不怕权威，挺身而出，撰文捍卫人民群众的物质利益。

其三，青年马克思在恩格斯的《政治经济学批判大纲》的影响下，也在上面提到的人民群众的物质利益问题的推动下，潜心研究国民经济学，他在《手稿》中提出的"异化劳动"的问题，虽然其母题仍然涉及黑格尔，尤其是费尔巴哈著作中大量出现的"异化"这个词，但他的思想已经远远地超出了费尔巴哈所关注的"宗教异化"的视域。所有这些都表明，仅仅从青年马克思所使用的术语上来判断他的思想实质是不够

---

① 《马克思恩格斯全集》，第 1 卷，412 页，北京，人民出版社，1956。

的，诚然，马克思在《手稿》中把共产主义表述为“以扬弃私有财产作为自己的中介的人道主义”①，但实际上，在青年马克思的著述中，我们上面提到的那些新的思想酵素正在迅速地成长，它们包含着传统的人道主义这件狭窄的外套所无法容纳的革命性的内涵。

再来看第二个问题。马克思在《关于费尔巴哈的提纲》《德意志意识形态》等著作中初步确立起历史唯物主义的新理论以后，是否完全抛弃了他从传统的人道主义那里所继承的一切？这个问题的另一种提法是：马克思主义与人道主义是否水火不相容？我们的回答是否定的。事实上，成熟时期的马克思始终体现出人道主义的伟大情怀。在《哲学的贫困》一书中，马克思强烈地谴责了雇佣劳动对人的蔑视：“时间就是一切，人不算什么；人至多不过是时间的体现。”② 在《资本论》中，他愤怒地控诉了资本对工人剩余劳动的狼一般的贪求：“它侵占人体成长、发育和维持健康所需要的时间。它掠夺工人呼吸新鲜空气和接触阳光所需要的时间。它克扣吃饭时间，尽量把吃饭时间并入生产过程。因此对待工人就像对待单纯的生产资料那样，给他饭吃，就如同给锅炉加煤、给机器上油一样。”③

在晚年人类学笔记中，马克思在谴责殖民主义者的入侵造成农村公社的解体时，无限感慨地写道：“一切人反对一切人的战争开始了。”④ 所有这些都表明了，即使在成熟时期的马克思的著作中，也充满了对受压迫者的人文关怀。完全可以说，马克思批判地继承了传统人道主义的核心思想，即尊重个人的人格、权利、自由，尊重个性的解放，等等。

肯定这些，并不等于说，马克思与传统的人道主义者处于相同的思想水平上。事实上，马克思通过对传统的人道主义学说的批判性反思，

---

① 《马克思恩格斯全集》，第42卷，174页，北京，人民出版社，1979。
② 《马克思恩格斯全集》，第4卷，97页，北京，人民出版社，1958。
③ 马克思：《资本论》，295页，北京，人民出版社，1975。
④ 《马克思恩格斯全集》，第45卷，304页，北京，人民出版社，1985。

在以下四个方面远远地超越了它。

第一，传统人道主义的出发点是抽象的人，而马克思主义的出发点则是“从事实际活动的人”。①

第二，传统人道主义认为人的本质就是“人自身”，而马克思主义则强调，人的本质在其现实性上是一切社会关系的总和，在有阶级冲突存在的社会中，人们“不是作为个人而是作为阶级的成员处于这种社会关系中的”。②

第三，传统人道主义把历史理解为伟大人物及其思想的演化史，而马克思主义则把历史理解为普通个人的生活史。马克思写道：“这些个人使自己和动物区别开来的第一个历史行动并不是在于他们有思想，而是在于他们开始生产自己所必需的生活资料。”③

第四，传统人道主义建议资本家节制生产热情，规劝工人安分守己，不要走向对抗④，而马克思主义则强调：“……实际上和对实践的唯物主义者，即共产主义者说来，全部问题都在于使现存世界革命化，实际地反对和改变事物的现状。”⑤

由此可见，马克思主义与传统人道主义之间的本质差异是不可抹杀的。如果换一个角度看问题，我们也可以说，马克思在他所创立的历史唯物主义的基础上而扬弃了传统人道主义，从而把人道主义提升到一个崭新的高度上。我们不妨称这种与历史唯物主义相融洽的新的人道主义为“革命的人道主义”或“马克思主义的人道主义”。

综观马克思的一生，我们发现，所谓“两个马克思”的对立在马克

---

① 《马克思恩格斯全集》，第3卷，30页，北京，人民出版社，1960。

② 《马克思恩格斯全集》，第3卷，84页，北京，人民出版社，1960。

③ 《马克思恩格斯全集》，第3卷，23页注①，北京，人民出版社，1960。

④ 在《哲学的贫困》一书中，马克思对资产阶级所谓的“人道学派”和“博爱学派”进行了透彻的批判。参见《马克思恩格斯全集》，第4卷，156～157页，北京，人民出版社，1958。

⑤ 《马克思恩格斯全集》，第3卷，48页，北京，人民出版社，1960。

思的身上根本就不存在，马克思始终是西方人道主义传统的伟大继承者和超越者。充分地理解这一点，人们就不会再把成熟时期的马克思的思想与人道主义尖锐地对立起来，甚至像阿尔都塞那样，把成熟时期的马克思曲解为一个反人道主义者。诚然，我们并不否认，马克思批判过资产阶级人道主义的观点，但这并不表明他拒斥人道主义，恰恰相反，他是为了把人道主义提升到一个新的水平上。总之，马克思主义批判地继承了传统人道主义的精神遗产，并把它改造、提升到一个崭新的水平上。

社会革命中的目的和手段之间的关系

马克思主义社会革命的目的是什么？手段又是什么？这两者之间的关系究竟如何？这些问题在马克思主义的追随者那里似乎是轻而易举就能回答的问题。然而，正是这些基础性的问题，长期以来一直没有得到正确的理解和妥善的处理，从而出现了手段和目的关系的倒置，即一方面，人们盲目地把目的降低为手段；另一方面，人们又无原则地把手段提升为目的。正是这种倒置加深了马克思主义与人道主义之间的裂痕，导致了萨特所批评的“人学的空地”在当今马克思主义学说中的形成。所以，在今天，我们再也不能回避对这些看起来简单，实际上意义深远的问题的解答了。

首先，我们来探讨马克思主义社会革命的目的。人所共知，马克思主义社会革命的目的是实现共产主义，然而，共产主义的本质特征是什么呢？关于这一点，人们就很少再深思下去了。在《共产党宣言》中，马克思和恩格斯指出：“代替那存在着阶级和阶级对立的资产阶级旧社会的，将是这样一个联合体，在那里，每个人的自由发展是一切人的自由发展的条件。”① 马克思和恩格斯在这里谈到了“每个人的自由发展”和

① 《马克思恩格斯选集》，第1卷，294页，北京，人民出版社，1995。

"一切人的自由发展"，他们把个人和一切人的自由以及在这样的自由的基础上组成的"联合体"理解为未来共产主义社会的基本特征。在《1857—1858年经济学手稿》中，马克思提出了著名的"三大社会形态"理论：第一形态是人与人之间的自然的依赖关系；第二形态是人对物的依赖关系；第三形态则是共产主义社会——"建立在个人全面发展和他们共同的社会生产能力成为他们的社会财富这一基础上的自由个性，是第三阶段"。① 马克思在这里说的"个人全面发展"和"自由个性"表明，他始终把个人的自由、解放和全面发展理解为共产主义事业的本质。换言之，个人在马克思主义的学说中始终占据着核心的位置。这一点，甚至连海德格尔也看到了，他在《关于人道主义的通信》中这样写道："不管人们以何种立场来看待共产主义学说及其基础，从存在的历史的观点看来，对有世界历史意义的东西的基本体验已经在共产主义中确定不移地说出来了。"②

其次，我们来探讨马克思主义社会革命所运用的手段。在1852年马克思致约·魏德迈的信中，马克思强调，发现现代社会的阶级存在和阶级斗争并不是自己的功劳："我所加上的新内容就是证明了下列几点：(1) 阶级的存在仅仅同生产发展的一定历史阶段相联系；(2) 阶级斗争必然导致无产阶级专政；(3) 这个专政不过是达到消灭一切阶级和进入无阶级社会的过渡……"③ 显然，马克思这里所说的"无阶级社会"就是共产主义社会，也就是说，阶级斗争和无产阶级专政乃是马克思主义在社会革命的进程中所运用的基本手段。在马克思看来，阶级并不是永远存在的，它们只存在于人类历史发展的一定阶段上，而无产阶级专政也只具有"过渡"的性质。也正是在这个意义上，马克思谈到阶级的消

---

① 《马克思恩格斯全集》，第46卷（上），104页，北京，人民出版社，1979。

② Martin Heidegger: *Ueber Den Humanismus*, Vittorio Klostermann, 1949, s. 27～28.

③ 《马克思恩格斯选集》，第4卷，547页，北京，人民出版社，1995。

灭和国家的消亡问题。实际上，在马克思的思想中，已经暗含着这么一种意向，即要用谨慎的、历史的态度来运用阶级斗争和无产阶级专政的手段，千万不能把它们无原则地加以夸大或强化。当然，在当时的历史背景下，列宁缔造的第一个社会主义国家还未诞生，国际共产主义运动也不可能提供相应的经验教训供马克思以更深入、更具体的方式来论述这一问题。

最后，我们来探讨目的与手段之间的关系，看看这一关系是如何逐步颠倒过来的。我们发现，这一逐步颠倒的过程主要是由以下三方面的原因促成的。

其一，现实斗争和社会革命的长期性、严酷性和曲折性，使人们越来越关注马克思的阶级斗争和无产阶级专政的理论，并不断地把这一理论加以强化，使之获得越来越显著的地位。

其二，作为目的，共产主义对为之而奋斗的人们来说，还显得十分遥远，因而这一蕴含着个人的自由、解放和全面发展主题的理想状态反而在现实斗争的进程中被边缘化了。

其三，在对马克思主义学说与资产阶级意识形态关系的解释中出现了极化的现象，即一方面，资产阶级意识形态被推向极端，它倡导的利己主义和尔虞我诈的方面似乎都消失不见了，它仿佛成了多愁善感的同名词，只要哪里在谈论生命、友谊、休闲、恋情和博爱，那里起作用的就是资产阶级的意识形态；另一方面，马克思主义学说也被推向极端，即它对个人的自由、解放和全面发展的关注被抹去了，它成了大公无私、忘我工作、无情斗争的同名词，只要哪里在谈论与人奋斗，其乐无穷，那里起作用的就是马克思主义学说。要言之，马克思主义被魔化为绝对与人文关怀，甚至与人的七情六欲无涉的“斗争哲学”“无情哲学”。

由于这些原因的作用，目的和手段的倒置也就渐渐地完成了，结果就出现了这样的局面，即阶级斗争和无产阶级专政的加强成了至高无上的目的，甚至是终极的目的，而真正的目的——阶级的消灭、国家的消亡、共产主义的实现和个人的自由、解放与全面发展反倒被降低为一种单纯的手段，仿佛平时组织人们谈谈共产主义的远大理想，谈谈个人的自由、解放和全面发展之类的话题，只是为了唤醒他们的阶级意识，提高他们阶级斗争的自觉性似的。当然，我们并不否认，在复杂的国际国内政治形势的背景下，阶级斗争还会在一定的领域内存在并持续相当长的时期，在这个历史时期中，无产阶级专政的存在仍然是必要的，但我们必须时时刻刻意识到，阶级斗争和无产阶级专政充其量只是手段，唯有共产主义和共产主义所蕴含的核心内容——个人的自由、解放和全面发展才是我们追求的最高目的。

上面的论述启示我们，只有完整地、准确地、全面地理解马克思主义，尤其是马克思主义的人道主义内涵，才会在现实生活中正确地处理好目的和手段之间的关系，在任何情况下都不把这两者之间的关系颠倒过来。

革命和建设时期马克思主义之间的关系

也许人们从未深思过下述问题，即在革命时期和建设时期，由于历史条件的不同，人们对马克思主义的人道主义内涵的理解是否也会出现差异。其实，答案是不言而喻的。

众所周知，在新民主主义革命时期，敌我矛盾是主导性的矛盾，“以阶级斗争为纲”则是主导性的政治口号。在当时的人们对马克思主义的接受中，占主导地位的始终是马克思主义的阶级斗争的学说，而马克思主义的人道主义的学说则处于边缘化的状态下。具体地说来，人们对马克思主义的人道主义内涵的理解主要体现在下述方面：革命队伍内部的团结、友谊、爱情和亲情；军民之间的鱼水情；对犯错误同志的帮助；救死扶伤；不虐待俘虏，等等。诚然，这样的理解方式已经体现出观念上的巨大的变化，但它毕竟还带着种种历史因素的限制。

其一，由于主要运用集体的智慧和力量来推翻三座大山，因而在肯定集体原则至上的情况下，个人的权利不可能得到充分的肯定和维护。

其二，由于强调思想观念上的一致性和军事上的铁的纪律，因而不同个人的多元的意见也不可能得到充分的表达和鼓励。

其三，由于革命斗争的严酷性，在当时的历史条件下，人们只能凭借可以到手的少量马克思主义经典作家的作品来理解马克思主义的人道主义，而不可能全面地把握它的丰富内涵。

当然，所有这些情形都是可以理解的，一方面，当时的人们的主要视线依然集中在随时都有生命危险的革命斗争中；另一方面，当时革命的主力军——贫苦农民甚至对西方知识分子在启蒙时期就已提出来的人权、自由、民主、平等、博爱等新观念还缺乏了解，更不要说对马克思主义的人道主义学说的了解了。事实上，在整个新民主主义时期的理论探索中，马克思主义的人道主义始终是一个不起眼的话题。

正如物体运动具有惯性一样，人们思想的发展也是具有惯性的。在新中国成立之初，由于当时国内外阶级敌人千方百计地试图摧垮共和国，在当时的历史条件下，继续开展阶级斗争，使共和国不被扼杀在摇篮里的做法，完全是可以理解的。然而，从1956年起，在国内阶级敌人基本上得到肃清，急风暴雨式的阶级斗争已经结束之后，仍然对阶级斗争的形势做出扩大化的估计，并继续坚持“以阶级斗争为纲”的政治口号，这就严重地违背了社会主义建设时期的客观规律。也正是从20世纪50年代后期起到70年代后期“文化大革命”结束时的20多年时间里，马克思主义的人道主义学说遭到了全面的忽视，甚至践踏。在“文化大革命”结束后，在20世纪80年代初，马克思主义与人道主义的关系问题之所以能上升为一个热门的话题，充分表明，这个话题以前一直处于边缘的状态下。

历史和实践一再启示我们，在社会主义建设时期，一旦人民内部矛盾成了主导性的矛盾，“以经济建设为中心”成了主导性的政治口号，就必须严格限制关于阶级斗争的提法，而把马克思主义的人道主义的学说提到主导性的地位上。这里有一个从“革命哲学”向“建设哲学”转化的问题。如果说，在革命时期，马克思主义的阶级斗争学说是主导性理念的话，那么，在建设时期，马克思主义的人道主义学说则理应上升为主导性的理念。当然，马克思主义的这两种学说不应该被割裂开来并对立起来。正如我们在前面已经指出过的那样，马克思的阶级斗争学说归根到底是为实现共产主义的伟大理想服务的，而共产主义的伟大理想又奠基于马克思主义的人道主义学说。由此可见，马克思主义的人道主义学说应该体现在整个革命和建设的过程中，尤其是在建设的时期中，它的主导作用应该得到充分的阐述和展现。

总之，再也不能让下面这样的错误观念继续存在下去了，仿佛一谈人性、个人、人文关怀和人道主义，就是在替资产阶级意识形态做宣传；而一谈斗争、冲突、决裂、六亲不认，就是在讨论马克思主义。长期以来，人们似乎都认可这种错误的观点，这难道不是当今的马克思主义者在自毁长城吗？如果这种错误见解被普遍接受的话，当今的马克思主义者不是把自己彻底地孤立起来了吗？谁愿意接受一种已经被魔化的、完全拒斥任何人文关怀的学说呢？难怪马克思在批评19世纪70年代末法国的所谓“马克思主义者”时会说出下面这句名言：“我只知道我自己不是马克思主义者。”① 实际上，如果当今的马克思主义者希望真正继承马克思的事业，那么，他们就应该有勇气公开宣布，我们马克思主义者也谈人性、个人、人文主义和人道主义，而我们是在马克思所创立的历史唯物主义的基础上谈论这些问题的。在我们看来，当今的马克思主义者不但应该理直气壮地谈论并深入地探讨这些问题，而且也应该努力地把马克思主义的人道主义的整个学说贯彻到现实生活中去。

综上所述，我们应该使马克思主义摆脱那些长期以附加在它身上的

---

① 《马克思恩格斯选集》，第4卷，691页，北京，人民出版社，1995。

种种错误观念，不但应该把马克思主义与人道主义的关系作为一个重大的理论课题深入地讨论下去，不但应该认识到马克思主义与人道主义不是水火不相容的，而且应该理直气壮地把马克思主义的人道主义作为社会主义建设时期的主导性理论，从而真正为实现以个人的自由、解放和全面发展为核心内容的共产主义的伟大理想而奋斗。

重视人文关怀的维度①

谁都不会怀疑，马克思哲学继承了西方人文主义的伟大传统。换言之，人文关怀构成了马克思哲学的基本维度之一。我们这里涉及的人文关怀概念的主要含义是：对人的生存状况的关注，对人的尊严和符合人性的生活条件的肯定，对人类的解放和自由的追求，等等。然而，我们不无遗憾地发现，在马克思哲学的传播过程中，其人文关怀的维度却被严严实实地遮蔽起来了，从而使马克思的理论形象受到了严重的歪曲。今天，重新肯定马克思哲学的人文关怀维度，恢复其本真的理论形象，具有极为重要的理论意义和现实意义。

处于遮蔽状态的人文关怀的维度

在马克思哲学的传播过程中，其人文关怀

---

① 本文原来的标题是“人文关怀：马克思哲学的另一个维度”，原载《光明日报》，2001-02-06，《新华文摘》，2001（5）全文转载。

的维度是如何被遮蔽起来的？我们认为，主要是通过以下三种对马克思哲学的不同的理解模式而被遮蔽起来的。

第一种理解模式是：马克思哲学是阶级斗争的工具。我们不妨把这种解释模式称为“工具论”。虽然这种理论承认马克思哲学追求的根本目标是解放全人类，建设一个“每个人的自由发展是一切人的自由发展的条件”的共产主义社会，但它又坚持以下两点。

其一，这个目标是长远的，因而蕴含在这个目标中的人文关怀在眼前完全可以被搁置起来，不必深入地在理论上加以探究或在实践中加以贯彻。

其二，这个目标是通过长期的阶级斗争的方式来实现的，而在阶级斗争中，马克思学说的追随者有感于阶级斗争的严酷性、曲折性和长期性，在解释其学说时，通常会自觉地或不自觉地遗忘乃至压抑马克思哲学中人文关怀的维度，而把其阶级斗争的属性加以强化或夸大，甚至干脆把它理解为阶级斗争的工具或手段。

随着这种“工具”意识的不断增强，手段和目的的位置被颠倒过来了。一方面，手段成了目的，即阶级斗争被置于最高的位置上，成了人们为之而奋斗的最根本的目的；另一方面，原来的目的，即人的自由和解放却倒过来被下降为手段。如果人们偶尔提到这方面的话题，那也只是为了唤起他们在阶级斗争中的自觉性和坚定性。更令人难以置信的是，人们甚至把马克思哲学理解为纯粹的阶级斗争学说，并使之与人文关怀尖锐地对立起来，以至于问题完全走向反面，即谁只要一谈论人文关怀，谁就是在曲解或非难马克思哲学。仿佛马克思哲学只是一种冷冰冰的理论，它与任何意义上的人文关怀都截然对立，不可同日而语。显而易见，这种理解模式不仅遮蔽了马克思哲学的人文关怀维度，而且把这一维度与马克思哲学尖锐地对立起来了。

第二种理解模式是：马克思哲学是揭示人类社会发展规律的科学理论。我们不妨把这种理解模式称之为“科学论”。诚然，我们也承认，马克思哲学正确地揭示了人类社会，尤其是资本主义社会发展的客观规律，但当人们仅仅着眼于从“科学论”的角度去理解马克思哲学时，马克思哲学的人文关怀的维度也会被掩盖起来。因为“科学论”关注的仅仅是马克思哲学所揭示的社会发展规律的准确性，而对马克思哲学的其他重要特征，特别是人文关怀的特征，完全不予重视。比如，法国哲学家阿尔都塞就把马克思成熟时期的思想（作为“科学”）与青年时期的马克思的思想（作为意识形态）尖锐地对立起来，简单地把青年时期的马克思的思想，尤其是他关于人道主义和异化的思想，作为费尔巴哈式的问题而加以贬低乃至否定。诚然，青年马克思的思想，特别是他关于人的理论有一个发展过程，其《1844年经济学哲学手稿》在一定程度上确实也受到费尔巴哈的影响，但我们必须清醒地意识到，异化和人道主义的思想不光是青年马克思哲学的一个重要的侧面，而且也是成熟时期的马克思哲学的一个重要的维度。此外，“科学论”还强调，在人类社会中唯一起作用的力量就是“规律”或“必然性”，这就从根本上否认了人类活动，尤其是人类争取自由和解放、追求人格尊严和人文关怀的必要性。总之，把马克思哲学的科学性与人文性尖锐地对立起来，并用前者去否定后者，必定会导致对马克思理论形象的扭曲。

第三种理解模式是：马克思哲学是认识论意义上的实践哲学。我们不妨把这种理解模式称之为“实践论”。“实践论”是当前最流行的理解模式。与上述两种理解模式相比，乍看起来，“实践论”是最接近对马克思哲学的人文关怀维度的肯定的，其实不然。这里的关键在于如何理解马克思的“实践”概念的含义。人们通常是从认识论的角度出发去理解马克思的生产劳动概念的。比如，晚年卢卡奇的巨著《社会存在本体论》就是沿着这样的方向来理解马克思的实践概念的。在这里，存在着对马克思“实践”概念的惊人的误解，而这一误解又是与人们对康德哲学缺乏了解联系在一起的。按照康德的看法，纯粹理性和认识论关系到自然，而实践理性和本体论则关系到自由。也就是说，当人们从认识论和科学技术（即只关注人与自然关系）的角度出发去理解生产劳动这一实践形式时，他们并不会自然而然地引起对人的问题的重视和对人文关怀的肯定；事实上，只有当人们从本体论和实践理性（即主要关注人与人的关系）的角度出发去理解生产劳动这一实践形式时，他们才会自觉地重视人的问题并把人文关怀作为一个重大的问题提出来。

综上所述，正是“工具论”“科学论”和“实践论”的流行，使马克思哲学的人文关怀的维度被严重地遮蔽起来了。

遮蔽状态的历史成因

在马克思哲学的传播过程中，为什么上述“三论”会流行起来？这并不是偶然的，而是有其深层的历史原因的。

首先，人们在理解马克思哲学与它所继承的西方人文主义传统的关系时，为了强调马克思哲学的正确性和独特性，干脆把它从西方人文主义的传统中割裂出来，并使之与这一传统尖锐地对立起来。诚然，我们也承认，马克思对西方人文主义传统，尤其是近代以来的、以奢谈“抽象的人”和崇拜“抽象的人性”为特征的人文主义思潮做过深刻的批判，但马克思的目的并不是要否定乃至抛弃西方人文主义的伟大传统，而是要使它奠基于历史唯物主义的基础之上。总之，马克思的意图是倒掉洗澡水，留下小孩，而不是把洗澡水和小孩一起倒掉。而马克思的一些后继者在解释马克思哲学时，总是自觉地或不自觉地夸大马克思哲学与西方人文主义传统之间的差异，从而把两者尖锐地对立起来。这种做法导致的结果是：马克思哲学的解释者自己放弃了人文关怀的提法，并把这种提法让渡给资产阶级哲学家，使之成为他们的专利。显然，这种理论上的自我束缚和自我否定是十分愚蠢的，它给马克思哲学的传播造成了灾难性的影响。

其次，马克思哲学的解释者未能超越近代西方哲学的视野，因而没有自觉地意识到“人”这一特殊的存在者与其他存在者之间的本质差异。由于这一差异没有以普遍的方式进入到意识的层面上，所以，马克思哲学的人文关怀的维度对于解释者来说，始终是封闭的。有人也许会对我们上面的说法表示怀疑：当前理论界关于马克思的人的理论、人学、人道主义和异化问题的讨论不都涉及人文关怀的维度吗？

毋庸讳言，我们也承认，这些问题的讨论在一定的程度上关涉马克思哲学的人文关怀的维度，但如果人们认为只要讨论这些问题而不去触动传统哲学教科书对马克思哲学基础理论的错误理解，就已经恢复了它的人文关怀维度，那就把问题看得太简单了。传统哲学教科书把马克思哲学的基础误解为一般唯物主义，因此，它是从“世界统一于物质”这一基本命题出发去解释马克思哲学的。正是在这个基本命题中，“人”这一特殊的存在者与其他存在者之间的差异被磨平了。从这样的基础出发去论述马克思哲学，必定会遮蔽其人文关怀的维度。事实上，只要这一哲学基础还没有成为反思的对象，哪怕人们天天在讨论马克思的人学理论，人文关怀仍然像一张贴到马克思哲学上去的邮票，随时都可以被撕下来。在当代西方哲学家中，正是德国哲学家海德格尔，通过其“本体论差异”的理论，阐明了作为人之存在的“此在”与其他存在者之间的差异。在海德格尔看来，马克思哲学是意识到这种“本体论差异”的，因此，它比胡塞尔的现象学和萨特的存在主义都来得深刻。“人们尽管可以以不同的方式来看待共产主义学说及其论据，但从存在的历史看来，一种具有世界历史意义的基本经验确实已在共产主义学说中自行表露出来了。”① 这就启示我们，只要人们还把一般唯物主义理解为马克思哲学的基础，那么马克思哲学的人文关怀的维度终究会被掩蔽起来，甚至完全被遗忘。

再次，社会主义国家最初是在东方建立起来的，由于东方社会长期

① Martin Heidegger, *Ueber Den Humanismus*, Vittorio Klostermann, 1949, s. 27-28.

以来处在亚细亚式的、专制主义的统治下，所以独立人格及其在这一基础上形成起来的人文关怀在东方社会中缺乏相应的土壤。这就使东方社会的学者在解读马克思哲学文本时，自然而然地把马克思哲学的这一维度给遮蔽起来了。这种遮蔽是如此之严重，以至于一些东方国家进入了社会主义建设阶段后，仍然强调“以阶级斗争为纲”，而完全不谈马克思哲学的人文关怀的维度。直到这些国家进人了改革开放的历史时期，这种局面才有所改变。由此可见，遮蔽乃至遗忘马克思哲学的人文关怀的维度是有深层的理论原因和历史原因的。只有深入地检讨这些原因，才可能恢复马克思哲学的完整的理论形象。

恢复马克思哲学的人文关怀维度

每一个认真地研读过马克思著作的人都会发现，马克思哲学充满了人文精神。无论是他青年时期写的《青年在选择职业时的考虑》，还是《博士论文》或《1844 年经济学哲学手稿》；无论是他思想成熟时期写的《资本论》，还是《1857—1858 年经济学手稿》或《人类学笔记》，无一不包含着马克思对人的尊严、自由和权利的执着追求，无一不洋溢着深厚的人文关怀的情愫。

首先，马克思是西方人文主义传统的伟大继承者。马克思不仅通过对伊壁鸠鲁的“原子偏斜说”的肯定，张扬了“自由”这一人类追求的最高价值，不仅通过对“异化劳动”的批判，揭示了劳动者的真实处境和人性复归的可能性，而且以自己的方式重新解读了西方哲学，特别是作为德国古典哲学的集大成者的黑格尔哲学，强调其本质乃是对人的问题的真正关注。在《神圣家族》中，马克思这样写道：“在黑格尔的体系中有三个因素：斯宾诺莎的实体，费希特的自我意识以及前两个因素在黑格尔那里的必然的矛盾的统一，即绝对精神。第一个因素是形而上学地改了装的、脱离人的自然。第二个因素是形而上学地改了装的、脱离自然的精神。第三个因素是形而上学地改了装的、以上两个因素的统一，即现实的人和现实的人类。"[①] 事实上，马克思正是沿着西方人文主义的伟大传统来从事自己的哲学思考的。当传统的哲学教科书把马克思哲学的基础理解为“一般唯物主义”的时候，完全忘记了马克思在批判霍布斯的机械唯物主义学说时所说的话：“唯物主义变得敌视人了。”[②]

其次，马克思哲学的出发点是“从事实际活动的人”。马克思既不赞成历史唯心主义者脱离现实的生活条件，奢谈想象的主体的想象的活动，也不赞成抽象的经验论者撇开人的社会特性奢谈人的本性。马克思强调，他自己在哲学上采用了一种独特的观察方法：“这种观察方法并不是没有前提的。它从现实的前提出发，而且一刻也不离开这种前提。它的前提是人，但不是某种处在幻想的与世隔绝、离群索居状态的人，而是处在一定条件下的、现实的、可以通过经验观察到其发展过程的人。”[③] 实际上，马克思也正是从这样的“现实的人”或“从事实际活动的人”出发来探讨社会历史问题和哲学问题的。在这个意义上可以说，人的问题和人文关怀绝不是贴到马克思哲学上去的一张邮票，而是贯穿马克思全部学说，尤其是其哲学思想的一条红线。

再次，马克思哲学的宗旨是追求人类的自由和解放。传统哲学教科书把马克思哲学曲解为侈谈“世界统一于物质”的高头讲章，完全看不到马克思物质理论的实质。在马克思看来，物质表现为具体的样态——物体，而在资本主义生产方式中，物体通常表现为商品；商品具有使用价值（自然属性）和交换价值（社会属性）；从社会属性看，商品反映出资本主义生产中人与人之间的社会关系，但“商品拜物教”却把商品的这种社会属性误解为其自然属性，从而产生了对物本身的崇拜；哲学的任务就是通过对“商品拜物教”的批判，揭示出资本主义生产方式中人

---

① 《马克思恩格斯全集》，第2卷，177页，北京，人民出版社，1957。
② 《马克思恩格斯全集》，第2卷，164页，北京，人民出版社，1957。
③ 《马克思恩格斯全集》，第3卷，30页，北京，人民出版社，1960。

与人之间的真实关系。由此可见，马克思物质理论的实质并不是奢谈“抽象的物质”，而是通过对资本主义生产方式中物质的普遍样态——商品的拜物教的批判，提出“剩余价值理论”，全面揭示人与人之间的真实关系，并鼓励劳动者起来在实践上改变这种关系。在《资本论》第3卷中，马克思在谈到生产领域时指出：“这个领域内的自由只能是：社会化的人，联合起来的生产者，将合理地调节他们和自然之间的物质变换，把它置于他们的共同控制之下，而不让它作为盲目的力量来统治自己；靠消耗最小的力量，在最无愧于和最适合于他们的人类本性的条件下进行这种物质变换。”① 这段话充分体现出马克思对人的自由和人文关怀的重视和追求。

综上所述，人文关怀构成马克思哲学的一个根本性的维度。我们完全应该理直气壮地探讨并阐发这个维度，恢复马克思哲学的本真精神，用以指导我们的现实生活。

① 马克思：《资本论》，第3卷，926～927页，北京，人民出版社，1975。

“人的全面发展”问题刍议[①]

所谓“人的全面发展”是当今理论界普遍关注的话题之一。然而，遗憾的是，人们对这个话题谈论得很多，却理解得很少。因此，完全有必要对这个问题的理论内涵和实质做一番先行的、深入的考察，然后才能对它做出合理的、有效的说明。

“人的全面发展”，还是“个人全面发展”？

众所周知，马克思和恩格斯在1848年出版的《共产党宣言》中写下了一句名言：“每个人的自由发展是一切人的自由发展的前提”（die freie Entwicklung eines jeden die Bedingung fuer

① 本文原来的标题是“‘人的全面发展问题’之我见”，原载《探索与争鸣》，2002（8），中国人民大学复印资料《哲学原理》，2002（11）全文转载。

die freie Entwicklung aller ist)① 在这里，jeden 和 aller 分别以省略的方式表示“每个人”和“一切人”。不难看出，既然马克思把每个人的自由发展看作一切人的自由发展的前提，这就表明，在他的心目中，个人和一切人之间不但存在着重大的差别，而且比较起来，个人居于基础性的层面上。

在《1857—1858 年经济学手稿》中，马克思在叙述其“三大社会形态”理论时进一步指出：“人的依赖关系（起初完全是自然发生的），是最初的社会形态，在这种形态下，人的生产能力只是在狭窄的范围内和孤立的地点上发展着。以物的依赖性为基础的人的独立性，是第二大形态，在这种形态下，才形成普遍的社会物质变换，全面的关系（der universalen Beziehungen），多方面的需求以及全面的能力（universeller Vermoegen）的体系。建立在个人全面发展（die universelle Entwicklung der Individuen）和他们共同的社会生产能力成为他们的社会财富这一基础上的自由个性（freie Individualitaet），是第三个阶段。第二个阶段为第三个阶段创造条件。”② 必须注意，马克思在这里提出的是“个人全面发展”的理论，而不是“人的全面发展”的理论。马克思使用的德语名词 Individuum（复数为 Individuums 或 Individuen），专指“个人”，而不是指一般意义上的“人”。在德语中，一般意义上的“人”通常用另一个名词 Mensch（复数为 Menschen）来表示。Individuum 和 Mensch 这两个词之间的差别是显而易见的：前者的着眼点是人格上独立的、具体的个人，后者的着眼点则是一般意义上的人或人类的整体。这就告诉我们，马克思从来没有泛泛地谈论“人的全面发展”，他注重的是现代社会意义上的“个人的全面发展”和自由个性的确立。

---

① 《马克思恩格斯选集》，第 1 卷，294 页，北京，人民出版社，1995。参见 Marx Engels，*Ausgewaehlte Werke*（*Band* 1），Dietz Verlag 1989，s. 438.

② 《马克思恩格斯全集》，第 46 卷（上），104 页，北京，人民出版社，1979。参见 Karl Marx，*Grundrisse Der Kritik Der Politischen Oekonomie*，Dietz Verlag 1974，p. 75.

有趣的是，在东方社会，尤其是现代中国社会中，马克思关于“个人全面发展”的观念被不知不觉地转换为“人的全面发展”的观念。为什么会发生这样的现象呢？其实道理也很简单。因为在从长期以来的自然经济中蜕变出来的现代中国社会中，个人，特别是与伟大人物意义上的个人相对待的普通个人，仍然是缺乏人格上的独立性和精神上的独立地位的。

正如马克思在批判以亚当·斯密和卢梭为代表的错误见解——认为远古时代就已经存在着独立的个人——时所指出的：“我们越往前追溯历史，个人（Individuum），从而也是进行生产的个人，就越表现为不独立，从属于一个较大的整体……。只有到18世纪，在‘市民社会’中，社会联系的各种形式，对个人说来，才只是表现为达到他私人目的的手段，才表现为外在的必然性。”① 在马克思看来，真正独立的个人在远古时代是不可能存在的，它乃是近代世界的产物，尤其是18世纪以来市民社会的产物。

众所周知，现代中国启蒙运动的核心观念也就是把普通个人从各种束缚中解放出来。无论是鲁迅等人关于易卜生剧本《现偶之家》中“娜拉出走”问题的讨论，还是巴金的小说《家》《春》《秋》或钱钟书的小说《围城》，都是围绕个人的自由和个性的解放而展开的。正如李泽厚所指出的：后来，救亡的主题（集体至上）逐渐压倒了启蒙的主题（个体至上），于是，个人解放和个性自由的问题完全被掩蔽起来了。尽管1949年以后出版的历史唯物主义方面的教材也对“伟大人物和人民群众”的关系进行了探讨，然而，在这里，关怀的重点也始终是伟大人物意义上的“个人”，而不是普通个人。不但普通个人缺乏精神上的独立地位和人格上的独立性，而且其基本利益也被曲解为“极端个人主义”而

---

① 《马克思恩格斯全集》，第46卷（上），21页，北京，人民出版社，1979。参见 Karl Marx, *Grundrisse Der Kritik Der Politischen Oekonomie*, Dietz Verlag 1974, s. 6.

加以简单的否定。我们一再发现，普通个人只是作为一个片断、一种要素被归入“人民群众”这个集合性的概念中，只有伟大人物的个体性存在才成为人们反思的焦点。事实上，“文革”后出现的所谓“新启蒙”思潮，所要继续的正是“五四”前后才开始的普通个人解放的道路。在当代中国社会中，随着市场经济的发展和传统社会的身份制度向当代社会的契约制度的转化，个人本位、个人自由和个性解放已经成为当今现实生活和文化生活中的一个基本事实。事实上，只有深刻领悟当代生活的实际诉求，才能充分理解马克思关于“个人全面发展”理论所蕴含的伟大的当代意义。

个人能力的全面发展，还是个人素质的全面发展?

马克思所说的“个人全面发展”，确切些说，是指个人能力的全面发展。马克思写道：“全面发展的个人——他们的社会关系作为他们自己的共同的关系，也是服从于他们自己的共同的控制的——不是自然的产物，而是历史的产物。要使这种个性成为可能，能力（Vermoegen）的发展就要达到一定的程度和全面性，这正是以建立在交换价值基础上的生产为前提的，这种生产才在产生出个人同自己和同别人的普遍异化的同时，也产生出个人关系和个人能力（Faehigkeiten）的普遍性和全面性。”① 这里的两个德文词 Vermoegen 和 Faehigkeiten 在中文里都可以译为“能力”。在马克思看来，个人的全面发展充分体现在其能力的全面发展上，而普遍的、能力全面发展的个人的造就又是以一定的社会历史条件作为自己的前提的。马克思之所以从能力的角度来谈论个人的全面发展，因为他深受德国剧作家席勒的《美育书简》的影响。席勒敏锐地发现，在

① 《马克思恩格斯全集》，第 46 卷（上），108 页，北京，人民出版社，1979。参见 Karl Marx，*Grundrisse Der Kritik Der Politischen Oekonomie*，Dietz Verlag 1974，s. 79-80.

现代欧洲社会中，随着分工变得越来越细，个人能力的发展也显得越来越片面化。在某种意义上，马克思的上述理论正是对席勒见解的一个回应。然而，按照马克思的看法，在资本主义社会中，由于异化现象的普遍存在，个人能力的全面发展根本上是不可能的，唯有在未来的共产主义社会中，这样的理想才可能实现。当然，这一理想的实现又是以资本主义社会高度发展的物质和文化条件作为基础的。

有待进一步追问的是：究竟什么是“能力”呢？显然，能力是指人的才能、才华。比如，一个人会开汽车、会操纵飞机、会操作电脑、会讲英语、会弹钢琴等，这些都属于能力的范围。在生活中，我们说一个人是“多才多艺”，也就是承认他具有多方面的能力。显然，一个人越是多才多艺，他的能力的发展也就越是全面，而他的能力发展越是全面，也就越接近马克思所说的全面发展的个人。

其实，在现代社会中，个人能力的全面发展是很难做到的，但个人素质的全面发展却是有可能做到的。也许正因为考虑到了这方面的因素，马克思关于个人能力全面发展的理论在中国理论界转化为关于个人素质全面发展的理论。尽管这里说的“素质”（Qualitaet）蕴含着“具有一定能力”这样的诉求，但又没有对能力有过高过多的要求。甚至可以说，在“素质”这个概念的含义中，“能力”的大小是无关紧要的，关键是一个人总体上的精神境界。换言之，“素质”是一个人在世界上安身立命的基本品质，它主要由以下两个方面组成：一是人文情怀，如珍惜生命、维护人权、尊重他人、崇尚自由、推重民主、提倡公正等；二是科学精神，如尊重事实、着重客观规律、为真理而献身等。所谓“个人素质的全面发展”，就其核心的内容来说，也就是人文情怀与科学精神在个人身上的统一。虽然能力和素质都发自内心、见之于外，但比较起来，素质更能体现出个人的内在世界和思想境界。我们之所以说个人素质的全面发展相对地容易做到，因为任何个人，只要其人文情怀和科学精神有一个均衡的发展，他的素质也就向全面发展的方向靠近了。反之，个人能力的全面发展之所以难以做到，因为以技能的方式起作用的能力是受到个人的天赋、兴趣和身体条件的限制的。当然，个人素质的全面发展和个人能力的全面发展这两种提法并不是矛盾的，更不是对立的。实际上，个人素质全面发展的提法是在新的历史条件下对马克思关于个人能力全面发展提法的修正和推进。

理想状态中的全面发展，还是现实状态中的片面发展？

我们必须清醒地意识到，马克思说的个人能力的全面发展乃是理想状态中的目标。事实上，随着科学技术的高度发展和人文精神历史内涵的演化，“全面发展”的含义也在发生相应的变化，因而每一个时代对“全面发展”的理解也只具有相对的意义。恩格斯在谈到文艺复兴时代出现的一系列伟大人物的时候，曾经这样写道：“那时，差不多没有一个著名人物不曾做过长途的旅行，不会说四五种语言，不在几个专业上放射出自己的光芒。……那时的英雄们还没有成为分工的奴隶，分工所具有的限制人的、使人片面化的影响，在他们的后继者那里我们是常常看到的。但他们的特征是他们几乎全都处在时代运动中，在实际斗争中生活着和活动着……因此就有了使他们成为完人（ganzen Maennern）的那种性格上的完整和坚强。”① 在某种意义上，我们也可以把恩格斯所说的“完人”理解为那个时代在素质上全面发展的个人。而在当代，人们对全面发展的个人必定会提出更高的要求。换言之，个人的全面发展实际上只是人们追求的一种理想的状态。当然，把这样的理想状态确定为目标，一定会对每个人的发展产生巨大的激励作用。

然而，现实生活中的个人却应该辩证地理解“全面发展”和“片面发展”之间的关系。人们应该清醒地认识到，当今时代是知识和信息爆

① 恩格斯：《自然辩证法》，7～8 页，北京，人民出版社，1971。参见 F. Engels, *Dialektik der Natur*, Dietz Verlag 1952, s. 8-9.

炸的时代，一个人要了解和掌握所有的知识和技能是根本不可能的。试图无所不知，结果只能一无所知。因此，如果从现实生活的视角出发去探索个人全面发展的话题，只把它解读为素质上的全面发展，即人文情怀和科学精神的统一就足够了。任何人只要不陷入幻觉之中，他应该明白，每个人在现实生活中都只能片面地发展自己。也就是说，他必须有自知之明，必须对自己的天赋、兴趣和现状进行认真的反思，并片面地发展自己身上最擅长的、最有可能获得成功的那些因素。莎士比亚之于戏剧、莫扎特之于作曲、帕格尼尼之于小提琴、毕加索之于绘画，正是片面发展的结果。在现实生活中，如果一个人试图全面地发展自己的专长和能力，他必将一事无成。

歌德说过："有人说得很对，人的才能最好是得到全面发展，不过这不是人生来就可以办到的。每个人都要把自己培养成某一种人，然后才设法去理解人类各种才能的总和。"[①] 他经常告诫秘书爱克曼，要他集中自己的精力，做好某一方面的学问，以至于爱克曼非常认真地写道："从我和歌德接近以来，他一直要我提防一切分心的事，经常力求把精力集中在一门专业上。如果我表现出一点研究自然科学的兴趣，他总是劝我莫管那些闲事，目前且专心致志地在诗方面下功夫。如果我想读一部对我的专业没有帮助的书，他也总是劝我不要读，说它对我毫无实用。"[②] 这段话不但体现出歌德在治学上对爱克曼的严格要求，也表明，歌德是主张以片面的方式发展自己的能力和才华的。

有趣的是，片面地发展专长、严格地限制研究范围，也是黑格尔最重要的治学经验。他告诉我们："一个志在有大成就的人，他必须，如歌德所说，知道限制自己。反之那些什么事都想做的人，其实什么事都不能做，而终归于失败。世界上有趣味的东西异常之多：西班牙诗、化学、政治、音乐都很有趣味，如果有人对这些东西感兴趣，我们决不能说他

---

① 爱克曼辑录：《歌德谈话录》，78 页，北京，人民文学出版社，1982。
② 爱克曼辑录：《歌德谈话录》，80 页，北京，人民文学出版社，1982。

不对。但一个人在特定的环境中，如欲有所成就，他必须专注于一事，而不可分散他的精力于多方面。”[①] 在另一处，他以同样的口吻写道：“歌德说，立志成大事者，必须善于限制自己。人唯有通过决断，才投入现实，不论做出决定对他来说是怎样的艰苦。”[②] 也正是在这个意义上，黑格尔辛辣地讽刺了那些老是停留在全面发展的志向中，而不肯做任何决断的人：“单纯志向的桂冠就等于从不发绿的枯叶。”[③] 这就深刻地启示我们，一个人要有所造就，决不能同时发展自己各方面的兴趣和能力，也不能停留在单纯的志向中，而应该诉诸行动，发展自己最有特长和最有把握的方面。

综上所述，马克思关于“个人全面发展”的理论，与其被理解为个人能力的全面发展，不如被理解为个人素质的全面发展，而个人素质的全面发展主要体现为个人精神生活中人文情怀和科学精神的统一。个人能力的全面发展只是个人发展中的理想状态，实际上是很难达到的。在现实生活中，个人应该追求的现实目标是：在素质上全面地发展自己，在能力上片面地发展自己。事实上，只有整个人类才可能实现能力上的全面发展。

---

① 黑格尔：《小逻辑》，174页，北京，商务印书馆，1980。

② 黑格尔：《法哲学原理》，24～25页，北京，商务印书馆，1961。

③ 黑格尔：《法哲学原理》，128页，北京，商务印书馆，1961。

科学建设与理论研究[①]

最近，中共中央发出的《关于进一步繁荣发展哲学社会科学的意见》（以下简称《意见》）明确指出："学科建设是繁荣发展哲学社会科学的基础。"毋庸讳言，学科建设也是推动马克思主义理论研究向前发展的重要动力。众所周知，在当今中国的哲学社会科学研究机构和高等院校的人文社会科学院系中，拥有大量以研究马克思主义理论为对象的学士点、硕士点和博士点。如何通过学科点的建设，即总体上的学科建设，推动马克思主义理论研究的发展，是我们理论工作者面临的一项重要任务。

首先，任何一门学科要保持自己的旺盛生命力，就要与时俱进，适应时代发展的需要，努力关注前沿问题，主动调整自己的知识结构，

① 本文原来的标题是"以学科建设推动马克思主义研究"，原载《文汇报》，2004-04-19。

防止已有知识的僵化和教条化。作为一门学科，马克思主义理论研究也面对着同样的情形。所以，《意见》强调，“要自觉地把思想认识从那些不合时宜的观念、做法和体制的束缚中解放出来，从主观主义和形而上学的桎梏中解放出来。”也就是说，马克思主义理论的研究必须具有前沿性，这里所说的“前沿性”主要有两个含义：一是密切地关注并解答在我国当今的现代化进程和社会主义市场经济的发展中出现的重大的现实问题；二是密切地关注并解答当今中国哲学社会科学研究领域中出现的新的重大的问题。显然，缺乏这种密切地关注并成功地回应现实生活和理论研究中出现的前沿问题的能力，马克思主义理论研究就有可能脱离实际，失去自己的生命力。实际上，也只有在对各种前沿问题的积极回应中，马克思主义理论本身才能得到更新和发展。

其次，任何一门学科要以符合规范的方式向前发展，就要不断地反思其基础理论，以确保其科学性。在对马克思主义理论的理解和解释中，一直存在着一种错误的倾向，即片面地重视马克思主义理论在实际生活中的应用，特别是在政治生活中的应用，而忽视了它作为一门学科所具有的科学性。在这种错误倾向的影响下，理论界和社会生活中都出现了把马克思主义理论庸俗化的现象，如以前有人把马克思主义哲学演绎成“种菜哲学”“养猪哲学”等，现在又有人把它解释成“证券哲学”“营销哲学”等。诚然，我们应当运用马克思主义的理论来指导我们的实际生活，但却不能把它庸俗化，使之蜕变成日常生活的管家婆。重要的是，要联系实际，通过对马克思主义的基础理论，尤其是马克思主义哲学的基础概念，如哲学观、世界观、物质观、时空观、实践观、价值观的深入反思，以确保我们对马克思主义基础理论的准确的理解和把握，从而使整个马克思主义理论的发展奠立在牢固的基础上。

最后，任何一门学科要获得人们的普遍认同，就要保持其开放的心态，扩大国际交流。同样地，马克思主义理论的研究也需要有相应的开放心态，要努力引进国外马克思主义理论研究的优秀成果，批判地借鉴国外马克思主义者的研究思路和方法。比如，20 世纪七八十年代在西方兴起的“分析的马克思主义”把对西方分析哲学传统的研究与对马克思主义理论的研究紧密地结合起来，形成了一系列重要的成果，并对国际理论界，尤其是马克思主义理论界产生了重大的影响。不用说，中国的马克思主义理论研究要走上新的台阶，就要积极地借鉴“分析的马克思主义”的研究思路和方法，注重对“生产力”“生产关系”“经济基础”“上层建筑”等马克思主义的基本理论术语的分析。事实上，没有对这些基本概念的含义的准确把握，要对马克思主义理论的研究做出实质性的推进是不可能的。

总之，要以学科建设为导向，进一步繁荣对马克思主义理论的研究。

走出自我的困境①

我今天非常高兴，也很感动。因为有这么多同学来听课。这使我想起了1985年我们哲学系办过的“哲学与改革”的系列讲座。当时听众也是人山人海，连3108教室的窗台上都站满了。这主要不是因为我们的课讲得好，而是同学们对学术文化、对真理有执着的追求。这种求知的热情深深地打动了我。我首先应该表示真诚的感谢。

我今天演讲的题目是“走出自我的困境”。讲到“自我”，可以说没有一个词比“自我”更令我们熟悉了。但是也可以说，没有一个词比“自我”更使我们感到陌生的了。这种情况是如何造成的？美国学者卡耐基做过一个调查，他调查了纽约500次电话通话记录，发现通话者

① 本文原来的标题为“什么是自我的困境?”，系本人2001年10月30日在复旦大学美国研究中心的演讲稿，原载《文汇报》，2002-08-25。

使用得最多的一个词就是“我”，总共出现了3990次。事实上，人们在电话中总是以“我需要……”“我请求……”“我希望……”等句型来表述自己的想法。这似乎表明，他们牢牢地记住了“自我”这个词。在卡耐基所做的另一项调查中，他询问了纽约的一些诊所，结果发现，10%的求医者实际上并没有什么毛病，他们只是要向医生倾诉心中的块垒，因为他们在心理上感到苦闷和孤独。这两个调查似乎从一个侧面向我们展示出“自我”的重要性。

此外，不知道同学们是否做过这样的心理测试：如果你拿起一张集体照，那么你首先注意的是照片上自己的形象，还是其他人的形象？一般说来，人们首先注意到的总是“自我”的形象。记得罗马统帅恺撒也说过这样的名言：“我来，我看见，我征服”。短短的一句话中竟然包含着三个“我”字。乍看起来，人们仿佛牢牢地惦记着“自我”，他们对“自我”一定是所知甚深，了然于胸的，然而，实际情形却正好相反，他们所知甚少，以至于最不了解的恰好是这个天天都挂在嘴上，时时刻刻都惦记着的“自我”。这正应了通俗智慧领悟到的真理——台风中心没有风；也应了德国哲学家黑格尔说过的一句名言——熟知非真知。有趣的是，我们自以为最熟悉的东西，恰恰正是我们最不了解的！

在以现代科学技术的发展为背景的、市场经济的生活模式中，生活节奏变得越来越快，学习、生活和工作的压力以及“自我”所需承载的信息量也变得越来越重，从而对“自我”提出了越来越高的要求，也使“自我”很容易陷入精神上的困境。各种心理疾病的发生、情感上的孤独和精神上的迷茫，使我们突然感到“自我”仿佛变得陌生起来。

这不禁使我们想起了古希腊德尔斐神庙的著名神谕“认识你自己”。然而，在我们通常的思维方式中，这种“认识你自己”的反思的方式是十分匮乏的，我们的思维一般都习惯扑向外面的对象，犹如一个小孩，脱下自己的外套，去扑花丛中飞舞的蝴蝶。也就是说，我们的全部感觉和认识通常都是向外的，我们的思想总是不断地向外捕捉经验性的东西，不断地把外在的东西攫取为“自我”消化的对象。然而，我们几乎从来不坐下来冷静地反思一下，“自我”的含义究竟是什么？“自我”究竟有着什么样的结构？如何正确地认识“自我”？即达到通常所说的自知之明。所有这些追问在我们的日常生活中都处于边缘化的状态中，仿佛我们那么频繁地使用“自我”这个词只是为了表明，我们对它是一无所知的！在今天的讲座中，我要讲三个问题。

什么是“自我”

凡是稍稍熟悉人类思想发展史的人都知道，并不是在思想史的开端处人类已经把“自我”作为自己反思的对象了。按照西方哲学史家的说法，直至近代社会，才产生明确的自我意识，这特别表现在法国哲学家笛卡尔的著作中。众所周知，笛卡尔提出了“我思故我在”的著名命题。也就是说，我可以怀疑世界上所有的东西，如我的肉体、上帝，乃至整个物质世界是否存在，但我却无法否认“我正在思考”“我正在怀疑”这一简单的事实。正是这个命题构成了笛卡尔哲学的第一真理。我在这里姑且不分析笛卡尔命题所存在的学术上的和逻辑上的困难，无论如何，我们可以清晰地感受到这一命题所蕴含的如下的倾向，即人类的自我意识已经开始觉醒了。

此后，英国哲学家休谟进一步将“自我”理解为“一束知觉”。他这样询问我们：既然“自我”不过是由一束知觉构成的，那么当人们睡着的时候，他们的“自我”是否会消失呢？假如一个人的大脑在一场车祸中受了伤，他甚至变成了植物人，或得了精神分裂症，那么他的“自我”是否还存在呢？这些有趣的问题引导着学者们深入地去探索“自我之谜”。

后来，奥地利的物理学家和哲学家马赫又提出了“要素”的概念，强调世界上所有的一切，包括“自我”“时间和空间”在内，都是由物理要素或心理要素构成的。这种彻底的怀疑主义对爱因斯坦产生了极大的影响。爱因斯坦之所以能超出牛顿的绝对时空观，正是因为他在马赫的影响下，对传统的时空观产生了怀疑。尽管我们指责马赫是一个唯心主义的哲学家，但他那种彻底的怀疑精神，尤其是将“自我”和“时空”都还原为“要素”的见解，仍然为自然科学和哲学的研究提供了有益的启发。

我们还可以发现，在西方哲学中，探索“自我”的另一条捷径发端于德国哲学家叔本华。他把“自我”解剖为两个层面：一是人的意志和欲望，二是人的理性和认识。按照传统的哲学观念，人的理性支配着人的意志和欲望。叔本华却把这个几千年来的哲学公案颠倒过来了。他认为，意志是第一性的，理性是第二性的。一旦意志决定要牟取什么，理性就为之策划，实现意志的愿望。在这个基础上，他建构了自己的悲观主义哲学。他认为人的欲望是无限的，就像古希腊神话中所说的一个没有底的水桶，不管往里面装多少水，这些水都会漏掉。换言之，人的欲望是无限的，而外界所能用来满足人的欲望的资源却是有限的。正是这一矛盾构成了人生痛苦的基调。我们知道，叔本华在美学史上的一个重要贡献是，把古希腊的悲剧转化为每一个普通人的生活的本质。在古希腊，悲剧只出现在国王、王后、大臣、王子、公主这样的人物身上，而叔本华却以其深刻的洞察力向我们表明，悲剧不仅是王公贵族的日常生活，也是所有普通人的日常生活。

人一旦有了某个欲望，为了实现这个欲望，意志就会迫使理性为自己进行策划，于是，人的全部身心也就陷入了“痛苦”之中。什么叫“幸福”？叔本华认为，人的欲望被满足的那个一刹那就是幸福。如果第一个欲望得到了满足，而第二个欲望还没有被设想出来，那时人就陷入了“无聊”的状态之中，就像一条在水中漂流的船，既没有桨和橹，也没有罗盘和船帆。一旦这个人的第二个欲望产生出来，他就重新陷入了精神的痛苦之中，他的理性又忙于为实现他的第二个欲望而筹划。所以，叔本华说，人生就像一个钟摆，在痛苦和无聊之间摆动。这种方式决定了“自我”发展的轨迹。

叔本华的思想启发了弗洛伊德。弗氏进一步将“自我”分为三个层面：一是“本我”，表示人性中潜伏的各种本能和欲望，特别是性欲；二是“自我”，它象征的是人的理性；三是“超我”，即社会中的宗教、法律、政治和道德的规范。正是这些规范促使“自我”对“本我”的种种冲动加以控制。这就构成了一个立体式的“自我”的。当一个人的“本我”“自我”和“超我”三者处于和谐状态时，他就是一个是理智健全的人。当这三者处于非和谐状态时，就会产生乱伦、性变态、精神病等可怕的后果。当“自我”借助“超我”的力量，对“本我”做出正确的引导时，“本我”中的种种欲望，特别是性欲，就会升华为对科学和艺术的创造。按照弗洛伊德的看法，人类的文明正是通过这种升华的途径造就的。也就是说，人类文明乃是“自我”经过痛苦的挣扎留下的成果。这些成果构成了人类文明史。

弗洛伊德的解释使我联想到《简·爱》中的罗彻斯特尔先生。他的前夫人是西班牙贵族的女儿，由于这个贵族的家族有精神病史，他的前夫人的精神病在婚后突然爆发出来，罗彻斯特尔不得不把她关进了阁楼里。可是，有时候，这个疯女人仍然会利用看守的疏忽而偷偷地走下楼来。实际上，这个疯女人乃是一个隐喻。它启示我们：每个人实际上都是罗彻斯特尔，每个人的心中都关着一个疯女人，而这个疯女人就是“本我”，即人的本能、欲望和情感。也就是说，人们必须牢牢地控制住这些本能、欲望和情感，才能过理性的、健康的生活。当然，任何人都不可能取消这些本能、欲望和情感，而只能正确地加以控制和引导。

这种体现在“自我”中的理性和情感之间的冲突，既构成了德国诗人歌德的《浮士德》的主题，也构成了“自我”内部的永恒矛盾和发展的动力。所以，歌德说过：在浮士德的胸腔里，跳动着两颗相反方向的心。一颗心要追求先人的灵境；另一颗心则要紧贴官能的凡尘。有趣的是，马克思在《资本论》中引用了《浮士德》的这个典故。在马克思看来，资本家赚钱后，胸腔里也跳动着两颗相反方向的心：一颗要追求资本积累，要扩大再生产，要获取更大的利润；另一颗心则要追求消费和享受，因为人生苦短，怎能放弃消费和享受呢？可怜的资本家就在这种痛苦中煎熬。实际上，马克思在这里说出来的乃是自我的普遍命运。

因此，我们完全可以说，什么叫“自我”？自我就是我之为我的人格上的统一性，或理性和情感上的统一性。当然，讲到“自我”，我也会自然而然地联想起黑格尔所说的人的“两次死亡”：第一次死亡是指人的精神的死亡，即一个人的精神已经封闭或僵化，不能接受任何新的东西了；第二次死亡是人的肉体的死亡，这也就是我们通常所理解的死亡。按照黑格尔的看法，“两次死亡”中的第二次死亡并不可怕，因为人总是要死的。可怕的是第一次死亡，即一个人在精神上的自我封闭和僵化。一旦一个人的精神已经死亡，即使他的肉体仍然走来走去，他的存在也已经被蛀空，成了阴影和幽灵。换言之，他已经消失在历史的黑洞之中。这是我要讲的第一个问题。

什么是“自我”的困境

所谓“自我”的困境主要是指自我在精神上、心理上陷入的困境。这种困境主要表现在以下各个方面。

1. 科学技术的凯歌行进和精神世界的迷茫失落

任何人都无法否认，自然科学和技术发展至今，已经产生了伟大成就。即使有些走极端的人对科学技术采取激烈批判的态度，他们也无法否认，自己已经生活在由现代科学技术构成的、上个高度人化的世界中。有些人矫揉造作地批判科学知识，仿佛要追求一种向原生态的自然的回归。实际上，这样的回归根本上就是不可能的，人们至多只能回归到已被现代科学技术高度人化的自然中去。而这个自然也就是人们通常所说的“第二自然”或“人化自然”，它与原生态的自然或“第一自然”存在着重大的差别。

也就是说，我们生活于其中的自然早就不再是原生态意义上的自然，而是被人的活动改变和污染了的自然。从宏观方面看，自然科学和现代技术已经使人类登上了月球，今后还可能要登上火星；从微观方面看，我们现在讨论的基本粒子、夸克、纳米技术等，也表明人类在这方面的探索已经进入到相当的深度。综合起来看，不妨说，“可上九天揽月，可下五洋捉鳖”这样的诗句已经不再是人类富有诗意的想象和夸张了，而成了人类对自己的现实生活的忠实的描写。简言之，对于人类来说，似乎已经没有什么做不到的事情，就像《基度山恩仇记》里的基度山伯爵说的那样：“我可以向不可能挑战”。

然而，与现代科学技术的高速度发展相伴随的，却是人类精神世界的异化和失落。在某种意义上，人类的精神世界甚至陷入了崩溃的状态中。比如，现在我们各自都习惯于坐在电脑的终端机之前，在网上寻寻觅觅，缺乏一种“面对面的”（face to face）的交流（communication）。我们就像莱布尼茨笔下的“单子”（monad）各自紧闭窗户，孤独地面对着这个世界。

20 世纪 60 年代，法国荒诞派戏剧的一位代表人物尤奈斯库曾经写过一个剧本《秃头歌女》。其中写道：一个中年男子乘火车到某个城市去。在火车上遇到了一个中年妇女，他们开始谈话，并各自询问对方到什么地方去。结果发现，他们去的是同一个城市、同一条街道、同一幢楼，同一个房间，同一张床。原来他们是夫妻！通过这种夸张的表达手法，作者深刻地揭示了现代西方社会中夫妻之间关系的疏远。尤奈斯库的另一个著名的剧本《新房客》，讲述了一对夫妇在搬家的时候发现，他们所拥有的家具竟如此之多，以至于只能把房间的天花板打开，用吊车把家具一件件地吊进去，而人只能缩在房间的一个角落里。不仅如此，在楼道上，马路上都堆满了家具，甚至连塞纳河中也漂浮着家具！显然，作者用夸张的手法揭露了西方资本主义社会中普遍存在的异化现象和物化现象，表明了物的主体化和人的物化，即物对人的统治。德国哲学家海德格尔也不无担忧地指出，在科学技术高度发达的情况下，人已经被连根拔起，成了到处漂浮的浮萍。正如德国哲学家尼采所说的，无家可归（homeless）已经成了西方人的普遍命运和感受。

我们现在有不少年轻人，可能记住了三四千个汉字，三四千个英文单词，二三十个明星的名字，金庸小说中的一些人名，这或许就是他们精神上的全部库藏了。对于他们来说，不要说对中国数千年的文明史，甚至连数十年前发生的“文化大革命”也茫然无知了。这是一种到处弥漫着的、普遍的历史厌倦症。他们仿佛失去了历史的纵深度，成了没有任何深度的人。说得刻薄一点，他们的存在就在他们的皮肤上、外套上，后面再也没有值得探索的东西了。记得奥古斯丁曾经这样感叹：“人真是一个深渊！”可是，今天我们却只能说：“人真是肤浅得一眼就可以看透了！”

有人也许会反驳我们说，现在电视上都在播历史剧，这岂不表示人们对历史既没有感到厌倦，也没有把它遗忘吗？乍看起来，情形似乎正是如此，其实却不然。因为人们感兴趣的并不是历史事件的本质及它们在今天的意义，而只是历史事件中能够激起今天市场经济中的票房价值的东西，如对帝王私生活的猎奇，对矫揉造作的儿女私情的向往，对性和暴力这类低级趣味的东西的认同，等等。于是，我们发现，在铺天盖地的历史剧中，我们所能找到的只是一堆历史的泡沫和编导者对票房价值的期待。除此之外，还有什么东西呢？

总之，一方面是现代科学技术在发展中的凯歌行进；另一方面却是人的精神世界、情感世界的普遍失落，而这一痛苦的悖论正反映在自我的全部生存和追求活动之中。

2. 媚俗意识的蔓延和批评意识的缺失

所谓“媚俗意识”就是人们普遍地缺乏一种真正有效的批判意识，

对外界非常庸俗的文化产物无条件地加以认同。比如，在今天的生活中，“跟着感觉走”已经成了人们普遍认同的审美口号。在某种意义上可以说，我们现在的审美观念根本上就是一种病态的审美观念。

什么东西才是美的？在人们看来，一个女孩的消瘦苍白就是美的。在消瘦苍白的基础上再补上胭脂和口红，用人为的、外在的形式来表示她的健康和美丽。然而，这种外在的、形式上的美和健康都只具有修辞学的意义，它们并不发自机体本身，而只是一种文饰性的东西。这种健康和美丽，就像贴在信封上的邮票，只要你高兴，随时都可以把它撕下来。

然而，究竟什么样的女性形象才是美的呢？如果我们到巴黎的卢浮宫底层去看断臂维纳斯的雕像的话，就会发现，体现在她身上的美乃是一种真正的健壮的美和健康的美，而绝不是在当代人中十分流行的那种病态的、骨感的美。其实，这样的所谓“美”，不如说就是丑。为什么？因为在这样的“美”中，我们找不到生命的活力，我们能够看到的，只是生命的颓废！在日常生活中，我们常常发现人们审美观念的颠倒。

比如，人们认为什么东西才是美的呢？他们认为，那些摇摇摆摆地跟在他们后面走的宠物，如哈巴狗、充满媚态的猫才是美的。其实，这些宠物何美之有？倒不如说，它们是世界上最丑陋的东西。真正美的并不是这些忸怩作态的宠物，而是充满野性和阳刚之气的动物。我们知道，在尼采的笔下，先知查拉图斯特拉最喜爱的动物是鹰和蛇。如果说鹰是眼光的象征，那么蛇就是智慧的标志。众所周知，鲁迅颂扬的动物则是狮子、金钱豹和天上的雄鹰。当狮子和金钱豹在旷野上奔跑的时候，当雄鹰在天上翱翔的时候，它们展示出来的，不正是野性的生命的活力吗？

又如，人们还认为，那种几乎遍布江南园林中的假山是美的。其实，这种千疮百孔、东倒西斜的东西何美之有？不能设想，一个留恋于这些假山之中的青年人会有真正的阳刚之气和健康的审美观念。不用说，真正美的山绝非这些千疮百孔的假山，不管它们如何新奇，如何“别有情趣”，从本质上看，它们都是丑陋的，而真正美的山就是泰山、衡山、嵩山、华山、峨眉山这样的山。这才是真正的审美对象，才是值得我们颂扬和留恋的存在物。在这一点，我就非常赞成北京大学登山队。登山不光是一种体育活动，而且体现出一种全新的、健康的审美情趣！

再如，人们也普遍地认为，那些失去了主干、被精心地制作出来的盆景是美的。其实，盆景大多是以其畸形和怪异引起某些审美主体的赞扬的。事实上，为了增加盆景的奇特性，人们甚至故意通过绳索的捆绑，使树木沿着人为的畸形的方式发展。然而，这类畸形的树木究竟美在何处呢？在日常生活中，既然我们不认为一个畸形的人是美的，为什么却认为一棵畸形的树是美的呢？这不正是人们自己畸形发展的人性在审美过程中的一种投射吗？讲到这里，我就禁不住想起清代学者龚自珍的《病梅馆记》。他在这篇短文中写道：他把当时江南园林中的三百盆畸形的梅树都买回家中，大哭三天，发誓要疗梅。他褪去了绑在梅树树干上的绳索，砸碎了花盆，把梅树重新种植到田里，以便让它们健康地成长。龚自珍的这一做法表明，他绝不认为那些失去了主干的病梅盆景是美的。相反，他认为，这些盆景是丑陋的，唯有那些自由自在地向上生长的梅树才真正是美的。这充分表明，龚自珍是清代学者中真正向所谓“文人画士”的病态的人性提出挑战的杰出的思想家。他的可贵之处在于，他始终自觉地把健康的人性作为自己全部审美活动的前提和出发点。

正如德国诗人席勒在《美育书简》中所说的，“美是自由的女儿”。按照这样的审美观念，我们发现，在艺术作品中，最能激起我们美感的也许是米开朗琪罗的《被缚的奴隶》和《垂死的奴隶》、德拉克洛瓦的《自由为了人民》这样的作品，因为这类作品反映出来的主题正是人类对自由的不懈的追求。目前中国流行的各种所谓美学理论之所以误入歧途，因为这些美学理论家们总是喋喋不休地讨论着所谓“审美共同心理”或者“审美认知结构”之类空洞的废话，不但把审美与认识活动混淆起来，而且完全忘记了席勒向我们揭示的这个伟大的真理，即“美是自由的女儿”，我们应该把自己的每一个审美活动都理解为对自由的一种追求。如果撇开这个根本点，以学究气的方式谈论“审美共同心理”或者“审美认知结构”又有什么意义呢？

此外，媚俗意识还表现在：在以市场经济为导向的日常生活中，人们差不多完全失去了独立思考问题的能力，满足于跟着传媒和广告来安排自己的生活。人们既然已经不再使用自己的大脑，他们在某种程度上也就成了“无脑的存在物”了。也许给他们量身高的时候没有必要量到头顶，只有量到脖子就可以了，因为在脖子以上，已经没有任何存在物了。记得海德格尔《存在与时间》中曾经提出过一个重要概念——“常人”（das Man）。在他看来，“常人”无处不在，但我们却到处都找不到。显然，海氏的“常人”并不指某些具体的人，而是指人的一种类型。“常人”就像各个领域中的权威或专家，领导着我们的生活。“常人”通过广告告诉我们，哪些商品是比较精良的，于是我们就去购买那些商品；“常人”告诉我们，哪些影视作品是优秀的，于是我们就去看那些影视作品；“常人”告诉我们，哪些书是有意义的，于是我们就去找那些书来读。总之，在“常人”的领导下，现代社会的普通人蜕变为没有任何主见的“单向度的人”。按照德国学者马尔库塞的看法，人们的思想本来应该有两个维度：一个是肯定现实生活，与现实生活认同的思想维度；另一个是反思并批判现实生活的思想维度。然而，人们现在却普遍地只有第一个维度，即与现实生活认同的维度，却失去了第二个维度，即反思并批判现实生活的维度。为了说明这类普遍存在的社会现象，我们不妨举些例子。

第一个例子是：据说一位专家在电视上优质报告说，水果应该饭前吃；另一位专家做报告说，水果应该饭后吃。一个小孩从电视上听到这两种不同的观点后，终于迷失了方向，他不知道应该在什么时候吃水果。于是，他决心调和这两位专家的观点，竟一口饭一口水果地吃起来。当然，假如我们从哲学上来看问题，就会发现，所谓“饭前”“饭后”的对立实际上是没有意义的。请大家仔细想一下，实际上在任何时候，我们都处于“饭前”的状态下，也处于“饭后”的状态下。比如，上午十点，既是“午饭前”，又是“早饭后”；凌晨三点，既是“早饭前”，又是昨天的“晚饭后”。也就是说，把“饭前”与“饭后”绝对对立起来是没有意义的。

第二个例子是不少家长和老师都叮嘱学生：在考试中，做完试卷后不要马上交卷，要认真地检查一下自己的试卷，以便把做错的地方改过来。其实，这种方式的“叮嘱”也完全是一种单向度式的思维方法。有趣的是，迄今为止，竟然没有一个家长和老师想到，学生在检查试卷时，既可能把原来做错的答案改成正确的，也完全可能把原来做对的答案改成错误的。中国古代有个寓言故事“画蛇添足”告诉我们的不正是这样的一个真理吗?

第三个例子是：人们在日常生活中经常可以感受到的“门卫心态”也是单向度思维的典型形式。这里所谓的“门卫心态”的含义是：当一个门卫看到有人拿着大包小包走进自己的单位时，他就闭起了眼睛，他不会去盘问来访者，因为他觉得，拿进来那么多的东西就是为自己的单位增加财富；反之，当有人从单位里把大包小包拿出去的时候，门卫就睁大了眼睛，因为他把任何东西被人拿出去都理解为自己单位的财富的流失。然而，这种“门卫心态”毕竟也是单向度的，因为这个门卫也许从来没有考虑过：拿出去的东西可能是垃圾，拿进来的东西也可能是炸药。难道拿进来的都是好东西吗？总之，这个门卫缺乏的正是理论上的反思和批判能力。

媚俗意识的蔓延还表现在，在我们的文化生活中，既缺乏真正的批评精神，也缺乏真正有水平的批评家。众所周知，俄国的文化艺术为什么会出现繁荣，就是因为有一大批真正有水平的批评家，如赫尔岑、别林斯基、杜勃留波夫、车尔尼雪夫斯基等的推动。事实上，没有一批伟大的批评家，一个民族的精神文化要得到提升是根本不可能的。然而，在我们这里，形成鲜明对照的是，我们的作者和评论家总是千方百计地去迎合读者，甚至无批判地去迎合读者的低级趣味，如对性和暴力的着力描绘。这种迎合的结果就是，作者、评论家和读者一起堕落。说得刻薄一点，甚至连“堕落”这个词也还用不到他们的身上去。因为堕落者在堕落之前必先站在高处，而他们的思想则连这样的高度都没有。所以，我们只能说他们的思想是平地上或污泥中的一种移动。在我们的生活中，批判意识的匮乏表现在很多方面。

比如，我们对许多著作的评论，也包括对艺术作品的评论，根本见不到真正的批评，到处都蔓延着对评论对象的恭维。具有讽刺意义的是，人们之所以偶尔对某些作品的细节有所批评，仿佛只是为了证明，他们对评论对象的恭维是多么真诚！

又如，文坛上到处泛滥的另一种批评形式是“黑马式的批评”。所谓“黑马式的批评”，也就是有些批评家不在学术或艺术批评上真正下功夫，而是专门挑一些名家的“刺”，对名家进行人身攻击。乍看起来，这种批评形式似乎有点真刀真枪的味道，但却走错了方向。为什么这么说呢？因为批评者的第一动机并不是推动学术和艺术事业的发展，而是通过向名家“叫板”，使自己“爆得大名”。这样的所谓“批评”本身就是不严肃的，就是变了质的，根本不可能对学术和艺术事业有实质性的贡献。

再如，批评的变质还表现在对事物意义的无限夸大上。举例来说，一杯水就只有一杯水的意义，没有必要去夸大它。然而，在我们这个时代，“意义”的概念却一再地被滥用，以致它竟成了一个毫无意义的概念！举例来说，一个学者申请课题经费，哪怕他申请的是“茶文化”或“饮料文化”这样的边缘课题，他也会无例外地使用这样的表述方法，即“这个课题具有重大的理论意义和现实意义”。仿佛他申请的这个课题如果不被通过，那么，人类的思想就会继续在黑暗中徘徊。由于每个人都把自己的课题夸大为意义十分重大的课题，于是，本来轻飘飘的东西突然获得了重量，或者换一种说法，本来有重量的一些课题，如“中国政治体制改革”“产权问题研究”等也就变得轻飘飘的了。于是，所有的事物都进入了“太空状态”，失去了自己的真实的重量。实际上，这也就是文化发展中的“泡沫化状态”。

媚俗意识的蔓延还表现在忏悔意识的缺失上。众所周知，在西方文化史上，有三部著名的《忏悔录》，即奥古斯丁的、卢梭的和列夫·托尔斯泰的。在我们中国，并没有真正意义上的《忏悔录》。或许我们可以在巴金的《随想录》或韦君宜的《思痛录》里感受到某些真实的东西，然而，在大多数人撰写的回忆录中，却见不到真实的东西。比如，有些人写到自己在过去历次政治运动中的经历时，都倾向于把自己打扮着“天真无邪的少女”，仿佛所有的罪恶都是从周围来的，从其他人那里来的。众所周知，在“大跃进”时期，许多报纸曾出现了假报道，时有诸如“水稻亩产10万斤”这样的文字见诸报端。当时，也有一些著名的科学家，受名利的驱动，昧着良心出来替这类假报道做论证。但现在，这些科学家都到哪里去了？为什么他们不出来承认并忏悔自己的错误？为什么他们在回忆历史的时候，从来也没有产生过负罪感？这类现象是正常的吗？如果大家都认为这类现象是正常的话，那么我们民族的忏悔意识的缺失岂不到了无可救药的程度！

记得米兰·德拉曾对当时捷克的情况说过一句令人震撼的名言，即“每个受害者同时也可能是施害者”。事实上，那些处处以“受害者”自居的人难道就没有对其他人进行过“施害”吗？举例来说，历史学家吴晗在“文化大革命”中是一个受害者，然而，在1957年的“反右”斗争中难道他不也是一个施害者吗？历史就以这种悖论的方式塑造着许多人的行为方式，使他们既成了“受害者”，又成了“施害者”。当然，我们这里并没有把受害者与施害者等同起来的意思，我们只是指出，一个人对自己在历史上的行为应该有一个全面的认识。当一个人在不同的场合下既是受害者，又是施害者时，他就不应该以过于简单的方式来对待自己的历史行为。事实上，只有真诚地去反省并捕捉自己身上的“施害者”

的影子，忏悔意识才可能在现代中国文化史上拥有自己的地位和可能有的深度，而媚俗意识的浓雾也会渐渐地褪去。否则，人们写得越多，回忆得越多，恐怕离开自己的良知就越远，而任何一种伟大的民族精神的重建都不可能以谎言作为自己的基础。只有敢于正视自己在历史上的错误，一种真正伟大的民族精神才可能脱颖而出。

3. 计算理性的高扬和价值理性的衰落

在市场经济的负面因素的引导下，计算理性正在上升为理性的最主要的内容。必须注意，并不是人们手里拿着计算机在计算的时候，他们才运用计算理性，而在相当程度上，他们已经蜕化为计算机。也就是说，即使他们不处于计算状态时，甚至处于梦中状态时，他们也在计算！计算和算计已经成为他们的日常生活，成为他们全部思维的基本内容。比如，评价一个学生是否优秀，主要看他的学习成绩是否在班里名列前茅；评价一个企业家是否出类拔萃，主要看他每年上缴的企业利润是多少；评价一个归国华侨是否是爱国主义者，主要看他对地方政府的捐款数量有多少；评价一个普通居民是否道德高尚，主要看他在地震时捐款的数量有多少。总之，一切都还原为计算和算计，统计学仿佛成了一门最重要的学问！而相对地衰落下去的则是价值理性。这种价值理性的衰落表现在许多方面。除了经济生活中的屡禁不绝的腐败现象，还有就是社会上普遍存在的制假贩假现象。据有的领导人讲，甚至连“三计”，即会计、统计和审计都出现了种种做假的现象。这充分表明，中国传统文化中的美德——诚信也正在当代中国人中慢慢地消失，人与人之间的信任度也在急剧下降。所有这些都表明，“自我”陷入了困境之中。对于“自我”来说，有太多的东西需要反省，也有太多的东西需要清理。

如何走出“自我”的困境

对此问题，我的看法如下。

其一，“自我”应该学会如何正确地对待自己，也就是说，“自我”应该有自知之明。在自知之明中又包含着以下三个维度。

一是在立志与自己的能力之间建立必要的张力。一个人不应该没有自己的志向，但也不应该把自己的志向定得过高。没有志向，一个人就会失去方向，无所事事，就像一条没有橹、没有桨、没有帆的小船在大海中漂流，人生就会在虚度中消失；反之，如果立志过高，甚至大大地超越了自己的能力，志向又容易夭折。我们都知道，拔苗助长，于事无补。一般说来，志向应该略高于一个人本身所具有的能力，以便积极地引导他度过自己的一生。另外，也不能老是处于志向不定的状态下。正如黑格尔所说：没有志向的人永远停留在可能性中，是“一片从不发绿的枯叶”。乍看起来，他的志向的可能性是多种多样的，无限丰富的，然而，只要他不选择自己的志向，不实际地参与真正的现实生活，他就始终停留在幻想的云端中。所以，我们既不能自高自大，立志过高，陷入“生命不能承受之重”的状态中；也不能因过于自卑而立志太低，甚至根本就没有什么志向，从而使自己陷入“生命中不能承受之轻”的状态中。

二是“自我”在任何情况下都不应该滥用自己的聪明，要扬长避短，把自己的精力用到最能发挥自己才能的领域中去。歌德在治学中提出的一个重要思想是“人要善于限制自己”。黑格尔非常赞同歌德的观点，也指出：“一个人如要有所成就，就必须学会限制自己”。打个比方，太阳光线在散射的状态下并不能产生多大的热量，但如果我们做一个简单的实验，即通过一面放大镜的聚焦，把太阳光线集中起来，就会形成较高的温度，并使一张纸片燃烧起来。换言之，多中心论也就是无中心论，“自我”的一生本来就是十分短暂的，如果再分散自己的精力于各方面，那就可能蹉跎一生，一事无成。事实上，人在 16 岁之前，60 岁之后，都是需要赡养的，而中间能够做一点事情的 44 年，除了其中的三分之一的时间在床上睡觉，还有数不尽的杂事，如学习、谈恋爱、结婚、生小孩、在亲戚和同事关系中尽义务等。把所有这些因素除开，一个人究竟还有多少时间可以真正地用于自己有兴趣进行研究或参与的领域呢？日常生活的智慧告诉我们，只有“有所不为，才能有所为。”什么都想抓住的人不但什么也抓不住，而且他的“自我”也随之而成了碎片，变得无处可找了。

三是“自我”应该在出世与入世之间建立必要的张力，这也是中国传统文化为我们提供的一个深刻的启示。众所周知，中国传统文化的一大特点是儒道互补。儒家主张经世致用，主张积极地参与现实生活；而道家则主张应顺自然，逍遥于山林之间。中国传统文化之所以历数千年而不衰，一个重要的原因就是在儒家的“入世精神”和道家的“出世精神”之间始终保持着一种张力。这一点，对我的启发也很大，所以，我提出以下两句话作为自己的座右铭：第一句是“做一点事情”，第二句话是“不要把自己做的事情看得太重要”。可以说，第一句话体现的是“入世精神”，人生在世不能虚度，所以总得从自己的能力出发，做一些力所能及的事情。没有第一句话，人生也就失去了自己的志向，像普希金笔下的叶甫盖尼·奥涅金，变得无所事事了。与此不同的是，第二句话体现的则是“出世精神”，虽然人生不应该虚度，但也不应该把自己的人生看得太重要，仿佛使自己成了海涅笔下的沙皇保罗。在保罗看来，世界上最重要的就是他自己的存在，而其他人也只有在与他进行谈话时，才可能是重要的。任何一个“自我”，如果把自己看得过于重要，那就显得太紧张了，于是也就陷入“人生不能承受之重”中了。其实，只要看看前人已经做过的大量事情，看看图书馆里汗牛充栋的著作，就会发现，我们的“自我”是何等渺小，何必使自己那么紧张，仿佛人类历史的全部重担都压在自己的身上呢？实际上，除了我们自己的幻觉和自作多情外，“自我”还能是什么东西呢？

其二，“自我”应该学会正确地对待他人。毋庸讳言，人是社会存在物，所以，正如海德格尔所说，人的存在本质上是“共在”（Mitsein）。

对于个人来说，并不存在一个是否喜欢他人，从而决定自己是否与他人共处的问题，而是他的全部存在本质上就是“共在”，即使当一个人处于孤零零的状态中时，他的存在仍然是“共在”。事实上，一个人之所以会感到孤独，也就表明他不能以非“共在”的方式生活在世界上。我们应该清醒地认识到，“他人”和“自我”是平权的，“他人”不可能被“自我”所吞并、消化。相反地，“他人”作为“自我”也是始源性的存在物。也就是说，对“自我”进行调适，学会与他人共处，乃是每一个“自我”无法逃避的普遍命运。要自觉地把这样的命运担当起来，就要做到以下两点。

一是要成为人，并尊重他人为人。这是黑格尔在《法哲学原理》一书中提出的口号。“要成为人”的含义是：人本来是作为自然人（Mensch）而存在在世界上的，而人不应该停留在自然人的水准上，而应该成为真正有独立的法权人格和法律意识的人（Person）；“并尊重他人为人”的含义是：他人和我是同样的人格，如果我随意侵犯他人的人格，也就等于赋予他人以各种可能来侵犯和剥夺我的人格。于是，在普遍的无政府主义状态中，所有人的人格也都无例外地被侵犯并剥夺了。也就是说，人格本质上是一种主体际性，只有当一个人尊重他人的时候，他人才可能也尊重这个人。

二是要处理好权利与义务之间的关系。在日常生活中，人们常常只关心自己的权利，而不愿意践行自己应该承担的义务和责任。比如，人们常常使用“违心”这个词就是一种明证。明明做了不好的事情，但又声称自己是“违心”地做的，明显地推卸自己的责任。事实上，“心”是我们身体的主要器官，如果连“心”都可以“违”，那么，还有什么东西不可以“违”呢？又如，“身不由己”这样的说法也是一种推卸自己责任的说法，仿佛自己的“身体”是不受自己的大脑管辖的。事实上，只要一个人的精神没有处于分裂的状态中，也就是说，他具有责任能力，他就必须对自己“身体”的行为负全部责任。再如，人们也常常用“鬼使神差”这样的提法来推卸自己的责任，似乎一个不好的行为都是由“鬼”“神”在冥冥中促成的，与行为的当事人是毫无关系的。这种推卸责任的做法就显得太可笑了。总之，任何“自我”要与“他人”和睦相处，就既要维护自己应有的权利，又应该履行自己应尽的义务。

其三，追求人生的崇高境界。按照克尔凯郭尔的看法，人的一生在其发展中展现为三个不同的境界：青年人追求的是审美境界；中年人追求的是伦理境界；老年人追求的则是宗教境界。有趣的是，中国哲学家冯友兰先生也提出了人生“四大境界”的理论：一是自然境界；二是功利境界；三是道德境界；四是天地境界。人作为万物之灵，作为理性的存在物，不应该满足于动物般的本能状态，而应该自觉地追求境界。总而言之，人只有有了博大的胸怀和远大的追求，才能走出自我的困境，在这个世界上活得有声有色。

人的世界与球的世界

在日常生活中，最常见的、最执着的一种迷信是：当人们发现某个人在某个领域是一个行家时，他们便会固执地要求他在其他所有的领域里也是行家。这里既有对行家的尊重，又有对他的苛求。我把这种迷信称之为“工艺思想”（the thought of technology），因为人们总是自觉地或不自觉地像对待一件完美的工艺品一样地对待他人，在他人身上索取完善性。①

我是研究哲学的，而哲学乃是一种抽象的概念思维，它与感性的足球和足球运动几乎不可同日而语。有的哲学家，如黑格尔很喜欢把哲学思想发展史比喻为一个个相互连接的“圆

① 正如车尔尼雪夫斯基所说的：“人必须‘完美’这种见解，是一种怪诞的见解，假如我们把‘完美’了解为这样一种事物的形态：它融合了一切可能的长处，而毫无缺点，那只有内心冷淡或厌倦了的人由于无所事事，凭了幻想才可能发见的。依我看来，‘完美’便是那种能使我充分满足的东西。”参见车尔尼雪夫斯基：《生活与美学》，245 页，北京，人民文学出版社，1962。

圈”，但说起来惭愧，就连“圆圈”这个比喻都还是高度抽象的，它与足球运动的距离之大，大概可以用光年来计算。至于我个人，虽然从小至今也接触过一些球，如乒乓球、足球、篮球、排球、羽毛球、网球等，可是无论是从参与者还是旁观者的角度来看，我从来没有迷上过任何一种球。换言之，我对任何一种球类运动都缺乏真正的兴趣和研究。因此，非得有慷慨就义般的勇气，才敢在诸多球迷面前侃球。

当我们从哲学上去检视人类生活的时候，常常会发现一种令我们困惑不解的现象，那就是人类总是成为自己的创造物的奴隶。哲学家们喜欢用另一个抽象的、古怪的词——“异化”来解释这种现象。当我在这里侃球时，我的脑袋里总无法抹去这片阴云，这就使我失去了任何球迷或准球迷所拥有的那份执着和激情。但是，真话即使令人难堪也必须说出来，否则我就要冒低估人类良知的危险了。

谁都不会怀疑，迄今为止出现在体育舞台上的所有的球类都是人类创造出来的。这些球类，除了我们上面提到过的，还有橄榄球、水球、保龄球、高尔夫球、马球、曲棍球等，组成了一个巨大的球类家族，几乎渗透到人类生活的每一个角落里。人们总是天真地认为，自己是一切球类的主人，自己正以游戏的方式在玩球。实际上，特别是球迷们，早已成为球类的奴隶，早已失去了玩球时那份轻松和潇洒。他们玩得如此之累，如此之沉重，以致竟到了惨不忍睹的地步。早在40年前，阿根廷剧作家库塞尼就已在《中锋在黎明时死去》的名作中描绘了那个被当作物品查封、拍卖和收藏的足球中锋别里特兰的悲惨命运。更不用说，今天的球类活动已在相当的程度上处于金牌意识的笼罩之下，而隐藏在金牌背后的则是拜金主义、偏狭的民族情绪、政治纠纷和非理性的激情。为了金牌，人们千方百计地使用兴奋剂；为了金牌，人们不惜以重金收买运动员；为了金牌，球迷们相互斗殴，制造了一起又一起的流血事件。既然奥林匹克的精神已经让位于拜金主义的热情，既然球赛的输赢已经高于人的生命，那么我们就得承认，球类统治人类的历史已经开始了。

说得直白一点，与其说人类在玩球，还不如说球类在玩人。这绝不是耸人听闻，而是在叙述一个真实的故事。事实上，球类比赛的初衷——健身、交流球艺、发展友谊，早已被忘记到爪哇国去了，即使人们偶尔提到它们，在大多数情况下，也不过是一些准外交辞令。它们除了证明人类固有的劣根性——虚伪以外，还能证明什么呢？也许可以证明下面这个颠扑不破的真理，即语言既是交流思想的工具，更是掩盖思想的工具。如果听者居然对这些准外交辞令信以为真，那就只能归咎于自己的幼稚了。

当然，话得说回来，我很羡慕球迷们那份执着，但我这一辈子大概不可能再成为球迷，尤其是成为观赏人们玩弄人类生活于其中的那个“大球”——地球的“球迷”了。好多个世纪以来，人们在“征服自然，强迫自然交出自己的贡品”的口号的驱使下，正以日益加剧的烈度“玩弄”并毁坏着地球，而这个“大球”的反抗也早已开始了。地震、飓风、海啸、酸雨、赤潮、沙尘暴、温室效应、火山爆发、臭氧层的稀薄化等，不过是对人类的小小的警告而已。人们常常喜欢用这句谚语——“搬起石头砸自己的脚”来形容那些蠢人，但是，难道整个人类不正是由这样的蠢人组成的吗？整个人类的历史不正是由这样的蠢事组成的吗？“玩物丧志”——这就是人类在游戏乃至全部生活中必然出现的普遍命运！

我与电脑[①]

我们这一代人的命运就是不断地对生活本身提出的挑战进行回应。对电脑技术的回应也是我们人生道路上一个绕不过去的主题。

我最早接触电脑是在 1988 年，当时我正以联合培养博士生的身份在联邦德国法兰克福大学哲学系进修。在当时的德国，电脑还远未普及，但在大学图书馆、实验室、银行等部门已有一定的使用。说不清为什么，我对电脑有一种天然的排拒心理。也许是觉得电脑的输入方法会影响我的思维，因为我平时最讨厌的就是程序和计算；也许是电脑终端使我自然而然地联想到德国哲学家莱布尼茨关于“无窗户的单子”的隐喻，而我并不愿意成为这样的“单子”。总之，我没有主动接触电脑。

① 本文原来的标题为“电脑永远是工具”，原载《中华家庭电脑活页文献》，1999（7）。

1990 年秋回国后，国内电脑也渐渐地风行起来。我终于意识到，与纸张、印刷术的发明比较起来，电脑的发明是人类历史上更伟大的一场革命。掌握电脑并不仅仅是图写作上的便利，而是进入一个新的时代，选择一种新的生活方式。到 1993 年，我的这种感觉已经变得非常强烈。于是，我用并不宽裕的科研经费买了一台 386 电脑，并从我的实际情况——发音不准出发，采纳了五笔字型输入法。我很快就意识到，这种输入法并不影响我对问题的思考，而且电脑写作的优点是易于修改，也易于保存。当然，电脑写作也会带来一些遗憾：一是太伤眼睛；二是误操作会擦掉辛辛苦苦写出来的东西；三是在紧要关头一出故障就只好“望机兴叹”了。但是，随着操作上的逐步熟练和保护意识的增强，这些遗憾实际上已降到最低的限度了。

到 1997 年，有感于 386 电脑的种种不便，我终于下决心买了一台奔腾 586 电脑，并开通了 internet 和 e-mail，这使我的电脑的功能发生了重大的变化，即它从单纯的写作机器转变为重要的信息工具。同年秋，我应邀访问美国哈佛大学哲学系，哈佛师生使用的大型电脑实验室使我大开眼界，也使我自己在通信和科研方面获益匪浅。种种光盘的制作也为利用电脑进行研究工作的人带来了许多便利。考虑到携带的方便和外出讲学的需要，我目前打算再添置一台笔记本电脑。

虽然我已接受电脑，并把它作为我工作中的重要的伴侣，但我对电脑的戒备心理并没有稍减。我始终保持着一种强烈的独立意识，既不愿意沉湎于网上的信息垃圾，蜕变为名副其实的“网虫”；也不愿意深入地去钻研电脑技术，以便成为这方面的专家。在我的心目中，我永远是电脑的主人，而电脑永远是我的工具。我不愿意改变这种关系，把太多的重要性赋予电脑。或许是出于这样的考虑，除了论文和著作的写作外，其他东西我都用手写。我留恋手写的原始性，尽管从书法艺术的角度来看，我的字写得并不好，甚至可以说是写得很糟糕的，但它毕竟保留了我的个性，使我感受到一份温馨和亲切。

总之，我喜欢电脑，但我更愿意保留自己在各方面的独立性。作为人类，我们应当像司芬克斯一样昂起自己高贵的头颅，坚决抵御不自觉地崇拜自己的创造物的强烈诱惑。

读书散论

做学问的人自然不可能不读书。对于那些不愿意读书的人来说，读书几乎是一种精神酷刑。在阳光明媚的春天里，大自然到处生气勃勃，难道还有比枯坐在书房里更痛苦的事情了吗？然而，对于那些嗜书如命、读书如沐春风的人来说，读书不啻一种精神上的追求，甚至一种情感上的享受。在世界上，难道还有谁比那个伴随着淡淡的墨香，聚精会神地阅读一本企盼已久的新书的人更幸福了呢？正如张五常先生所说："黄金我所欲也，美人亦我所欲也，但对我来说，两者之乐，皆不及读书。书可不是为了'黄金屋'或'颜如玉'而读的。"① 这种超功利的读书感受，非书痴莫能体悟。下面是我断断续续写下的一些读书体会。

---

① 张五常：《随意集》，37页，北京，社会科学文献出版社，2001。

读书高潮

我小时候是很顽皮的，直到初中三年级的时候，心才渐渐收拢，对所学的功课产生了兴趣。至于确立自觉读书的思想则是在高中二年级。那时候，我的家境并不好，全家 7 口人，只有父亲一个人工作，家庭负担比较重。但只要我口袋里有零钱，心里就痒痒的，就到福州路去逛旧书店。

记得当时对我的思想产生重要影响的是李致远先生所撰写的《马克思的学习方法》一书。读了这本书，我不但很钦佩马克思的博学，而且对哲学产生了强烈的兴趣。于是，我从旧书店里“淘”到了一大批哲学书，似懂非懂地看了起来。这是我的第一次读书高潮。但那时候由于没有名师指点，看的书很杂，也没有明确的读书目的。

1968 年秋进入上海电力建设公司工作后，由于工作的流动性质，在全国各地建电站，单位里连个图书馆都没有，借不到任何书，我只能在工作之余“啃”汉语词典。有一次，我在工作中受了伤，右手手腕骨折，在家中休息了四个月。当时我住在南京路西藏路口，离上海图书馆很近。我在那里读了四个月的书，期间阅读了《马克思恩格斯全集》以及马克思的《资本论》。这部著作的研究方法在我脑海里留下了深刻的印象。这是我的第二次读书高潮。

1977 年考入复旦大学后，文科阅览室里丰富的藏书，特别是古典文学、哲学方面的藏书深深地吸引了我，真有点“刘姥姥进大观园”的味道。除了上课以外，我整天“泡”在阅览室里，从古希腊的埃斯库罗斯、索福克勒斯、欧里庇德斯和阿里斯托芬一直读到俄国的托尔斯泰、契诃夫、肖洛霍夫和美国的德莱赛等现、当代的作家；还读了相当数量的古典哲学名著，从而大大地开阔了眼界，充实了思想。这是我的第三次读书高潮。

1988年，我作为联合培养的博士生到德国法兰克福大学哲学系进修。在著名教授伊林·费切尔的指导下研读法兰克福学派的著作。当时我住在法兰克福大学的学生宿舍里，这里的环境非常幽静，也没有外人来干扰，确实是读书的好地方。我在这里"啃"了一些德文的原著，主要是法兰克福学派的著作，也读了海德格尔的一些著作，因为我一度想以他的哲学思想作为我的博士论文研究的课题。与此同时，我也阅读了一批中国古代的哲学典籍。这是我的第四次读书高潮。这个时期的"充电"为我以后的哲学思考奠定了基础。

1995年9月，我出任复旦大学哲学系主任。由于行政工作十分繁忙，很少有时间能够静下心来读书，直到1999年5月卸任后，我才重新获得安安静静地读书的机会，从而进入我的第五次读书高潮。我希望，这次读书高潮能够一直延续下去，直到我离开这个世界为止。

我发现，在我的生活中，许多事情都可以将就，许多习惯都可以改变，但唯独不能改变的却是读书。在家里，每天我都要在书架前逗留一段时间，这里翻翻，那里看看，或把架子上的书调整一下，不这样做，就像丢掉了魂似的。我的书房四周都是书架，书架上的每一层都可以放两排书，我习惯把已经读过的书放在里面一排，把未读过的书放在外面；晚上，临睡前，总要坐在床上看一会书。到外面去参加会议、出差或做任何一件事情，我的包里总是放着书。有时明明知道今天不会有空余时间读书，但不放上一本书，心里总觉得缺了什么东西，不踏实。

在市场经济大潮的冲击下，有时不免感叹自己"百无一用是书生"，但想到自己读过那么多的好书，想到读书时的那种快感，心理上也就渐渐地变得平衡了。当然，在读书中，绝不要相信"开卷有益"的鬼话，读书必须有选择，必须循序渐进，必须记住古希腊哲学家德谟克利特的告诫："不要试图无所不知，否则你就一无所知。"①

① 北大哲学系外哲史教研室编译：《古希腊罗马哲学》，113页，北京，生活·读书·新知三联书店，1957。

与书结缘

谁都不会否认，我们这个时代已是电脑和光盘的时代。但对于文科教师，特别是博士生导师说来，与书结缘，仍然是人生道路上一个绕不过去的话题。文科导师们常常戏称书是“第一夫人”，尽管这种说法可能会伤害妻子们的自尊心，但几乎没有人会否认它说出了真理。就我自己的体验来说，买书、读书、搬书和写书几乎构成了我的日常生活。

先说买书。要买书就先得掌握书的信息，而要掌握书的信息，就必须经常阅读《读书》《中华读书周报》《文汇读书周报》等报刊，了解出版的动态，甄别书的版本和内容的优劣。虽然这些资料是第二手的，但就早有定论的传统经典书系来说，基本上不会有什么偏差，只要出版社可靠、文字校勘和印刷质量好就行了。但就当代人的专著和译著来说，变数很大，不得不在书店里实地进行考察。一般说来，专著要看其书名、目录是否蕴含新见，注释和参考书目是否有重大的遗漏；译著要看其是否是信得过的名家名译，等等。对于我来说，买书的真正的困难并不在这里，倒是在书的价格和体积上。目前书价之高，已成僵局，也没有什么可以议论的了。至于书的体积，对于住房并不宽敞的我来说，同样是一种威胁。我心里很清楚：每买进一本书，我的活动空间就要减去这本书的体积。但只要见到好书，还是会不顾一切地买下来。读书人最大的快乐莫过于在阴雨绵绵的下午，独自伴着茶香，在书房里翻阅期盼已久的、刚买到手的好书。此情此景，非书痴莫能体会。有趣的是，书买得多了，我与书的距离反而变远了。由于地板上、过道里、顶柜上、卧室里到处都堆满了书，有时要找一本书得花九牛二虎之力。妻子爱干净，见到我的书不断地向书房外扩张，难免会抱怨几句。我自己也觉得过意不去，表示无论如何要扔掉一些书。但事到临头，新书是买进来了，旧书还是不舍得扔。有时狠下心来扔在废纸堆里，一会儿又捡了回来。妻子看着我这付割舍不下的模样，只好宽容地耸耸肩。

接着说读书。读书自然比买书要辛苦得多。特别是读康德的《纯粹理性批判》、黑格尔的《精神现象学》、海德格尔的《存在与时间》这类书，非下苦功夫不可。在有条件时，最好直接阅读原著，面对面地与大师交流。由于翻译中常常蕴含着误读，所以必须留意原著的各种版本和译本。比如，康德在世时，《纯粹理性批判》已出了两个德文版。他去世后，英语国家至少出版过四个有影响的英译本。深入地研究康德，就必须正视不同的版本和译本所存在的差异。对于博士生导师说来，读书的任务特别繁重。在一般的情况下，博士生读过的书，导师应该读过；博士生没有读过的书，导师也应该读过。不然的话，如何指导学生呢？当然，导师不可能在任何情况下都做到这一点，但一个有责任心的导师一定会努力去做，以便与博士生进行深入的对话。

再说搬书。古人说，“书到用时方恨少。”这句话似乎还未把读书人的窘境充分地表达出来。我在这里至少还可以加上一句话“书到搬时方恨多”。搬家，既是我所期盼的，又是我所害怕的。期盼的是更大的空间；害怕的是搬书，担心书会破损、遗失或散乱。随着书籍的不断增加，这种恐惧的心理也与日俱增。不久前的搬家（这是我进复旦后的第五次搬家）又一次弄得我狼狈不堪。由于新居离旧居很近，我决定自己先用自行车慢慢地搬。有一天晚上，我把四捆书放在书包架上，刚起步，书就倒到一边去了，我只好下车推。谁知推了一阵，连书带车都翻倒在地上，脚也扭伤了。正在走投无路之际，幸亏一位好心的路人帮忙，才挨到新居。搬家后，我在家中忙了差不多两个星期，才把这些书分门别类地安放到书架上。女儿以嘲讽的口气问我：“老爸，你还想再搬家吗？”“不”，我苦笑着摇摇头。

最后说写书。买书、读书、搬书当然都不是目的，真正的目的还是借助前人和同时代人的成果来从事自己的研究。研究的结果除了论文就是书。与买书、读书和搬书比较，写书远为艰苦，但这种艰苦却会被出书时的喜悦所冲淡。记得我从1986出版处女作《思考与超越》以来，迄今已出版个人专著11部，其中的甘苦也只有自己知道了。自从1993年被国务院学位办批准为博士生导师以来，我就暗暗地下了决心："今后要用更严格的标准要求自己，没有新见的著作和论文决不拿出去发表。"前两年，蒙复旦大学出版社的抬举，把我和骆玉明教授确定为"签约作者"，意思是：我们写什么书，复旦大学出版社就可以出什么书。这个消息在《文汇报》上发表后，其他出版社的朋友纷纷来电询问："俞吾金，你还能给我们写书吗?""当然能"，我说，"我完全是自由的。"事实上，复旦大学出版社也并没有正式与我们签约，但出版社的诚意使我很感动。在做系主任期间，我欠了一屁股书债，卸任后，总算有时间来偿还债务了。

唉，真是说不尽的书缘!

在德国逛书市

书呆子逛书店，当然并不是什么新奇的事情。令我自己也始料不及的是，这种书呆子习气在德国竟然达到了一发而不可收的地步。①

歌德大学的所在地法兰克福是个商业性的城市，其商业活动的活跃气氛也在离市中心不远的歌德大学校园里反映出来。每天上午十点左右，许多书商在大学食堂周围的空地上摆起了流动书摊。一到中午休息的时间，这些书摊前便挤满了人，其中大多数是本科生、研究生，少数是教师。偶尔，也能见到一些德高望重的老先生流连忘返于书摊之前。书摊上陈列着由各种不同的文字写成的书，如英文、德文、法文、意大利文、西班牙文，甚至也有用中文写成的书。当然，大量的书还是用德文写成

① 由于歌德大学是法兰克福市的最重要的大学，所以人们也常常把它称作"法兰克福大学"。在哲学上闻名遐迩的"法兰克福学派"就是在歌德大学的社会研究所的基础上形成的学派。

的。这里既有刚出版就流入旧书市场的新书，也有 21 世纪初，甚至 20 世纪出版的珍本。书商们大多有文化修养，有的甚至有很好的专业知识或懂几门外语。他们开出的书价一般都是比较合理的。当然，也有少数极有价值的书会滑过他们的眼皮。有时候，当我在书摊上发现一本卖得十分便宜而又极有价值的书时，那种突然袭来的惊喜的感觉似乎不亚于淘金者之骤然发现金砂。

我差不多天天去大学听课或到哲学系的图书馆里去看书。中午，在大学食堂里吃完午饭，照例是在书摊前消磨一段时间。我留心的当然主要是哲学书。德国不仅是诗和音乐的王国，也是哲学的王国。从康德以来，德国哲学的天空一直是群星璀璨的。当那些平时在国内几乎见不到的哲学大师们的著作映入眼帘时，那种强烈的诱惑是可想而知的。起先，考虑到囊中羞涩，我的收书计划是很小的，后来实在敌不过那些书籍的诱惑力，收书计划膨胀得越来越大，像柏拉图、康德、黑格尔、谢林、尼采、叔本华、布洛赫、阿多诺、霍克海默等人，几乎都收了全集。比如，《黑格尔全集》有 20 卷，新书售价 380 马克。我一本一本地“淘”，终于花 150 马克收齐了全集。有一次，我见到了一本寻觅已久的法依欣格的名作《仿佛哲学》(*PHILOSOPHIE ALS OB*)，是 1924 年出版的，标价贵了一些，要 25 马克。我爱不释手，但身边只有 13 马克 50 芬尼。正在进退两难之际，那书商知道我是学生，破例地把书卖给了我。那天，虽然倾囊而出，步行回家，心里却甜滋滋的。

由于经常逛书市，渐渐地和这些书商建立了友谊。他们了解我“淘”书的目标和兴趣后，经常会事先把我感兴趣的哲学方面的一些好书给我留下，价钱上也给我一些优惠。他们还为我介绍了分布在法兰克福市各区的旧书店，特别是离歌德大学不远的“卡尔·马克思书店”。这家书店给我留下了深刻的印象。在那里，我只花 20 马克就买了一套 1990 年新版的《马克思恩格斯选集》(德文版)，还买到了法兰克福学派的不少成员的重要著作。每次我到其他城市去旅游或开会的时候，也总要光顾那些地方的书市，但其他城市的书市和规模似乎都不如法兰克福。由于不断地逛书店，我的藏书在不知不觉中不断地增加着。桌子上、床铺上、柜子上、地上都堆满了书，这就使我住的、本来就很小的单人学生宿舍变得更加局促了。偶尔想起《新概念英语》一书中那个把书全部铺在地上当地毯、并经常趴在地上“读地毯”的年轻人，不禁哑然失笑。到1990年秋回国时，我几乎望书兴叹了，足足忙了一个多星期，才把不知不觉间买下的700多本书搬到邮局里装箱寄出。5千克一箱，竟装了39箱！以致邮局里的一位工作人员和我开玩笑说：“您把德国文化都运到中国去了。”

现在，每当我凝视着书柜里这些整整齐齐地排列着的德文书的时候，总会回忆起在法兰克福逛书市时的情形，这些书也为我的研究工作打开了新的视野。

读书要讲究方法

记得英国哲学家培根曾经说过：跛足而不迷路能够赶过虽健步如飞但误入歧途的人。这句话十分形象地说明了读书方法的重要性。方法对头，虽形同“跛足”，实际进度并不慢。反之，如误入歧途，尽管看上去“健步如飞”，实际上却慢如蜗牛。由此可见，读书方法是不容轻视的。

首先，读书要有选择。世界上无限丰富的书籍和个人有限的精力之间永远存在着一个无法回避的矛盾。一个人即使倾其一生的精力，所读之书在数量上也必定是十分有限的。《基度山伯爵》中的法利亚长老曾经对爱德蒙·邓蒂斯说：一个人只要有150本精选的书，则对人类一切的知识就各门各类都可齐备了。这种说法虽然有点夸张，但却说出了读书一定要有选择的道理。如果“乱点鸳鸯谱”，见一本就读一本，是不会有什么结果的。当然，要做到有选择地读书，就必须先确定读书的主攻方向。方向一旦确定，可读可不读的书就坚决不读，把精力全部集中到自己的研究方向上。只要持之以恒，便会收到意想不到的效果。

其次，读书要勤做笔记。渊博的知识就像高耸入云的摩天大楼，不是一天就能建造起来的，而是有一个长期积累的过程。正如荀子所说的："不积跬步，无以至千里；不积小流，无以成江海。"① 荀子说的正是这个道理。康德一边读书，一边随时写下自己的读书心得，有时甚至写在商品的提货单或发票上；黑格尔从小喜欢读书，每读一本书，都做卡片摘录，经过数十年积累，知识十分渊博，写出了包罗万象的《哲学全书》，其常识之广博，至今令后人惊叹不已；马克思读书也十分重视做笔记，《资本论》的写作旁征博引，言必有据。有人形容马克思的思想就像一艘升火待发的军舰，只要一接到命令，就能驶向任何港口。毋庸讳言，这都是大量读书笔记积累的结果。有些人书读得不少，但却怕做读书笔记，时间一长也就忘了，或至少是记不全了。一到使用，往往连资料的出处也找不到，只好作罢。以这样的方式读书，也是不会有什么收获的。俗话说，好记性不如烂笔头，读书一定要勤做笔记。

最后，读书还要从良师。常有这样的事情：你在读书中冥思苦想无法解决的问题，求教于知音，往往一席话，甚至三五句话就会使你茅塞顿开。学问，学问，一学二问。"问"者，就教于人也。韩愈曾著《师说》，专门阐述从师的重要性。虽然有些天赋高的人在学习时能够做到"无师自通"，但在通常的情况下，从良师毕竟能使人们少走许多弯路。

高尔基说：书籍是人类进步的阶梯。只要勤奋学习，讲究方法，功夫是不会有负于苦心的人。

---

① 《荀子·劝学篇》。

辩论两题

1993 年，我作为教练和领队率领复旦大学辩论队赴新加坡参加首届国际大专华语辩论赛，复旦大学辩论队获得团体冠军，其中一位队员获得“最佳辩手奖”。这是自新加坡华语辩论赛举办以来取得的最好成绩，至今无出其右。由于这个缘故，总是有人约我写有关辩论的文字，我只好姑妄写之。

想象力的作用

众所周知，辩论是讲逻辑的，而想象力则是跳跃性的，在某种意义上是超逻辑的。在辩论中用得到想象力吗？我们的回答是肯定的。凡是对辩论稍有涉足的人都会明白，逻辑和想象力是辩论的双翼。不讲逻辑，辩论就会杂乱无章；而缺乏想象，辩论又会索然无味。想象力在辩论中的作用主要表现在以下三个方面。

其一，辩论是在对立的双方之间展开的。一般说来，正方在辩论前并不一定了解反方的立场。于是，就有一个想象对方可能采取什么立场的问题。比如，就“人性本善”的辩题来说，反方可以采取三种不同的方式来立论：第一，“人性本恶”；第二，“人性有善有恶”；第三，“人性无善无恶”。正方要是不善于想象反方可能采取哪种立场，换言之，不能做到“知己知彼”，就有可能在辩论中措手不及。

其二，在自由辩论中，想象力的作用更为重要。比如，在“艾滋病是医学问题，不是社会问题”（正方）和“艾滋病是社会问题，不是医学问题”（反方）的辩论中，正方队员提出：“艾滋病是在医院里发现的，所以它是医学问题。”反方马上驳斥道：“如果我们在医院里发现一把钥匙，难道钥匙是医学问题吗?”从“艾滋病”突然跳跃到“钥匙”，在这里起作用的正是想象力。从表面上看起来，“艾滋病”和“钥匙”毫无关系，似乎反方队员不应该把这两者扯在一起，但从听众的角度来看，反方的反驳却非常机智、非常自然，也非常到位，因为它以归谬的方式揭示出正方的逻辑困境。当然，正方也毫不示弱，又反驳道：“反方辩友，难道医生在医院里都在找钥匙吗?”这一反驳也以归谬的方式把听众的想象力引向另一个极端。由此可见，精彩的辩词总会显示出想象力的美丽的光环。反之，缺乏想象力的自由辩论归根到底是不自由的。

其三，在对辩题的内容作价值上的定位时，想象力也起着不可忽视的作用。比如，在“人性本恶”的辩题中，可以想象出三种不同的价值导向：第一，因为人性本恶，所以人人都可以去作恶；第二，因为人性本恶，所以我们更要做好惩恶扬善的工作；第三，因为人性本恶，惩恶扬善也不会有什么结果，不如听之任之。

由此看来，只有充分发挥想象力的作用，辩论才能错落有致，精彩纷呈，赢得听众的掌声。有人也许会问，既然想象力如此重要，在准备辩论时，能否对辩论队员的想象力进行训练呢？我们认为，想象力是可以通过训练而得到提高的。在1993年赴新加坡参加首届华语大专辩论赛之前，我们曾经设计了下面这些问题来训练队员的想象力：如果埃及女皇克莉奥帕特拉的鼻子生得短一点，世界历史会发生哪些变化？如果一个人知道自己一个小时后就会死亡，他会想什么？如果南北极的冰山都融化了，人类生活会发生哪些变化？如果有一个女孩站在街头哭泣，你认为有哪些可能性？……我们要求每个队员在回答问题时必须说出十种可能性，再让其他队员进行评论和补充。实践表明，这种训练方式确实能使队员们的想象力得到一定的提高，从而在辩论赛中有比较出色的表现。

灵活的应对

毋庸讳言，辩论赛中最精彩的表现是辩论队员的机敏的临场应对。在唇枪舌剑的交锋过程中，场上的形势瞬息万变，各种意想不到的辩词都会出现。在这样的情况下，一个辩论队员如果能够从容不迫地进行应对，一定会使整个辩论赛增色不少。辩论中的临场应对主要表现为以下两种情况。

第一种情况是：除了正方第一辩手外，其他所有的辩手在陈述自己的观点前，先要对对方的观点进行驳斥。由于在辩论前并不知道对方的观点，所以，一方的辩手在场上陈述自己的观点后，对方辩手至多只有数分钟的时间可以考虑如何进行有效的，甚至是精彩的回应。比如，在题为"女人比男人更需要关怀"的辩论中，正方第一辩手在陈述自己的见解时曾经说了这样一句话："男人再能干也养不出小孩来。"这句话在场上引起了听众的笑声。也就是说，这句话已经产生了有效的影响。在这种情况下，按道理说，当反方第一辩手站起来发言时，应当对这句话进行有力的驳斥和回应，可惜的是，反方第一辩手却轻易地把这句话放过去了。这样做，对于反方来说，显然是很失分的。其实，反方第一辩手完全可以以下面的方式做出灵活的回应："对方辩友说，'男人再能干也养不出小孩来'，请问，如果没有男人，单凭女人的能干，就能把小孩生下来吗，对方辩友是不是太相信圣母玛利亚未婚先孕的传说了?”这样的临场应对必定会产生比较好的效果。

第二种情况是：自由辩论。在自由辩论中，由于双方都可以自由发言，灵活的、有效的临场应对就起着更为重要的作用。同样是在“女人比男人更需要关怀”的辩论中，正方第四辩手在发言中指出：“中国语言中的‘娶’字和‘嫁’字表明，男子总是比较主动的，而女子则是被动的。因此，女子比男子更需要受到关怀。”反方第四辩手马上站起来反驳：“那为什么汉语中的‘好’字和‘妙’字要以‘女’字为偏旁呢?”这个反驳试图表明，‘好’字和‘妙’字都是常用的褒义词，既然在这两个常用的褒义词中都蕴含着‘女’字，这就启示我们，在中国社会中，女子并不是被动的和受歧视的。显然，这个反驳是比较机敏的，于是，本来想通过“咬文嚼字”的方式使对方陷入困境的正方辩手自己反而陷入了困境。实际上，只要仔细地考量一下，正方就会发现，自己的优势并没有失去，完全还有机会把整个辩论沿着有利于己方的方式继续向前推进。正方辩手可以这样说：“请对方辩手不要忘记了，‘好’字可以拆为‘女’和‘子’，表明‘女’以‘子’为贵，说明‘好’字真正看重的是‘男子’而不是‘女子’。同样地，‘妙’字可以拆为‘女’和‘少’，说明‘女’‘少’方为‘妙’，可见这个‘妙’字反映的正是男子中心主义的情结。由此可见，在中国传统社会中，女子始终是被动的、受压抑的，因而需要更多的关怀。”当然，这样的拆字法并不一定是有充分的理由的，但它作为一种灵活的临场应对，却是有效的，完全可能使对方在猝不及防的情况下陷入被动挨打的局面。

总之，辩论需要灵活的临场应对，但一个辩论队员要具备这方面的素质，却不是一蹴而就的，而是应该在平时努力学习，积累丰富的知识。正如纸币必须以黄金储备作为自己的基础一样，一个辩论队员的机智的临场应对也是以丰厚的知识积累作为基础的。在这个意义上可以说，真正的辩论赛不是在场上发生的，而是在场下发生的。

治学心得

在我们这个时代，一切都显得肤浅，甚至连学术研究也染上了这种“肤浅病”。这种“肤浅病”经常陷入的一个幻觉是：印刷出来的铅字就是学问，而在这个年头，又有哪个从事学术研究的人没有编纂或撰写过几部著作呢？“著作等身”仍然是一个有效的恭维词，然而，遗憾的是，学术腐败却越演越烈。

在我们看来，要克服这种肤浅病，首先对学术研究和前贤应该有敬畏之心。众所周知，一个人即使要成为一个鞋匠，恐怕也需要三年见习期，难道学术研究就那么容易，浏览几本相关的导论，就可以随心所欲地撰写自己的著作？其次，学术研究一定要克服浮躁情绪。一方面，学者本身要耐得住寂寞，与其临渊羡鱼，不如退而结网；另一方面，研究单位也要耐得住寂寞，不要投资一点科研经费下去，就立马向研究者索取成果，仿佛向自动售货机里塞进

25个美分，就有权利向它索取一罐可口可乐一样！再次，学术研究一定要扬长避短，讲究方法，把有限的精力投入自己最感兴趣的研究课题中，切莫要滥用自己的聪明，否则，很难避免“竹篮打水一场空”的结局。

走楼梯的启示

一般说来，住在楼上的人总是少不了要走楼梯的，而大凡走楼梯的人，又很少去关心楼梯的级数。有哪个人愿意去数楼梯的级数呢？除非他甘冒被人当作傻瓜的风险。正是这样的心理造成了一种思维的定式和行为的定式，以致人们上上下下数十年，对从楼下到自己居住的层面的楼梯的级数仍然是不甚了了。然而，对于一个有心人来说，他只要数一次，就毕生不会忘记楼梯的级数了。

我们发现，在现实生活中，存在着两种不同的实践方式：一种是盲目实践，即我们上面提到的“只走不数”；另一种是自觉的实践，即我们上面提到的“既走又数”。这就启示我们，光强调实践活动的重要性还是不够的，更重要的是，要把实践和自觉的认识紧密地结合起来。如果实践活动和自觉认识处在分离的状态下，在实践时随波逐流，不动脑子；在认识时又脱离实践，沉湎于不切实际的幻想中，那就很难在思考和行动中取得有效的成果。

把实践活动和自觉的认识紧密地结合起来，也就是说，要善于做“有心人”。这对于学术研究来说，具有特别重要的意义。所谓“有心”，也就是要对周围的一切保持高度的敏感性和批判意识。如果研究者不处在这种“有心”的状态下，尽管他天天都在观察他所研究的对象，但他可能什么也看不见，这才是“视而不见”这个成语的深层含义；尽管他天天都在倾听各种不同的研究见解，但他可能什么也听不见，这才是“听而不闻”这个成语的深层含义。

无论是自然科学发展的历史，还是社会科学发展的历史都向我们表明，在学术研究上要成为一个真正富有独创意识的人，就必须做这样的“有心人”。据说，牛顿从苹果落地受到启发，发现了万有引力定律；瓦特通过对水沸腾时蒸汽能顶开壶盖的现象的深入思考，发明了蒸汽机；马克思从对司空见惯的商品的分析着手，揭示出资本主义社会发展的规律。而大多数人之所以对苹果落地、沸腾的水顶开壶盖、商品买卖等现象熟视无睹，不能做到有所思索、有所发现、有所发明和有所创造，一个很重要的原因就是他们的观察和实践活动通常是盲目的。正如法国生物学家巴斯德所说的：“在观察的领域里，机遇只偏爱那些有准备的头脑”。

综上所述，在学术研究中，只有自觉地做一个“有心人”，事事处处保持新鲜的感受意识和批判意识，其创造性才不会衰退和钝化。

光线与精力

一般说来，太阳光线在散射的状态下发出的热量并不是很强烈的。然而，如果我们用一面聚光镜把散射的太阳光线集中在焦点上，那就能达到较高的温度，甚至能使纸片燃烧起来。人的精力也和太阳光线类似，如果处在“散射”的状态下，就很难达到一定的热量。只有把精力高度集中起来，深入钻研一方面的学问，才有可能取得原创性的成果。可是，遗憾的是，在现实生活中，许多人做学问却缺乏这种“咬定青山不放松”的韧性，相反，却盲目地跟着自己的兴趣转：今年忙着学外语，准备出国；明年又去学绘画，希望自己在艺术上有所造就；后年又去开公司，做生意等。结果是爱一行，干一行，丢一行。轻则事倍功半，浪费精力，重则蹉跎一生，一事无成。在这个意义上可以说，一个人要在短暂的人生道路上有所造就，就一定要集中自己的精力，努力去做自己愿意做而又有能力做好的工作。

德国诗人歌德认为，他生活的时代乃是一个“片面性的时代”。他这样写道："有人说得很对，人的才能最好是得到全面发展，不过这不是人生来就可以办得到的。每个人都要把自己培养成某一种人，然后才设法去理解人类各种才能的总和。"[①] 在他看来，一个人希望自己全面发展的主观愿望是好的，但在一个分工越来越细的时代，个人的全面发展又是不可能的。个人应该钻研一方面的学问，先成为"某一种人"，然后再在这个基础上去扩充自己的知识，了解更多的东西。在歌德的秘书爱克曼看来，歌德在总结自己的治学经验时，非常重视集中精力的问题。歌德说过："说到究竟，最大的艺术本领在于懂得限制自己的范围，不驰心旁骛。"有一天他对爱克曼说，"我自己在许多不属于我本行的事物上浪费了太多的时间。我一想到维迦写了多少剧本，就觉得自己写的诗作实在太少了。我本来应该更专心地搞自己的本行才对"。另一回，他又说，"假如我没有在石头上费过那么多的工夫，把时间用得节省些，我就很可能把最珍贵的金刚钻拿到手了"。[②]

歌德在年轻的时候确实浪费过许多时间，他因为不同意牛顿的看法，而对颜色理论进行过深入的研究，也对人的颅骨的结构做过认真的探索，也参与主办过一些刊物，而这些活动花去了他大量的时间。所以，晚年的歌德总是不断地告诫爱克曼："你得随时当心不要分散精力，要设法集中精力。三十年前我如果懂得这个道理，我的创作成就会完全不同。我和席勒在他主编的《时神》和《诗神年鉴》两个刊物上破费了多少时间呀！现在我正在翻阅席勒和我的通信，一切往事都栩栩如生在眼前，我不能不追悔当时那些工作惹世人责骂，对自己没有一点好处。有才能的人看到旁人做的事总是自信也能做，这其实不然，他总有一天会追悔浪费精力。你卷起头发，只能管一个夜晚，这对你有什么好处？你不过是把一些卷发纸放在你的头发里，等到第二个夜晚，头发又竖直了。"[③]

---

① 爱克曼辑录：《歌德谈话录》，78页，北京，人民文学出版社，1982。

② 爱克曼辑录：《歌德谈话录》，80页，北京，人民文学出版社，1982。

③ 爱克曼辑录：《歌德谈话录》，48页，北京，人民文学出版社，1982。

在歌德看来，从事研究工作的人，特别是有才能的研究者面临的最大的危险是滥用自己的聪明，自信别人会做的事情，自己一定也能做好。于是，把自己的精力分散地使用在各种不同的活动中，却忘记了一个最浅显的真理，即自己的生命和精力都是有限的。等到上了年纪，明白这个真理时，无论是自己的精力，还是原创性的意识都已经衰退了，甚至枯竭了。这难道不是对天才本身的一种杀戮吗？

无独有偶，哲学家黑格尔在治学中也抱有与歌德同样的见解，他在《小逻辑》一书中这样写道："一个志在有大成就的人，他必须，如歌德所说，知道限制自己。反之，那些什么事都想做的人，其实什么事都不能做，而终归于失败。世界上有趣味的东西异常之多：西班牙诗、化学、政治、音乐都很有趣味，如果有人对这些东西感觉兴趣，我们决不能说他不对。但一个人在特定的环境内，如欲有所成就，他必然专注于一事，而不可分散他的精力于多方面。"① 在黑格尔看来，分散精力乃是治学之大敌。只有把自己有限的精力集中起来，用到最必要的地方去，才有可能做出辉煌的事业。

歌德和黑格尔的话都是深得三昧的经验之谈，在我们这个知识和信息爆炸的时代具有特别重要的意义。当然，强调集中精力，钻研一方面的学问，并不等于对面上的知识都可以弃之不顾。实际上，人文社会科学的知识就像金字塔，只有塔基宽大，塔尖才能高耸入云。在这里，重要的是把自己决心钻研的领域和仅限于一般了解的领域严格地区分开来；重要的是，不迷失在所谓"知识渊博"的丛林中。其实，古希腊哲学家赫拉克利特早就告诫我们："博学并不能使人智慧。"② 只有由博返约，才可能在某个领域里有创造性的发现。

马克思早就告诉我们，一切节约归根到底都是时间性上的节约。记

---

① 黑格尔：《小逻辑》，174 页，北京，商务印书馆，1980。

② 北大哲学系外哲史教研室编译：《古希腊罗马哲学》，22 页，北京，生活·读书·新知三联书店，1957。

得鲁迅先生也说过，浪费他人的时间，无异于谋财害命。在这个意义上可以说，集中精力也就是节约时间。我们必须清醒地意识到，节约时间，不驰心旁骛，并不是一件简单的事，因为我们毕竟不是单纯的理性存在物，本能、情感、欲望和情绪不断地分散着我们的注意力，而丰富多彩的现实生活每一分钟都在诱惑我们，试图把我们引向感性享受的世界。在这样的情况下，要把我们的精力数年、数十年地集中在对一门学问或一个问题的研究上，那就需要一种特殊的精神聚光镜——意志。历史和实践都告诉我们，事实上，只有具有坚韧不拔的意志力的人，才有可能在学术研究上取得伟大的成就。

图书在版编目(CIP)数据

哲学随感录 / 俞吾金著. —北京：北京师范大学出版社，2016.7
(2017.9重印)
(俞吾金哲学随笔)
ISBN 978-7-303-19948-8

I. ①哲… II. ①俞… III. ①时事评论－中国－文集
IV. ① D609.69-53

中国版本图书馆 CIP 数据核字（2015）第 311303 号

营销中心电话 010-58805072 58807651
北师大出版社学术著作与大众读物分社 http://xueda.bnup.com

ZHEXUE SUIGANLU
出版发行：北京师范大学出版社 www.bnup.com
北京市海淀区新街口外大街 19 号
邮政编码：100875
印 刷：北京京师印务有限公司
经 销：全国新华书店
开 本：730 mm × 980 mm 1/16
印 张：26
字 数：360 千字
版 次：2016 年 7 月第 1 版
印 次：2017 年 9 月第 2 次印刷
定 价：68.00 元

策划编辑：饶 涛 杜松石 责任编辑：刘松弢 韩 拓
美术编辑：王齐云 装帧设计：王齐云
责任校对：陈 民 责任印制：马 洁